JN293838

昌益研究かけある記

石渡博明
Ishiwata Hiroaki

社会評論社

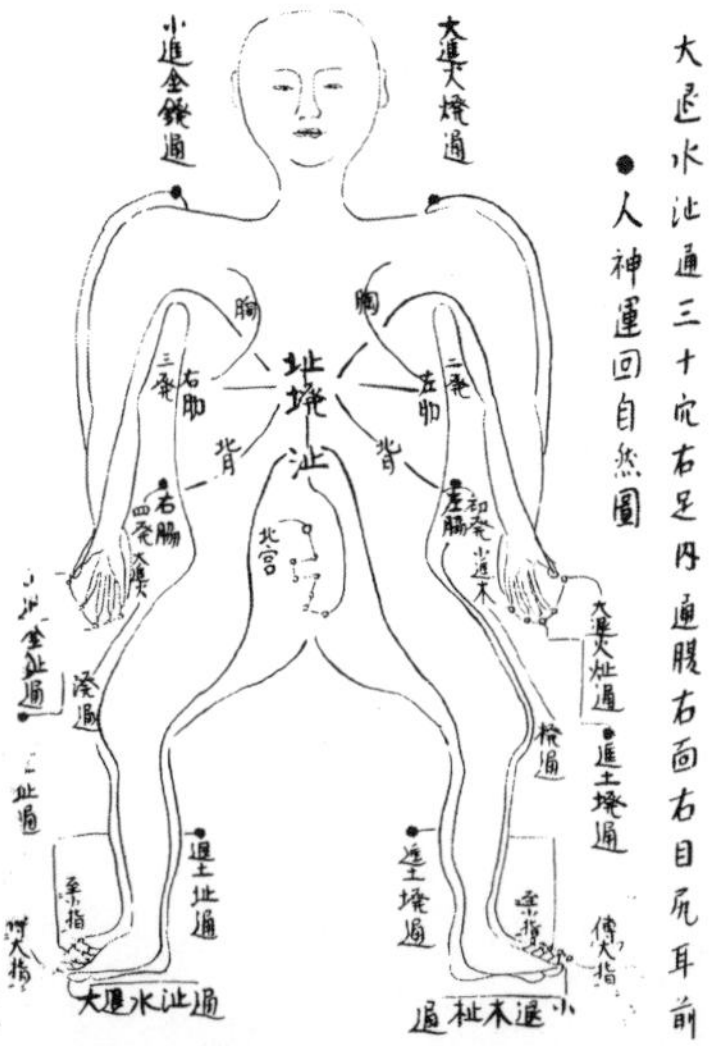

まえがき

本書は私にとって初めての論集である。題して『昌益研究かけある記』。いわば昌益ファンの追っかけ記録とでもいうべきもので、「昌益研究」と銘打ってはいるものの、やや私的に偏しているかもしれない。

とは言え、今年は安藤昌益生誕三〇〇年という記念すべき年に当たり、昌益とその思想はもっと人々に知られていい、受け容れられるべきだとの思いから、昌益という存在を想起してもらうためのよすがの一つ、話題作りにでもなればと、あえて出版に踏み切った次第である。

一九七四年に高田馬場の寺小屋安藤昌益講座で昌益の昌の字も知らなかった私が初めて昌益に出会い、以後、東京安藤昌益研究会—農文協版『安藤昌益全集』の編集・執筆—「安藤昌益の会」の事務局長と、寺尾五郎さんの指導の下、多くの人々との出会いを通じて三〇年近くを昌益研究・昌益おこしに携わってきたわけで、当初は予想もしなかった歳月にいささかの感慨がないわけではない。これひとえに昌益に惹かれたからであり、昌益に惹かれた人々との様々な出会いが支えてくれたからに他ならない。

そうした中、研究会の会報はもとより、郷土史関係の会報・大館や八戸の地元紙・運動関係の各種機関紙誌に、必要に応じ時に求めに応じ、安藤昌益について昌益研究について、あるいは昌益に触発されて長短様々な文章を書き、シンポジウム等の場で発言してきたことになる。本書はそうしたものの集成で、常に〆切に追われ催しに追われ、駆け足でここまで来たというのが実感で、『かけある記』と題した所以である。

そのため、文章も練れておらず、文体も話し言葉もあれば書き言葉もあり、その書き言葉もです・ます体やである体と不統一な上、内容的にも比較的平易な紹介文もあれば、重箱の隅をつつくが如き体の文章もあり、昌益の原典からの引用もひらがなで書き下したのもあればカタカナで書き下したものと一定していない。敬称も~先生だったり~さんだったりと、一冊の本としては何とも不ぞろいであるが、初出を掲載した際の媒体やその時々の思いの表われでもあり、あえて統一はしなかった。

その点も含めて、本書収録に当たっては、「昨年」「本紙」といった年次や掲載紙誌を明らかにし変更したほかは、ご登場いただいた皆さんの肩書も含めてほぼ原文のままとし、掲載論文の後ろに初出紙誌を明示、一部については補注を付けて不足を補った。

第Ⅰ部は「人と思想」と題して、名のみ高く全体像が知られることの少ない安藤昌益の人となりや昌益思想の魅力をスケッチ風に紹介したつもりである。

第Ⅱ部は「『新』資料をめぐって」と題して、この間、昌益研究が従来に比べて飛躍的に深化してきている要因の一つ、あいつぐ新資料の発見を紹介した文章と、幻の「新」資料をめぐる悲喜劇を描いたもので構成した。

第Ⅲ部は「先達・先行研究をめぐって」と題して、この間、昌益研究に携わり昌益研究を今日あるような位置まで牽引してきてくれた先達（反面教師も含めて）の業績を明らかにし、また先達への思いを綴ったものである。尚、昌益研究の全体像についてはアンソロジー『安藤昌益』（〇二年、光芒社）所収の「安藤昌益研究史概観」をご参照いただきたい。

第Ⅳ部は「研究動向を追って」と題して、『全集』完結以後、ここ一五年ほどの安藤昌益を巡る様々な催しをほぼ時系列的に追ったもので、まさに追っかけの記録である。記録として残すことの意味と共に、昌益をめぐる人々の様々な思いを共有していただけたならば幸いである。

本書を通して昌益の魅力がどれほど伝えられたかは甚だ心もとないが、本書をきっかけに一人でも多くの方が昌益に関心を持ってくださるならば、望外の喜びである。

二〇〇三年九月一八日

石渡博明

昌益研究かけある記＊目　次

I　人と思想をめぐって

千住宿と安藤昌益

はじめに

一九九二年六月のある日、青森県八戸の日刊紙『デーリー東北』新聞社の文化部長・吉田徳寿さんをご案内して、横山家住宅・絵馬屋・貫目改所跡・慈眼寺といった旧日光道中千住宿の史跡を見て廻った。吉田さんの取材目的は、没後二三〇年を記念してこの年八戸で開かれる〝安藤昌益国際フェスティバル・イン八戸〟へ向けた連載企画「安藤昌益・人と思想」第一部〝ゆかりの地探訪〟の一環として、慈眼寺に〝北千住の仙人〟橋本律蔵の墓を訪ね、昌益畢生の大著・稿本『自然真営道』と千住宿との接点を探ることであった。

安藤昌益と千住宿についてはこれまでも『足立史談』紙上で、棚網保司さんが「安藤昌益と北千住の仙人」（第五八～六一号）、細井ゆうじさんが「安藤昌益と北千住」（第一四三～一四五号）と題して報告をされているため、既にご存じの方も多いかと思われるが、八戸のフェスティバルを挟んで九二年九月には中国の山東省で、翌年四月にはアメリカでもシンポジウムが開かれる等、混迷の時代にあって国際的にも注目を浴びている安藤昌益の魅力の一端をご紹介することで、史談会の方々にも今一度関心をお寄せいただき、併せて伝記的には「ナゾ多き人物」昌益と千住宿との接点解明に少しでも寄与できたらと願じつつ、紙面を汚させていただく。

＊

発見者であり紹介者でもある、戦前日本きっての碩学・狩野亨吉《かのうこうきち》をして「わが日本が世界に誇り得る唯一の独創的思想家」と言わしめた安藤昌益の思想については、私も編纂に携わらせていただいた『安藤昌益全集』（農文協）が八七年に完結、現存する著作・関係資料のすべてが網羅されたことによって、難解と言われながらも「軍備全廃論の先駆・公害反対論の先駆・男女平等論の先駆……」と様々に評される全貌が、徐々にその姿を現わしつつある。

一方、伝記的研究については確定しうる事実が皆無に近く、一時はその実在が疑問視され、発見者・狩野亨吉による偽書説すら唱えられた程である。が、戦後になって郷土史家の地道な研究により、一九五〇年には八戸での生活が確認され、七四年には秋田県大館で墓や過去帳・晩年の活動記録等が発見されるに及んでその実在は動かしがたいものとなった。

（『足立史談』第二九四号、一九九二・八・一五）

昌益の人となり

伝記的事実の乏しい安藤昌益（一七〇三〜一七六三年）の風貌を伝える資料は極めて少なく、つい二〇年程前にも安藤某《なにがし》を騙った肖像画の売り込みがあったほどで、その人となりを偲ばせる文献としては今のところ宝暦年間のものと推定される医師錦城《きんじょう》の『医真天機』、八戸の天聖寺《てんしょうじ》で昌益が講演を行なった際の消息を伝える住職・則誉守西《そくよしゅさい》の『詩文聞書記』、それと昌益の高弟で八戸藩の御側医だった神山仙確《かみやませんかく》が昌益の没後、追悼文といった趣きで認《したた》めた稿本『自然真営道』大序巻・後半部冒頭の「仙が曰く、……」に始まる一文の三点しか知られていない。

ここでは生前の昌益の謦咳に直に接し、昌益が遺した厖大な著述群を一定の意図の下、一〇一巻九三冊の『自然真営道』という荘大な思想の体系として編纂・浄書した仙確の追悼文の一節を引いて、安藤昌益の人となりを偲んでみたい。

「良子《りょうし》（安藤昌益のこと）は吾《わ》が師なり。良子には師無く弟子無し。人、道を問へば答ふ、私を問へば答へず。故に吾れ、道を問ひて其の答を採りて、以て之れを師とす。……常の業行は薄貪にして、朝夕の飯汁の外、凡《すべ》て別物を食《くら》はず、酒を飲まず他女を犯さず。道に当らざれば問へども敢《あ》へて語らず、世の為、道の為には問ふを候《ま》たずして之れを言ひ、片時も無益に居らず、真道を働きて怠らず。人を誉《ほ》めず他を謗《そし》らず、己れを慢せず自ら卑しと為《せ》ず。上を羨むことを知らず下を凮《おろ》すことを覚へず。貴ばず賤しめず、諂《へつら》はず貪《むさぼ》らず。家営は貧しからず富まず、借りず貸さず、時の送受は法世《ほうせい》の今日に任せて、神《しん》に之れを預らず。世人已れを頌《ほ》むれば吾れ愚に似るかと之れを患《うれ》ひ、他人已れを謗《そし》れば吾れ不失なりと悦《よろこ》び、誹・頌は愚・賢・聖に有りて正人に無きことを知る。一たび世の諸人の面貌を視て、其の心序・行業の分を明らかに知ること妙なり。

道の外は教へず、道は備はりなれば教へず、又習ふことを為《せ》ず。自他を慈しまず憎まず、親しまず疎《うと》まず、孝をせず不孝をせず。慰楽・鳴歌・遊戯の事は耳目に聞視すれども神《しん》に之れを受けず、問へば是れ一つ知らざること無し。問はざれば私に求めて教へ語らず。備道のことは問不問・勧不勧に拘《かか》はらず之れを勧めて止むこと無し。世の施受は世に似せて之れを為して、神に施さず受けず、人の採るに任せて惜しまず、採らざれば与へず。生死は活真《かっしん》の進退・互性《ごせい》の妙道にして常なることを自り知る故に、生喜・死患を知らず。

無始無終の天下・万国の古今に是の如きの人、又有ることを聞かず況《いわん》や視ず。又無きに限らずとも、吾れに於て未だ聞かず、又有るべしと覚へざる所なり。吾が師の為人《ひととなり》なり。」

文中、法世・活真・進退・互性といった昌益独特の用語が見られるため文意が多少辿りにくい所があり、追悼文といった形式のものにありがちな美化を多少割り引いてみなければならないといった制約はあるにしても、ここで述べられている安藤昌益の人となりは、農民を愛し農民と共に思索・行動した、昌益と同じ東北の詩人・宮沢賢治が自らの理想を仮託した詩篇〝雨ニモ負ケズ〟を連想させずにはおかない。

（『足立史談』第二九五号、九二・九・一五）

昌益の足跡

関東大震災で東大図書館に納められた稿本『自然真営道』一〇一巻九三冊が烏有に帰したと聞いて狩野亨吉が「大東大文庫八十萬冊も要するに枯骨の墳墓であったが、独り『自然真営道』に到っては眠れる獅子の生き乍《なが》らにして火葬されたようなものであった」と慨嘆した旨を内田魯庵が『改造』紙上で伝えている。が全くの偶然で、編纂者・神山仙確によって「眼燈ノ書」と特記された第二五「良演哲論」巻を含む一二冊が歴史学者・三上参次によって借り出されていて幸いにも焼失を免れ、それが今も同図書館に架蔵されている。

その中に「良子門人問答語論」と題する昌益一門の全国シンポジウムの記録が残されており、そこで昌益は仙確によって「良中先生、氏は藤原、児屋根《こやね》百四十三代の統胤なり。倭国羽州秋田城都の住なり」と紹介されている。またシンポジウムに集まった弟子一三人の内の六人までが「八戸ないし奥南部の住」であるということから、秋田か八戸にゆかりの人物であると目され、戦前から田岡嶺雲・富士川游・安藤和風といった人々によって昌益の身元調べが行なわれていたが、消息は杳《よう》として分からなかった。

ところが一九五〇年になって昌益の八戸在住が確認されたのである。戦後没落した八戸南部氏の蔵書・文書の一切が売りに出されたが市では財政難から引き取りを拒否、見るに見かねた郷土史家の上杉修が私財を投げ打って買い取り、野田健次郎がその解読に当たっていた時のことである。延享元（一七四四）年の藩庁日記『延享甲子日記』八月九日の条に「射手病気に就き、御町医安藤昌益、去る六日より療治申し付く」とあり、八戸藩の遠祖・遠野藩から櫛引《くしびき》八幡宮の祭礼に流鏑馬《やぶさめ》を奉納するため来八した三人が病気になり、藩命で町医である昌益が治療に当たったというものであった。そして一五日の条には「八戸弾正殿役者三人、先頃病気にて御町医安藤正益（ママ）に療治申し付け、快気仕《つかまつ》り候《そうろ》うに付き薬礼として金百疋《ぴき》正益へ差出し候う処、上より仰せ付けられ候う儀故受納仕らぬ由、御奉行に申し出づ」とあり、全快の薬礼として全百疋が藩から下賜されたが辞退した旨が記されていた。昌益の人柄を彷沸とさせるエピソードではないだろうか。

その後も八戸からは、同じ延享元年の春に天聖寺《てんしょうじ》で僧侶や神官を相手に昌益が講演会を行なった際の記録（『詩文聞書記』）や延享三年五月一〇日付『宗門改組合書上申御帳』では城下の中心街、十三日町に家族共々五人（男二人・女三人）で暮らしていた旨の報告がなされている。

そして七四年、今度は秋田城都の一つ大館市二井田《にいだ》の旧家・一関《いちのせき》家の古文書を整理していた市史編纂委員の石垣忠吉が、『石碑銘』及び『掠職手記《かすみしょく》』と題する昌益晩年の消息を伝える文書を見出した。『石碑銘』は「守農大神良中先生在霊」と刻まれた昌益の顕彰碑の銘文を書き写したもの、『掠職手記』は昌益の死後その遺徳を讃えて農民が石碑を建立したところ、神社奉行に無届けの故をもってお白洲に呼び出され破壊を命じられた顛末を綴ったもので、これらを手掛りに石垣は同村内の温泉寺に昌益の墓石と位牌を確認、死没地が確定されると共に、誕生の地も同地であると推定されるようになった。

『石碑銘』冒頭には「羽州秋田比内贄田邑《ひないにえだむら》未だ直耕を為す者無し。茲《ここ》に安藤与五右衛門と云う者生まれ農業に発明、近人近隣に之れを弘め終《つい》に農業の国郡と為す。是れより与五兵衛・与五八・与五助……右十有余代、益《ますます》豊安に農業に仕り来り候う。云々」とあり、安藤家の祖先がこの地における草分け百姓＝開拓者であった旨を示唆している。

昌益の伝記的事実は、残念ながら今のところこの二点のみしか判明していない。八戸市の繁華街、十三日町櫓《やぐら》横町の一角には「安藤昌益居宅跡」の標柱が、大館市二井田、犀川の畔、安藤家の敷地の一角には再建された石碑が静かに佇んでいる。（『足立史談』第二九六号、九二・一〇・一五）

昌益の認識論

安藤昌益と近代ヨーロッパ文明との接触は弟子の一人である「京人某《なにがし》、長崎商船奉行の下役」を通してであるが、昌益の関心は厳格な新教徒《ピューリタン》としての一夫一婦制を堅持するオランダ社会、表音文字としてのアルファベットの合理性への積極的評価等、専ら人文・社会科学的領域に限られ、蘭学の主流たる医学・天文学といった自然科学の知識の吸収は無かったもののようである。

しかも昌益はドルトンが原子論を発表する約半世紀も前に没しており、昌益の自然観・物質観は中国古代に発した運気論の枠内にある。したがって原子―分子―化合物といった近代科学におけるのと同じような意味での構造的・階層的な物質観はなく、木・火・土・金・水の五行の気の離合集散が森羅万象を生み出し、万物を形作っていると考えていた。

ただ昌益の自然観・物質観で特徴的なことはこれら五行の気の原基として「活真《かっしん》」を措定し、五行の中から土を原基として抽出し土＝活真としたことにある。活真とは「活《い》きて真《まこと》」とも訓まれ、宇宙の根源的な物質存在と運動とが不即不離のものであることを表象した昌益の造語で、天地・万物が一大生命体であるとする昌益の宇宙観の要ともなっている。

昌益にあっては「活真自行して転定《てんち》を為《つく》り……人・物各々悉《ことごと》く活真の分体なり」「此の故に転《てん》定《ち》・人・物、所有《あらゆる》事理、微塵に至るまで、語・黙・動・止、只《ただ》比の自然・活真の営道に尽極す」として、この宇宙に存在する全てのもの・全ての活動は根源的実在たる活真の営みによるものであるとされる。したがって、可視的な物質存在はもとより、不可視である人間の感情・知的営為といった清神活動もまた、この活真の生み出す気の運動によるものと考えられた。私たちが日常何気なく使っている「元気が沸く」「気が滅入る」「気後れする」といった用語法も、実はこうした東洋の自然認識＝自然科学を背景にもった言葉なのである。

こうした認識態度は当然にも迷信・俗説・神話といったこの世ならぬものを排し、伝統的な物の見方・考え方への批判精神を宿した科学的・合理的な世界認識へと人々を誘うことになる。例えば幽霊や狐付きは人の心の迷いに出たもの、地獄・極楽は実人生をないがしろにする作り話として斥《しりぞ》けられ、同様に神々による国産み神話も否定される。そして「国常立《くにのとこたち》とは国を定むるなり……豊湛淳《とよくむぬ》とは優《ゆた》かに河川堤を定むなり……大戸道《おおとのじ》・大苫辺《おおとまべ》とは家を作り戸・竃・窓の道を通し、苫《とま》・茅の類を以て屋上を葺《ふ》き、家居を極め……」と、『紀記』は太古の人々の営々たる農耕生活・村落共同体の形成過程を叙述したものとして大胆な読み変えが主張される。が、こうした昌益の歴史認識こそ歴史の真実に合致したものであった。

昌益の方法論とは「目前と己身とに備わる道を以て明暗・互性を知り尽すべし……遠く工夫して求むる者に非ず」という実事求是・科学的認識論に他ならない。

（『足立史談』第二九七号、九二・一一・一五）

昌益の自然観

知られるように、安藤昌益の主著である刊本並びに稿本『自然真営道』は、そのタイトルに「自然」の二文字を冠している。

ところで、現在私達が使っているような意味で自然という語が用いられるようになったのは、明治期に入ってヨーロッパ語のネイチャーないしナトゥールの翻訳語として用いられたのが最初であり、それ以前の江戸期までは、自然の語は自《おの》ずと然《しか》り＝自然とそうなるとの意味でしか使われてこなかったと、一般には考えられている。

ところで安藤昌益は、「夫《そ》れ転定《てんち》（天地宇宙）は自然の全体なり」として、それまで一般に用いられてきた森羅万象という語に代えて、現代語とほど同じ実体概念つまり客観世界という意味で「自然」という語を用いている。しかも昌益は、「自然とは自《ひと》り然《す》るを謂《い》うなり」とも「自《われ》と然《す》る」「自《わ》が然《す》る」とも訓ませて、この天地宇宙を極めてダイナミックな自己運動による一大生命体と考えていたのである。

そして、その自己運動の法則を「互性《ごせい》妙道」と呼んだ。昌益によれば、天地宇宙の根源的実在である「土活真《どかっしん》」が或いは小さく或いは大きく、ある時は進みある時は退きと、質量を異にする運動を行なうことによって木・火・金・水の四行の気が生じ、万物はこれら四行の気の発現の度合いによって形作られるとされる。「互性」とはこうして天地間に生み出された万物及び万物の内部構造の関係性を示す概念であるのと同時に、「性を互いにす」とも訓まれ、こうした関係性が生み出す矛盾をエネルギーとした運動のモメントともなっている。

例えば昼はその対概念・対立物としての夜があってこそ初めて昼が成り立つというように、昼と夜は互いに依存関係にあり、昼は刻々夜に近づき夜は刻々昼に近づきといった具合に、昼は内に夜を孕み夜は内に昼を孕み、昼と夜は互いにその本性を内包し合い規定し合い、互いに転化し合う。これが「互性」である。同様に、生と死・日と月・天と地・男と女といった様々な存在、様々な組が「互性」の関係にあるとされ、自然界を覆っている。

しかも昼と夜とで一日、天と地とで一体の宇宙、男と女とで一対の人間と考えた昌益は、「互性」間にいっさいの価値差別＝「二別」を認めず、天尊地卑・君尊民卑・男尊女卑に繋がる天地という字を否定、それに代えて「転定《てんち》」の字を用い、また男女と書いて「男女《ひと》」と訓ませた程である。

尚、昌益の宇宙観はイエズス会士によって中国経由でもたらされた南蛮系統の宇宙観、プトレマイオスの流れをくむ地球・天動説に基いており、昌益が「転定」の語を用いたのも天の回転性と地球の不動性（＝定）とを表象したからに他ならない。但し、昌益の場合には地球というよりも水球といった趣きが強く、「定」は「はこぶ・ながる」とも訓まれて満々と堪えて流回する海を指し、ここでもその運動性が強調されている。

本木良永の『天地二球円法』により地動説が日本に紹介されたのは、昌益没後一二年の一七七四年のことであった。

（『足立史談』第二九八号、九二・一二・一五）

昌益の人間観

安藤昌益によれば「人は小転定《てんち》」、つまり宇宙万存の法則を凝縮して内に備えた存在であり、人が他の動物と違って直立しているのは、こうした自然界の法則を認識しそれに則って生きる為であり、「人は転定に通じて直立なり」と規定される。

したがって、転と定とで一体の宇宙が構成されているのと同じ様に、男と女も、「男女にして一人」の「男女《ひと》」であり、そこには「上無く下無く」一切の差別が無く対等であり、「男の性は女、女の性は男」「男を去りて女無く、女を去りて男無し」という様に、男女は共に補い合い、助け合いして生きて行くのが当然とされる。

こうした昌益の人間観は、「女は三界に家なし」として、幼い時は親に従い、嫁しては夫に従い、老いては子に従う「三従」の教え―女性差別を否定すると共に、一夫一婦制の積極的な主張ともなって、男女差別・身分差別を合理化する封建道徳、その上に成り立つ封建制への批判へと連なって行く。

当時の家族道徳では家の存続が第一義であり、その為に「腹は借り物」として一夫多妻が当然視された。「妾《めかけ》というものなくてかなはざるものなり」（荻生徂徠）であり、妾を囲うのが男の甲斐性とされたばかりでなく、「天子に十二妃、諸侯に八嬪、大夫に五嬙、士に二妾、それ以下は匹夫なり」（徳川家康遺訓『成憲百箇条』）と、一夫多妻は身分制とも分ちがたく結びついていた。しかも、「嫁して三年、子無きは去る」と、不妊の責任は専ら女性の側に負わされていた。

こうした現実に対して昌益は、「一男にして多女を犯すは野馬の業」と一夫多妻を鋭く告発、また医者の立場から不妊の原因は男にもあるとして、不生女《うまずめ》に対して不生男《うまずお》の存在を指摘した。のみならず「一男にして…」の命題は、「一女に多男之れを追い、多女に一男妄交」する売買春を「獣業」として否定すると共に、「私を以て貧家の多女を拘養し」と、遊女の存在の裏に貧困という社会問題が横たわっていることをも看て取っている。

更に昌益は、男女の平等にとどまらず、人類の万人の平等へと論を進めていく。昌益は言う、「人は天下に只《ただ》一人なり」、人は何万人いようとも人類であることにおいては変わりがなく、平等であると。その理由は至って単純明快、「面部に大小・長短・円方の少異在れども、八門（＝

目・鼻・耳等の八器官）の備はりに於て全く二別有ること無し」「是れは上に貴き聖王の面部とて九門・十門に備はる者無く、是れは下に賤しき民の面部とて七門・六門に備はる者無し」と。しかも昌益の平等論は、のっぺらぼうな画一主義ではなく、個性が必要不可欠な条件とされている。「人は万万人なれども一人なり、一人なれども万万人なり」「万万人が一人にして全く同じき則《とき》は、一人が万万人となり通用すること能《あた》はず。…人の面・人の心の吾が面・吾が心に同じからざるを、醜《みにく》しとして悪《にく》むべからず、美なりとして泥《なず》むべからず。同じからざるが故に、吾れ有り」と。（傍点筆者）

（『足立史談』第二九九号、九二・一・一五）

昌益の労働観

安藤昌益は人々の日々の営みを「直耕《ちょっこう》」と名付けた。「直耕」とは読んで字の如く、「直《じか》に耕す」ことであり、昌益は特に「直《てずか》ら耕す」とも訓ませている。それは一義的には「米穀は直耕する所に有り、耕さずして倍生せず」というように、農業労働・生産労働を意味していたが、人口の八割を超す人々が農業労働に従事していた江戸時代にあっては、労働そのものを意味していたとも言えよう。

但し、昌益にとっての「直耕」とは、単に人々の粒々辛苦の日々の営みを表わすだけではなく、大きくは宇宙の根源的実在である「活真」が「気」として働き天地宇宙を生み出すことも、天地が時々刻々運回して季節を巡らし大地に海に万物を生み出すことも同じく「直耕」であり、生み出された万物が、草木は土中から養分を摂取し、芋虫は生まれついた食草《しょくそう》を喰《は》み、動物は大きなものが小さなものを食らうというように食物連鎖を形成する、これらひとつ〳〵もまた「直耕」であるとされる。

更に、人々が自ら額に汗して働くことで日々の糧を得ることが「直耕」であることはもとより、「直耕」によって得られた食物を囲炉裏で煮炊きすることも、耳でコトコトとした音を聞き鼻で匂いを嗅ぎ五官を働かせて煮炊きの具合を伺うことも、摂取した食物が胃によって消化吸収されることも、皆「直耕」の働きであるとされる。

つまり、一大生命体である宇宙のありとあらゆる存在は、自らの生を支え生を育む行為を営んでいるわけであり、それら全ての行為・運動が「直耕」の一語に収斂し、「直耕」の一語で括《くく》られることになる。言わば「直耕」とは、宇宙万存の存在法則に他ならず、その擬人化した表現であると言えよう。

そこから、「転《てん》、何をか為《す》るや、只生生直耕。吾れ、何をか為《な》さんや、一に直耕」「至って尊く敬ふべきは直耕の転道」として、「直耕」すなわち労働に生きることこそ自然に適った生き方であり、人々に生来備わった道、踏み行なうべき道であるとの労働観が打ち立てられる。そして「直耕の衆人」＝百姓階級こそが「至尊の天子」であり、社会の主人公であるとの観点が高らかに打ち出される。

昌益の人間観は平等観と労働観を二本の柱として構成されており、そしてそれは、百姓の子＝農民思想家、安藤昌益の口を借りて噴出した百姓の本音でもあったろう。と同時に、自然と一体化した農業労働に携わるということの主張は、人間性の回復＝癒《いや》しをも目指したもので、ここには人間存在への深い洞察に支えられた御町医・安藤昌益の炯眼が光っていると言えよう。

（『足立史談』第三〇〇号、九二・二・一五）

昌益の医学観

安藤昌益の医学については、発見者である狩野亨吉も、狩野の弟子にして共同研究者であった渡辺大濤《だいとう》も殆ど言及するところがなく、戦前から戦後にかけて昌益の原典の翻刻に最も熱心だった三枝博音《さいぐさひろと》も「昌益の医論は全く思弁的なものであることがわかる」と否定的評価を下していたため、長い間顧みられることがなかった。

ところが戦後になって八戸での事跡が確認され、町医の身でありながら家老の医療相談に預ったり、藩命で遠来の遠野藩士の治療に当ったりといったことが判明、臨床医としての腕の確かさが推測されるようになった。又、幕末から明治にかけての漢方医の大御所・浅田宗伯《そうはく》の『勿誤薬《ふつごやく》失方函口訣《しっほうかんくけつ》』には、「小児の腹痛の際、他の薬を使って治療がうまくいかない場合でも、この薬を使えば効果がある」として、昌益の考案になる「安肝湯」が採録されており、推測が裏書きされることになった。

では昌益の医学論・医学観とはどのようなものだったのであろうか。宇宙を一大生命体と捉え、平等観と労働観とを二本柱とした人間観に裏打ちされた昌益の医学観は、当然のことのように、当時にあっては極めて異彩を放つ〝生命尊重の医学〟として打ち立てられていた。「産人の道は、医たる者、自然・人道の妙序を明かし、自身手を下して難産を教ふべき要道なり」として、生命の誕生・育成・保全を何よりも重視する昌益は、自らの医学体系の根本に産婦人科・小児科を据え、恐らく日本では初めてのことであろう、泌尿器科（精道門）を独立した分野として取り上げ、考察の対象とした。

その結果、先にも触れた不妊原因を女性の側に負わせるだけでなく男性の側にも求めると共に、荻野久作に先立つこと二〇〇年、排卵周期説を唱え受胎調節が可能である旨を訴え、更には心身両面に互る母体の保護・尊重を唱えた。

こうした医学観は今でこそ当然のこととして受け入れられようが、当時としては正に革命的とも言える医学観であった。『黄帝内経《こうていだいけい》』に象徴される漢方医学は三〇〇〇年来、心臓を君主、肺や肝臓を中央政府、胃や腸を地方政府に見たて、封建官僚国家・軍事機構になぞらえた成人男性の内臓を人体モデルの基本として、「本道」と称する内科治療を医論の中心に据え、産婦人科・小児科などは添え物にすぎなかったからである。昌益はこうした医学体系を一八〇度逆転させたのである。

しかも昌益在世当時は古方派医学が勃興、攻撃的な薬物療法が盛行していた。昌益は自然治癒力を重んじ、未病を治す予防医学の立場から、「薬制する者は薬種屋の手代」としてこうした薬漬け医療を批判、「直耕」―健全な労働と食養生―こそが病を癒し、生命連鎖の一環としての人間の健康を約束すると、繰り返し主張してやまなかったのである。

(『足立史談』第三〇一号、九三・三・一五)

昌益の社会観

安藤昌益が生きた元禄から享保、宝暦にかけては徳川幕府が成立して一〇〇年余り、赤穂浪士の討入りをめぐって忠義論争が起こり、宝暦事件、伝馬騒動と封建制の矛盾が徐々にほころびを見せ始め、「そろりそろりと天下のゆるる兆《きざ》し」が現われてきた、ちょうどその頃に当たる。

とは言え、まがりなりにも四民平等を達成した明治維新にはまだ遠く、人々は依然として士農工商の封建身分制の軛《くびき》の下にあった。人口の一割にも満たない武士が「切り捨てご免」という武力を背景に人々の上に君臨、人々の労働の成果を掠《かす》め取り、それに寄生する都市商業資本が、昨今の江戸ブームに象徴される元禄の爛熟文化を謳歌する一方で、人口の八割以上を占める農民は、日々額に汗して鎖国体制下の人々の全食糧をまかない、自らが食糧生産の主人公・社会の養い親であるにもかかわらず、五公五民、六公四民、時には七公三民といった苛酷な年貢の取り立てにより、凶作の年には真っ先に生死の境をさまよわねばならないという倒錯した社会であった。昌益はこうした社会の現実を「王は公卿の功を食《くら》い、公卿は将軍の功を食い、将軍は諸侯の功を食い、諸侯は諸役人の功を食い、諸役人は足軽の功を食い、足軽は諸民の功を食い、万民は、主は奴僕の功を食い、是れ大は小を食い」人が人を食う「禽獣の世」として描き出し、「逆迷の世」として告発している。

昌益は、自然界の存在法則にのっとり自然の循環と一体となって食糧生産にいそしむ農民を「直耕の衆人」と呼び、「至尊の転子《てんし》」と称える一方で、人々の上に君臨し自らは額に汗することもなく濡れ手で粟の生活を送る輩を「耕さず貪《むさぼ》り食う＝不耕貪食の徒」と呼び、「押領者《おうりょう》」「国の虱《しらみ》」と弾劾、こうした社会の在り様を「法世」という語で概括した。

「法世」とは昌益の造話で「法え《こしら》の世」とも訓まれ、自然でない、本来でない、嘘で塗り固められた偽りの世、作りごとの世との意を表わし、諸法度《はっと》で人々を縛り上げ、不合理な搾取・支配を維持する社会制度そのものを指す概念でもある。

こうした社会分析は「士・工・商の三民、日に盛ん……と雖も、耕家無き則《とき》は、三民忽《たちま》ち滅却」せざるを得ないという、生物存在としての人間の冷徹な把握、全社会は農民こそが支えているという農民の自負を基盤として打ち出されたもので、徳川期の社会分析として優れているばかりではなく、農業破壊・金権腐敗の現代ニッポンをも刺し貫いているかのようである。

（『足立史談』第三〇三号、九三・五・一五）

昌益の歴史観

現実の世の中を「法の世」＝偽りの世と観じ、搾取も抑圧もない理想の世の中を夢見ていた安藤昌益は、人類の来し方・行く末をどのように考えていたのであろうか。

先に「安藤昌益の認識論」の項でも見てきたように、昌益は、神代に人々が共に睦《むつ》み共に農業労働に勤《いそ》しみ、村造り・国造りに励んでいた理想的な社会が、現実に存在していたと観ていた。それは日本のみならず、朝鮮・中国にも天竺にも、つまり世界の至る所に在ったと言う。そして、昌益在世当時においては、隣国・アイヌ民族社会と、ユトレヒト同盟を基礎にスペインからの独立と共和制＝市民革命とを達成したオランダに、自由・平等・博愛の理想社会を、昌益は見ていた。

ところが中国では、伏羲《ふっき》・神農を始めとして、黄帝・尭・舜・禹……といった、儒教で聖人と呼ばれる一群の人々が出現し、私欲に任せて人々の上に君臨した上、濡れ手で粟の生活を始め、こうした共同社会＝「自然の世」は破壊され、それが天竺・朝鮮・日本にも伝わり、現在に至っている、と昌益は言う。

「聖人は、不耕にして衆人の直耕・転《(天)》業の穀を貪食し、口説を以て直耕・転《(天)》職の転《(天)》子なる衆人を誑《たぶら》かし、自然の転《(天)》下を盗み、上に立ちて王と号す。」

そして贅沢三昧の生活を人々に見せつけ商業資本と一体になって人々の射倖心を煽る一方で、

不耕貪食の生活を維持する為、武士団を抱え武力で人々を抑え付け、法度で人々を縛り付け、儒教・仏教・神道といった伝統イデオロギーで人々の批判精神を眠り込ませ、心身を共に支配し抑圧する構造＝「欲々・盗々・乱々」とした「法世」が作り上げられてきたと言う。

では、こうした倒錯した世の中は、歴史の必然であり、庶民はその下で永遠に苦界をさ迷い続けなければならないのか。昌益は、言う。いや、そんなことはない、社会も歴史も人間が作り上げたものである以上は、同じ人間が作り変えられないはずがないと。昌益は、この社会を家に譬《たと》え、かしいでしまった家を建て直す話を通して、社会の立て替え・立て直し＝世直しの可能性について訴えている。

「家を作るに……此の家は失《あや》まりなり。改め作らんと為る則、楔《くさび》を抜きて家を毀《こぼ》つ……古楔を抜きて以て失家を改む。云々」と。

生命の医師・安藤昌益は、その世界観の中に社会観・歴史観を繰り込むことで、確実に飛躍・翻身を遂げていく。「社会は病んでいる」と。社会の医師・安藤昌益の誕生である。

そして、八戸で行なわれたとも千住で行われたとも言われている、昌益一門の全国集会の弟子達との共同討議―私達はいかに生きるべきか―を通して、「私法盗乱の世に在《あ》りながら自然活真の世に契《かな》う論」と呼ばれる理想社会へ向けての過渡期綱領を生み出していった。

（『足立史談』第三〇四号、九三・六・一五）

八戸で開かれたとも千住で開かれたとも言われる昌益一門の全国集会には、秋田城都から出席した昌益に加えて、北海道は松前から一名、八戸から五名、奥南部から一名、須賀川から一名、江戸から一名、京都から二名、大阪から二名の計一三名の弟子達が参加している。

徳川幕藩体制の下、お上の禁制をかいくぐってこれだけ広域の人々が一堂に会し〝世直し〟を巡って白熱の討論を戦わせたということ自体、大いなる驚きであり、その準備に要したエネルギー・討議内容を記録として残そうとした熱い思い・参加した人々の胸中を察するだけでも、優に一編の小説たりえよう。

「良子門人問答語論」と題されたこの集会の記録は、千住の橋本家に代々秘匿され、明治時代の末に狩野亨吉によって発掘された後、関東大震災でその殆どが烏有に帰してしまった稿本『自然真営道』百巻本の第二五巻に収録されており、統目録では百巻本中の〝眼燈の書〟としてその意義が特筆大書されている。

集会では、安藤昌益の基調報告をもとに、昌益と門弟、門弟相互の質疑応答が繰り返され、内容的には〝人は如何に物事を見・考えるべきか〟に始まって、〝人は如何に生きるべきか〟から〝何を為すべきか〟へと討議が深化、理想社会へ向けての過渡期綱領へと集約されていく。

〝何を為すべきか〟は〝何を為さざるべきか〟でもある。昌益とその一門は言う、「貪《むさぼ》るな、治めるな」と。

貪らない為には搾取・寄生を止めねばならない。従って自らの食い扶持は自らの手で賄わなければならない＝「直耕」の実践あるのみである。農民はもとより、職人・商人・武士・公家・天皇に至るまで、一人一人が自らの土地を耕し、自然と一体になって労働に励むべきであると。

「直耕」の実践は社会的実践であると共に、「法世」によって歪められ失わされた本来の人間性回復の医療行為でもあり、健全な労働とその成果としての健全な食生活からは、大概の病いも心の病いも生れないからである。

治めないと言うことは、社会に規律が不要だということではない。権力を恣《ほしいまま》にして人々を欺き、濡れ手で粟の生活を維持する為の糊塗策を止めるべきであり、その為の権力機構・民衆抑圧の為の武士団を解体し、人々の自治＝民主主義に任せるべきであると。

安藤昌益とその一門は、江戸の中葉にありながら理想の社会を見つめることで、明治維新とそれに続く天皇制国家の矛盾も、戦後改革とそれに続く高度産業社会の矛盾をも乗り越えた、自然との共生の内につつましくとも健全な人々のあるべき姿を描き出すことが出来たのではないだろうか。

昌益の末期《まつご》の言葉は、「吾れ転に死し穀に休し人に来る、幾幾として経歳すと雖も誓って自然・活真の世と為さん」という、理想社会実現へ向けての固い決意であった。


（『足立史談』第三〇五号、九三・七・一五）

おわりに

弟子達との共同討議で、理想社会とそれへの道程を描いた安藤昌益は、その後、八戸に妻子を残したまま、跡継ぎが不在となった生家・羽州秋田比内二井田村（現・秋田県大館市二井田）へと戻り、晩年をその地で過ごした。

ただ昌益自らは八戸時代同様、医を業としていたもののようで、若勢《わかぜ》に安藤家代々の当主の名・孫左衛門を名乗らせると共に家督を継がせ、帰省後五年目の秋に病没している。二井田の曹洞宗・温泉寺『過去帳』十四日の丁には、「昌安久益信士　宝暦十二年拾月　下村昌益老」とあり、墓碑にも「宝暦十二年　空昌安久益信士位　十月十四日」とある。

そして事件は、昌益の三回忌に当たる宝暦一四年の秋に起こった。事件の顛末を伝える『掠《かすみ》職《しょく》手記』によれば、昌益は帰省後五年の間に「邪法を執り行ない、郷人を相惑わし」、ために二井田村一帯では無信心が広がり、掠職（神職）としては生計が立ち行かなくなり、寺社奉行に訴えて村人の弾圧に乗り出したというものである。

それは裏を返せば、昌益が「守農大神」として遺徳を顕彰されたことにも示されるように、神仏に頼ることなく農民が農民として自らを恃《たの》む生き方をし始めた結果であり、二井田一村とはいえ、そこに精神の解放区が出現しつつあったものと言えよう。

ただ、昌益は「百年の後を期して」自らの思想を『自然真営道』に綴らざるをえなかった。とすれば、二井田村農民の精神の解放区もまた、あまりに時代に先駆けていたのであろうか。一村潰れだけは辛うじて免れたものの、「守農大神」の石碑は破壊され、昌益の弟子・玄秀は所払《ところばら》いに会い、村人は転向を余儀なくされ、昌益の思想は生没地・二井田でも歴史の闇に埋もれてしまったかに見えた。

一九七三年秋から七四年春にかけて、当時の大館市史編纂委員の一人・石垣忠吉によって『掠職手記』『石碑銘』が発見され「過去帳」「墓碑」が同定され、昌益はその生没地がほぼ確定されるようになった。狩野亨吉が〃北千住の仙人〃橋本律蔵家旧蔵になる稿本『自然真営道』を入手、昌益を歴史の闇から掘り起こしてからちょうど四半世紀、七五年目のことである。

「はじめに」でも触れたが、どのようないきさつで橋本家に『自然真営道』が所蔵されるに至ったのか、『織畑《おりはた》家千住宿街並《まちなみ》図』にある「医師・橋本玄益」とは昌益ゆかりの人物なのか、昌益発掘の第一現場にもかかわらず、今のところこれ以上の手掛かりは見出せていない。

戊辰戦役を潜った大館、度重なる火災に見舞われた八戸で昌益の事跡が確認されている。関東大震災・東京大空襲に見舞われたとはいえ、千住の地で昌益の新たな事跡が確認できると有難いのだが。

（『足立史談』第三〇六号、一九九三・八・一五）

晩年の安藤昌益

――石碑銘の記述をめぐって

私は安藤昌益ファンクラブと言いますか、昌益の会の事務局長をしているということで、昌益研究者と言いましても、仕事の合間を利用しての昌益研究、余暇昌益研究者というか夜間昌益研究者みたいなもので、あんまり立派な研究などはやっていません。けれども、やはり安藤昌益に心惹かれる人っていうのは非常に素晴らしい人たちが多くて、そういう人たちとの縁で私の三〇歳代に、農文協の『安藤昌益全集』の編纂・執筆という非常に意義深い仕事、幸運かつ思い出深い仕事をさせていただくことになりました。この大館へも何度か足を運ばせていただいています。

さて、安藤昌益の晩年を考えるに当たっては、一九七三年から七四年にかけて、大館市史編纂の仕事に携わっておられた石垣忠吉先生が見出された「掠職手記」と「石碑銘」という貴重な史料があります。これは安藤昌益の研究史で言うと、これも大館出身の狩野亨吉が昌益の原本を見出したこと、それから八戸の地で上杉修さん・野田健次郎さんという郷土史研究のコンビが安藤昌益の八戸在住を史料的に確定づけたということに次いで、安藤昌益研究史における二大発見の一つ、非常に画期的な発見です。だからこそ今日こういう形で、大館の地でシンポジウムが開かれているということだと思いますが、この「掠職手記」と「石碑銘」をもとに、せっかく大館で行なわれるシンポジウムなので、私の考えていることを若干述べさせていただきたいと思います。

二井田村での昌益

大館へ戻った昌益が何をしたのか。あれほど直耕、農業労働というものに至高の価値を置いた安藤昌益だから、大館へ戻ったらきっと農業労働をしたんじゃないかという期待がありますし、そのような見方もありますが、基本的には、やはり安藤昌益は医者として晩年を全うしたのではないか、医者という立場で村人との様々な人間関係を作ったのではないかと思われます。それは過去帳に「昌益老」とあることからもわかります。老というのは、お医者さんに対する敬称ですし、一関文書にも「近頃二井田を徘徊している医師昌益」という言葉がありますので、やはり医者として晩年を過ごしたと推察されます。もちろん当時の二井田村ですから、医者だからということで左うちわであぐらかいているなどということはできません。農繁期にはおそらく昌益自身、田圃や畑に出て農作業をやったと思います。

そういうなかで安藤昌益は野良へ出て田圃のあぜ道で地元の農民たちに対して、直耕の自然学とか、自然真営道について話したのではないかと思います。それが「石碑銘」の後半に残っている宇宙の営み、自然界の四季の営み、それと連動したところの農民の農業労働ですね。そしてまたそれが、さらに人々の人体の各部分とつながっているというようなことを非常にわかりやすい言葉で、そしてまた心にしみるような形で話したからこそ、二井田へ戻って五年の間に昌益の門人が、ほとんど一村全体が昌益に帰依するという、いわば意識革命といいますか、そういうことが起こったんじゃないかと思います。

何故かというと、昌益が死んだ後、村人は昌益の医者としての功徳を讃えて顕彰碑を建てたのではなく、守農太神として奉って石塔を建て、顕彰碑を建てたわけです。私はまだ秋田の生んだ老農、渡辺斧松《おのまつ》とか、石川理紀之助《りきのすけ》といった人たちのゆかりの地を訪れたことがないのですが、この春、八戸・大館を訪問した時に、たまたま十和田市へ行きまして、そこで新渡戸記念館を見るチャンスに恵まれました。あそこは神社という形は名乗っていませんが、太素塚《たいそ》というのがあって、新渡戸三代の祠《ほこら》があり、三本木開拓の祖としての新渡戸伝《つたう》の遺徳を顕彰するということが、現在でも続いているわけです。太素祭というような形でですね。

江戸時代から、江戸時代に限らずでしょうが、自分たちの村の開拓者とか一揆の指導者などが神として奉られるというのは、日本全国いたるところにあるわけで、やはり二井田の農民たちにとって、安藤昌益というのは、本当に自分たちの心の支え、農業を守る神、神様にも値するものとして尊敬の気持ちを抱かせたのだと思います。もちろん昌益は、人を神として崇めるような馬鹿なことはしてはいけないと言っていますので、そのこと自体は、昌益思想と一見矛盾するように思いますが、そうではなくて農民の心の中で安藤昌益は本当に尊敬に値する存在として、心の中に深く残ったのではないかと思います。

ただこうした農民からすればごく自然な感情も、その心情の具体的表われである石碑も、残念ながら当時の幕藩体制の農民支配のタブーに触れてしまった。現在のお寺とか神社は、別に権力の末端機構という訳ではありませんが、当時、特にお寺は宗門改めという形で農民を思想的に統制していく権力の末端機構の役割を担っていた。ところが安藤昌益が二井田に戻ってからは、それこそ一村潰れにもなるほどの大きな農民騒動が起こる。それは世間で言う一揆のようにむしろ旗を押し立て鍬や鎌を持ってという行動面での華々しさはありませんが、深く農民の心の中に本当の意識革命というのが起こって、権力の末端機構のお寺から離脱する。そして八幡社について言うと、日待ち・月待ち・愛宕講・伊勢講といった、民俗行事も取りやめにしてしまう。お寺とか神社が食い扶持がなくなってしまうということで、本当に困ってしまう。いわば昌益が当時のお寺とか掠職、こういう人たちから見るとまさに「邪法を執り行なう」ような存在として映ったわけです。

そして一応石碑が壊され、農民たちはお寺へ戻ることになり、門人たちの名前を書き出した。これは一〇名が今残っていますが、この一〇名はおそらく自分たちが代表として、一揆の時の指導者の何人かが磔《はりつけ》になるのと同じように、村全体が昌益思想に傾倒したにもかかわらず、村人全員の名前を書き出すのではなく、その主立《おもだ》ちが名前をとりあえず明かすという形だったと思います。これは大館城代の耳にまで入るというようなことで、当時かなり大館盆地を騒がせた大きな事件だったと思います。ただ、結果的には孫左衛門家の取り潰しもなく、孫左衛門も所払いに遭っていないということで、行政の末端でいわば通達が徹底しないというようなことがありました。これが村内でのどのような力関係、それからお城と農村との関係、それがどういうものであったかというのは、非常に興味あるところですが、現在私がお話できるのはその程度のものでしかありません。

なぜ一村潰れになるほどに二井田の村、村の農民のほとんどが昌益の感化を受けるというようなことになったのか。いくつかの理由があると思いますが、そのうちの一つに昌益の人柄ということがあると思います。この人柄については稿本『自然真営道』の「大序」巻に昌益の一番弟子である神山仙確という高弟が、昌益の人柄について触れたところがあるのですが、ここで述べられている安藤昌益像というのは、まさに東北の生んだもう一人の農民の友と言いますか、宮沢賢治の「雨ニモマケズ」、あれは宮沢賢治の理想像、宮沢賢治が描いていたところの理想像なのですが、安藤昌益はまさにそういうものとダブってくるような存在だった。そういう人柄故に二井田の農民は昌益に引かれたのではないかと思います。

昌益の系譜を探る

もう一つ家柄の問題もあるのではないか。これは今のところ推測の域を出ませんが、「石碑銘」の前半に安藤昌益が二井田村の草分け百姓、開拓百姓だったということが書かれています。この点については石垣先生が若干触れられているのですが、その他の方々は今のところそれ以上のことは言われておりません。あの文章を素直に読めば、「羽州秋田比内二井田村、いまだ直耕をなす者なし。ここに与五右衛門という者生まれ、農業に発明。近人、近隣にこれを広め、ついに農業の国郡となす」とありますから、つまり、昌益の先祖が二井田村で農業を始め、そして近郷を農業の王国にしたというようなことが書いてある。

その中に「その後、与五兵衛、与五八、与五助云々」と続いて、安藤昌益が傾いた家運を再興したというようなくだりがあるのですが、そこに安藤昌益が、草分け百姓の与五右衛門から数えて四二代目、その前が四一代、八二〇年――つまり一代が二〇年として八二〇年――という数字があるのです。この八二〇年という数字は、白髪三千丈ではないですが、今まであまり数字的に検討されたことはありませんでした。

ところが、たまたま『大館市史』の第五巻の年表を見ましたところ、安藤昌益が生まれたのが一七〇三年、それから八二〇年をさかのぼった八八三年頃というと、元慶七年ということになりますが、「この頃、平安前期の集落が営まれる」ということで、農民の定着というものが触れられています。そして安藤昌益の没年から逆に八二〇年を引くと、九四二年、天慶五年ということで、大館地方では「稲作農耕がこの時期に生業として人々の間に完全に定着し、集落周辺の比較的大きな沢での農耕と低湿地の開発が始められた」と考えられるというふうにあります。

　こうした歴史的事実と今の石碑銘とを重ね合わせると、たまたまの偶然というふうに考えられることもできますが、私、昌益ファンとしては、やはりこの「石碑銘」が語っていることは、かなり歴史的な事実に基づいているのではないかと思われます。僕ら、現代人の感覚からすると一〇〇年、二〇〇年っていうのは大昔っていう感じになりますが、昔の人からすると代々、それこそ三〇〇年、四〇〇年前も、うちの先祖がというようなことで語れる、そのような歴史性、定着性というのがあるわけですから、この八二〇年というものもかなり信憑性のあるものとして考えてもいいのではないか。これはまだまったく私が想像で考えていることですので、私からの質問ということで地元の方が今後調べてくださるとありがたいと思っています。

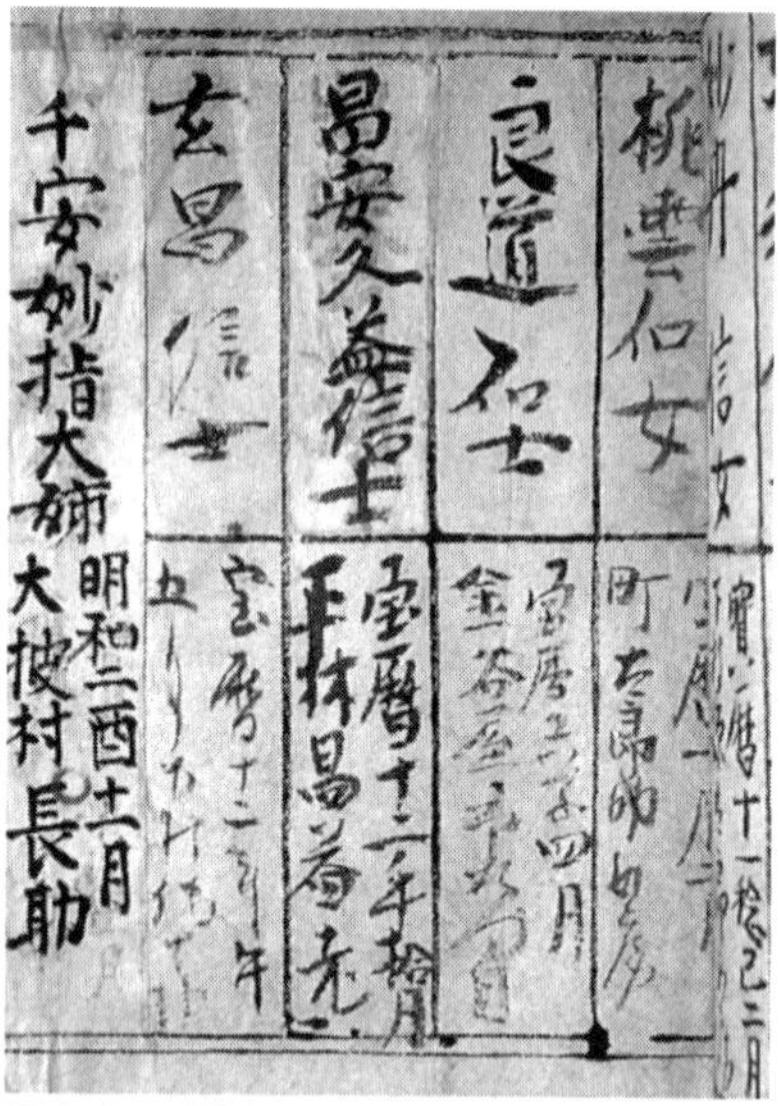

温泉寺の『過去帳』。14日の条にある「昌安久益信士」の部分。「下村昌益老」とある

（『自然と人間を結ぶ』増刊号、一九九六・四・一）

昌益思想点描

平等論――みんなちがってみんないい

一九八六年八月七日夕刻、久し振りで日比谷公園の野外音楽堂に足を運んだ。南アフリカの反アパルトヘイト＝黒人解放運動のシンボル的な存在でノーベル平和賞受賞者、デズモンド＝ツツ主教の話を聞くためである。会場にはアフリカ各国の駐日大使の面々を始めとして、在日外国人の参加も多く、この問題への関心の広がりを示していた。

私はと言えば、一〇年前のソウェト蜂起を描いたアフリカ映画『アモク』に衝撃を受けつつも、遠い問題として等閑視し、友人の角倉《すみのくら》典彦さんが実行委員会のメンバーでなかったならば出かけなかった、いわば半分義理で参加したくちで、あまり熱心な聴衆とは言えなかった。それでも、南アフリカへの白人の侵入＝支配を、テントを占拠してしまったラクダにたとえるなど、ユーモアを交えて噛んで含めるように語るツツ師の話に、いつしかウンウンと頷きながら耳を傾けていたのだった。

中でも、白人の黒人に対する人種差別＝皮膚の色による差別が、いかにバカ気た不当なものであるかという話は、十分に説得力があり、また差別というものを考える上できわめて示唆的だった。彼は、こう言った。

「考えてもごらんなさい。皮膚の色に代えて、鼻の大きさで人を差別したとしたら、どう思われますか。大きな鼻の人は価値があり、小さな鼻の人は価値がないなんてことがまかり通ったとしたら……。そんなバカな話があるものか、と思われるでしょう。でも、南アフリカでは、まさにこうしたバカ気たこと―皮膚の色による差別が、大手を振ってまかり通っているのです」と。

＊

私は、この話に、思わず安藤昌益のことを思い出していた。差別と闘い、差別に思いをめぐらしている人の考えは、時空を超えて共鳴し合うものなのだなァとの感慨に包まれながら……。

「上君《かみきみ》モ人ナリ、下民《しもたみ》モ人ナリ」（契フ論）「転下ニ人ハ唯《ただ》一人ナリ。唯一人ノ人タルニ、誰ヲ以テ上君ト為シ、下臣ト為シ、然ルコトヲ為シテ王ト為シ民ト為サンヤ。又聖ト為シ愚ト為サンヤ。此ノ一人ニ於テ誰ヲ治メンヤ、王政ヲ為サンヤ。転下ハ万万人ガ一直耕ノ一人ナリ」（統、聖・五）といった章句がその著作の随所に見られる昌益の徹底した人間平等論については、これまでも多くの人が指摘し論じてきたところであるが、昌益の平等論の特異性、その豊かさについては、これまであまり触れられることがなかった。そこで、以下ではこの点について取り上げ、若干の考察をしてみたい。

＊

『統道真伝』「禽獣巻」に、「人面全ク同ジカラズ、心術同ジカラザルノ論、至妙一真論」という魅力的な一節がある。昌益の著作の中でも、私が最も気に入っているものの一つであり、本来ならば全文を引用したいところだが、それは『全集』に譲って、以下、要点だけでも引いてみたい。昌益は言う。

「万万面・心同ジキ則ハ、万万人通用達スルコト能《あた》ハズシテ世界立タズ。故ニ万万面・万心ニシテ同ジカラザルガ故ニ、能《よ》ク万国通用シテ世界常ナリ」「同ジカラザルガ故ニ吾《われ》有リ」と。

つまり、皮膚の色が違い、鼻の大きさが違うといった個々の差異があるからこそ、各人は己れの自己同一性《アイデンティティ》を獲得できるのであり、個性を主張でき、存在意義もあるのである。

だからといって、「人ノ面・人ノ心、吾ガ面・吾ガ心ニ同ジカラザルヲ醜《ミニク》シトシテ悪《ニク》ムベカラズ、美ナリトシテ泥《なず》ムベカラズ」「若《も》シ不同ヲ嫌ヒ全同ヲ好ミ、全同ヲ知ラズ不同ヲ好ム則ハ、真ニ非ズ」とあるように、皮膚の色であるとか鼻の大きさであるとかいった、個々人の差異を固定化し、己れの価値を絶対化してそれを基準として他を裁く＝差別することは、「真ニ非ズ」として斥《しりぞ》けられる。

つまり、昌益の平等論は、多様性の認識を出発点としながらも、差異がそのまま価値の多元化、差別の固定化に向かうのではなく、かえって多様であるが故に、普遍的価値＝平等の積極的な主張へ向かうという構造になっている。なぜならば、

「悪《にく》ムベカラズ、泥《なず》ムベカラズト知ル則ハ、万面ノ不同・万心ノ不同ト吾《われ》ト全ク同ジクシテ二人無シ。二人無シト知ル則ハ、万万人ガ吾一人ト知ル則ハ、吾ハ万万人ナリ」

とあるように、昌益にあっては、いわば差異性を通してこそ、人は初めて共同性を獲得しうるからである。

*

こうした昌益の主張もまた、「人間とは本来、疎外されるため、分裂するため、互いに敵意をもつため生まれ」てきたのではなく、「他の個人を通じてこそ、人間になるのです」というツツ師の言葉と重なり合う。

最後に、昌益にあって「生マレ損《そこ》ネ」というきわめて差別的な修飾語を冠されるのは、愚か者でも不仁《カタワ》者でもなく、聖人・釈迦を始めとした「不耕貪食ノ盗道者」だけということは、昌益の平等の主張が、単に認識論のレベルに留まらず、直耕を媒介として存在論・実践論のレベルにまで及んだものであることを物語っているという意味で、きわめて象徴的であると言えよう。

（『良中通信』第三号、一九八六・一〇・一四）

反侵略

昌益の平和論といえば「我が道には争ひなし、吾《われ》は兵を語らず、吾は戦はず」という一節が有名ですが、コロンブスの征服《コンキスタ》から数えてちょうど五〇〇年、一九九二年の念頭に当たって反侵略と昌益思想との繋がりについて考えてみたいと思います。

安藤昌益在世当時の江戸人にとって日本とは、人々の観念の上でも地図の上でも「北は陸奥から南は薩摩まで」であり、北海道は蝦夷《えぞ》ないし東夷《とうい》＝アイヌ民族の住む所（アイヌモシリ）、沖縄は琉球王朝をいただき独自の伝統・文化を育む独立国＝琉球でした。したがって、「北は北海道から南は沖縄まで」という現代日本人にとってのそれは、日本が帝国主義列強の包囲網下で維新革命を成し遂げ、自らも帝国主義を目指しつつ近代国家を形成していく過程で、まずその第一歩として蝦夷・琉球を国内植民地化していった後に作り上げられたものに他なりません。

そうした点を前提にした上で昌益の著作を見てみるならば、そこには明確に「反侵略」といった観点が打ち出されています。

オランダと共に昌益が理想としたアイヌ社会との関連で、おそらくシャクシャイン戦争を念頭に置いての「松前ノ方ヨリ犯掠無キ則ハ貪リ到ルコト無ク、犯シ掠メ有ル則ハ蜂起有リ。是レ夷人私ノ罪ニ非ズ」という『統道真伝』「万国巻」東夷国のくだりは比較的有名ですが、琉球・朝鮮についても昌益は、稿本『自然真営道』第二五巻「契《かな》フ論」の中で「日本ヨリ朝鮮ヲ犯シ、瑠《(マヽ)》球ヲ取ル」として、豊臣秀吉の朝鮮侵略・薩摩藩による琉球支配を告発しています。

秀吉の朝鮮侵略については、山鹿素行のように「秀吉晩年ニ及ンデ朝鮮ヲ征伐、其ノ勇胆古今ニ抜出ス」と積極的にこれを支持する見解もありましたが、林羅山・室鳩巣・大田錦城を始めとして儒者の多くは、出兵の無謀さ・秀吉の人格的欠陥を指弾、安積艮斎の「不仁ノ至リナリ」という批判にも見られるように、概ね不評だったと言われています。

昌益も「兵軍ヲ使ハシテ朝鮮ヲ征ス。王ヲ擒《とりこ》ニシテ来ル、是レ無益ノ威ヲ振ヒ、后世ノ妨ゲト為ス」として秀吉の朝鮮侵略を糾弾していますが、昌益はひとり秀吉のみに止まらず、神功皇《じんぐう》后の「三韓征伐」に対しても「新羅ヲ責メテ日本ノ配下ト為ス。後世ノ害、察セザルコト失リナリ」としてこれを糺弾、近世以前の日本の対外侵略の全てを槍玉にあげています。

昌益は更に、「漢土ヨリ天竺・阿蘭陀・日本ヲ奪ハント欲シ」としてモンゴル帝国による周辺諸国への侵冦を告発、事実上、歴史上のあらゆる侵略行為を批判しています。

しかも昌益の反侵略論で特徴的なことは、侵略行為が無謀性や人格的欠陥によってもたらされるものではなく、「金銀通用売買ノ法」という社会体制によってもたらされるものであるとして侵略戦争の根本原因を解明、その上で「後世ノ妨ゲ」「後世ノ害」といった表現にも見られるように、歴史に学ぶ・歴史を教訓化する姿勢に貫かれていることにあります。

こうした昌益の反侵略論・平和論は、現存する昌益の著作では明示されていないものの、昌益の平等論と分かちがたく結びついていると見て間違いないでしょう。「男女ハ万万人ニシテ只一人」「男女ニシテ一人、上無ク下無ク」と人間平等・男女平等を高らかに謳った昌益は、「貪リ貪ラルル」関係の廃絶を求めて「亡命ヲ省ミズ」生涯をかけて『自然真営道』を綴ったのです。

「貪リ貪ラルル」関係の廃絶とは、単に君と臣・上と下・男と女・個人と個人の間において当てはまるばかりではなく、社会と社会・民族と民族・国家と国家の間においても目指されなければならないと、昌益は二五〇年の時の彼方から私達に訴えてきています。時あたかも今年は国際先住民年です。昌益の著作はその意味でも繰り返し繙《ひもと》いていかなければならないでしょう。

（『直耕』一三・一四号、一九九三・一・二〇）

民衆の闘いと昌益

九・一一「事件」は、暦の上での新世紀の幕開けが残念ながら文字通り暦の上のことでしかなく、世紀が変わったからといってすぐにも世界が希望に包まれるなどということはありえないという冷厳な事実を私たちに突きつけてきた。

「事件」を巡る事態は「新しい戦争」でも何でもなく、二〇世紀後半から厳然として今に続く、「グローバル化」という名の「帝国」による一元支配が世界を覆っているということを今更のように思い知らせてくれた。マスコミを通して私たちに死の恐怖・犠牲者への哀悼・平和への願いをいざなう数々のシーン――逃げ惑う人々・破壊された無残な瓦礫・死傷者を運ぶ仲間等々――は、これまでもアジア・アフリカ・ラテンアメリカあるいは中東・東欧で幾度となく見慣れ（見慣らされ）てきた光景の再現でしかない。それが他ならぬ「帝国」本国で引き起こされた初めての光景、犠牲者の多くが「帝国」本国の民衆だったというただ一点を除けば。

そしてまた、「帝国」が誇る国内における民主主義も報道や表現の自由も、所詮は金持ち喧嘩せずのレベルでしかなく、自らが危機に陥った時にはなりふりかまわず打ち捨てられる建前にしかすぎないということを、私たちに赤裸々に示してくれた。（もっとも、地球環境に関する京都議定書、ダーバンにおける差別をめぐる世界会議……といった直近の例を挙げるまでもなく、地球上で繰り返されてきた「事件」の背後には常に「帝国」の直接・間接の影があり、国際政治の場においては「帝国」が世界一の「ならず者国家」として、その反民主的な姿勢は既に多くの国々・多くの人々の知るところであり、そのことが今回の「事件」の原因であったことは言うまでもないだろう。）

しかも生憎なことに、私たちが暮らすこの日本列島における政治状況は、国際政治における「帝国」の一人勝ち同様、総評・社会党の解体―右寄りの再編を受けて小泉内閣の一人勝ちといった悲惨な状況にあり、日本社会の行く末・国家百年の計などは誰の念頭にもなく、火事場泥棒よろしくここを先途とばかりに平和憲法を次々と形骸化し蹂躙した上、改憲を射程に入れるところまできてしまっている。

もちろん、こうした事態に手をこまねいているわけにはいかず、職場で地域で国会前で……と、それなりの対抗軸を築くべく、各種集会や行動にも参加してきたつもりだが、何とも歯がゆく情けないというのが実感である。

そんな中、二〇〇一年五月に韓国は全羅北道全州市で開催された「東学農民革命国際学術大会」と九月に千業県成田市で行われた「第五回全国義民サミット」に参加できたことは、歴史における民衆の闘いとその顕彰―継承を考える上で大きなヒントを与えてくれるものだった。もちろん両者は、時期も場所も規模も形態も大きく違うものだが、民衆が平和を平等を求め、命を賭して闘いに立ち上がったという点では共通しており、現代を生きる私たちの心にも響いてくる普遍性がある。

東学農民革命は、東学党の乱・甲午農民戦争とも呼ばれ、西欧列強による近代化の波に抗すべく朝鮮社会に生まれた東学思想を武器に、反封建・反外征を旗印に立ち上がった農民蜂起だが、日本軍を引き入れた政府軍の弾圧の前に潰え去ったもので、日本の朝鮮侵略の突破口ともなった闘いであった。

残念ながらこれまでは、朴正熙・全斗煥といった軍事政権によって自らの政権の正当性を権威づけるために政治利用されてきたという経緯にあるが、今回は八〇年代以降の韓国における民主化の進展、とりわけ二〇〇〇年七月の南北首脳会談の実現といった東アジアにおける平和の構築という文脈の中で開催されたもので、東学・農民・革命という性格規定がシンポジウム主催者の思いをよく伝えていた。

一方、全国義民サミットは、各地の義民顕彰団体が「伝えよう、義民のこころ・生き方を」をスローガンに、時には自治体をも巻き込んで町おこしの一環として取り組んできたもので、九六年の長野県青木村を皮切りに、愛媛県日吉村・岡山県湯原町・千葉県佐倉市と取り組みを重ね、〇一年は佐倉物五郎刑死三五〇年を記念して成田市で行われたものである。義民は百姓一揆における初期の形態であることや代表越訴であることから、民衆の直接蜂起を伴う幕末の世直し一揆などに比べとかく評価が低くなりがちだが、足尾鉱毒事件における田中正造の直訴などと同じように、自らの命を賭した直接行動として、その「こころ・生き方」はやはり顕彰し受け継いでいくに値しよう。

しかも、戦後の民主主義を個人主義であるとして、個を捨て公＝国家のために生き、国家のために死ねといった「新しい歴史数料書を作る会」を中心とした主張が一定の広がりを見せている時代状況を考え合わせた時、公とは国家に収斂するものではなく、民衆のためということであり、そのために生き、そのために死んでいった義民のこころ・生き方を継承し対置することの意味は、極めて大きいと言える。

おりしも〇二年は、民衆の思想家・安藤昌益没後二四〇年に当たる。昌益を義民の系譜の中において捉え直してみたいと思うのは、一人私だけであろうか。

（『人民の力』第七三六号、二〇〇二・一・一）

平和思想

世にブッシュイズムなる語があるそうである。「帝国」の大統領ジョージ＝ブッシュの政策ないしトンデモ発言を指すもので、特に後者は文法的なミスや基礎的な知識・学力を欠いたもの、状況を弁えず思慮を欠いたものとして揶揄・取り沙汰されることが多い。

しかし、「九・一一」の惨劇からわずか一ヶ月もしていない〇一年末に行なわれたと言う「すべてひっくるめて、妻と私にとって素晴らしい一年だった」との発言は、単に思慮を欠いた発言として揶揄して済ますには重過ぎるもので、その後の世界情勢が「新しい戦争」を呼号する彼の思惑通りに進行しつつあるという意味で、また「帝国」中枢が事前に「事件」を予知していたとの疑いも含めて、思わず本音を吐露してしまったものと見るのは、果たしてうがち過ぎだろうか。

一方、私たちが暮らすこの日本列島における政治状況はと言えば、改憲派議員が三分の二を超える国会内の勢力関係にもかかわらず、「戦争ができる国作り」へ向けた有事法制を巡る攻防では、廃案にまでは追い込めず継続審議になってしまったものの、広範な世論・反対運動の盛り上がりによってまがりなりにも法案成立を阻止することができた（当時）ということは、この間の労働運動・市民運動の低迷に照らして、大きな成果と言ってよいだろう。

そうした中、この間、在京の仲間数人と共に月に一回ほど、安藤昌益の原典講読を続けてきているが、昌益の平和論は時代を超え現状を撃つものとして、今でも私たちの胸に生き生きと迫ってくる。戦争と革命の二〇世紀から新たな世紀を迎えながらも、相変わらず「帝国」による戦争の危機が世界を覆っている今、私たちの反戦平和の思い・運動をより長い射程で捉え、豊かにしていくためにも、昌益の平和論を振り返ってみるのはあながち無駄ではあるまい。何故ならば、昌益の思想的格闘とその達成とは、一人昌益だけのものではなく、昌益の口を借りて綴られた、民衆の魂の叫び・平和への願いに他ならないからである。安藤昌益の平和論は、発見者である明治の碩学・狩野亨吉による「我が道に争いなし、吾《われ》は兵を語らず、吾《われ》は戦わず」との文言の紹介で徹底的な非戦論として知られ、また先日亡くなった家永三郎氏が責任編集した『日本平和論大系』では「日本で初めての軍備廃止論」として巻頭に紹介されている。

寺尾五郎氏の言を借りるまでもなく、昌益は常に世界史大に物事を捉え、理想社会を模索した。そうした立場で、昌益は当時知りうる限りの世界史＝東洋史を総括する中から、有史以来のあらゆる侵略行為―元朝による天竺・阿蘭陀・日本への侵冦、神功皇后による三韓征伐、豊臣秀吉による朝鮮侵略、薩摩藩による琉球支配、松前を拠点とするアイヌモシリ侵犯―を糾弾し、シャクシャインを戴くアイヌ民衆による蜂起＝叛乱を「私の罪にあらず」として擁護した。

こうした反侵略の論調は、「貪る者もなければ、貪らるる者もない」世の実現を目指した昌益の理想社会論における個人と個人・階級と階級の関係を、民族と民族・国家と国家の関係に置き換えてみれば、比較的容易に了解されよう。

では反戦平和論はどうか。昌益は徳川三〇〇年の泰平の世にも擬制の平和しか見出しえなかった。確かに徳川氏による全国制覇によってもたらされた治世は、下剋上の戦国時代―乱世とは違って、そこにむきだしの暴力はない。だが、治世とは言え、そこに聖人＝支配階級が存在し、「衆人直耕の穀産を貪る」に際して、「強気にして異背に及ぶ者」や「令命に背き党を為して敵を為す者」がいた場合、武士という体制維持のための暴力装置によってこれを「捕り拉《ひし》がん」とする社会は、昌益─民衆にとって少しも平和ではなく、見えない暴力─構造的な暴力によって支配され維持された社会であり、形を変えた乱世でしかない。

そして昌益は、武士の鑑とされる諸葛孔明・範蠡《はんれい》・源義経・楠正成といった歴史上の忠臣・名将を挙げ、「君父の怨みを報い義を立て名を揚げ」てはいるものの、戦乱の根本的な原因を除去していないため、「また怨みを招き敵を求め」、乱世を招き身を滅ぼす元であるとして暴力の応酬─報復戦争の愚かさを指弾し、「速やかに軍学を止絶して、悉く刀剣・鉄砲・弓矢すべて軍術用具を亡滅」すれば、本当の意味での平和が実現すると、軍備の全廃を高らかに訴えている。

そればかりではなく、武士にとって不可欠の学問とされ、今でも資本主義競争を勝ち抜くため、経営者・政治家にとって座右の書とされる孫子を始めとした兵法書を、昌益は「軍学は人を殺し己れ滅び、人を滅ぼし己れ殺さる、死争を以って天下国家を盗む」もの、私欲に満ち血塗られた学問であるとして、軍事研究の停止を訴えている。

豊臣秀吉の朝鮮侵略については、当時の儒学者の間でも出兵の無謀さ、秀吉の人格的欠陥を捉えて批判する者も少なからずあったが、昌益は侵略や戦乱をもたらす根本原因をそうしたものではなく、社会の在り様＝社会構造に見ていた。「帝国」による「新しい戦争」「戦争ができる国作り」への反撃も、それを欲する社会的・経済的な構造をこそ問題にしていかなければならないだろう。真に平和な新世紀を築いていくために。

（『人民の力』第七五八号、二〇〇三・一・一）

技術批判

中学、高校時代からの悪友・相田博氏にかどわかされ、昌益の昌の字も知らなかった私が高田馬場にあった自主講座・寺小屋教室の安藤昌益講座に顔を出してから、早いもので四半世紀に近い月日が流れようとしている。

仕事や組合活動の傍らでの細々とした「研究」とは言え、自分自身でもこれほどの長い付き合いになろうとは講座に顔を出した当時は考えられもしなかった。だが、今にして思えばそれは不思議でも何でもない。昌益思想が内包する人類史への根源的な問い掛け・普遍的な価値の創出と、そうした昌益思想に心惹かれた人々との様々な出会いが、私の三〇代・四〇代を豊かなものにしてくれたからである。

安藤昌益の会の機関紙のタイトルともなっている「直耕」を始め「君ヲ立ツルハ万悪ノ本」「男女ヲ人トナス」等々、昌益の著作の中からキーワードとも言える魅力的な言葉を挙げていけば枚挙に暇がないほどだが、これまであまり注目されず言及されてこなかったものの、現代の科学技術文明を根底から撃つものとしてもっと注目されて良い昌益語録の一つに「職欲」という言葉がある。

この言葉は稿本『自然真営道』巻四「私法儒書巻」一「四民」の項で唯一度用いられているだけだが、同趣旨のことは他でも「薬漬け医療」批判や「学問＝商売」批判として展開されており、この言葉に込められた昌益の文明批判の射程は長く鋭く深い。

昌益は「四民」の項で、当時（ないしは有史以来）の四民制が聖人という名の権力者によって作り出された社会機構・階級制度である旨を分析し、農こそが自然と一体化した人間本来の営みであることを明かし、士・工・商がいずれも「転下《（天下）》ノ通用ノ自由ニ似テ」社会の発展・人類の進歩等と見せかけながら、その実「聖人……皆己レヲ利センガ為ノ兼用ナリ」として、聖人＝権力者が己れの私欲を満たすために利用しているに過ぎないと看破している。

その上で工は「己レガ識欲ニ迷フテ世ニ火難有ランコトヲ願フ者アリ」として、技術者・専門家が社会性を見失い自己の欲望に身を委ねた際の悪魔的な危険性についても鋭く指摘している。

昌益の武士階級批判は、軍備全廃論＝絶対平和論の先駆として、これまでも高く評価されてきた。一方、昌益の商業批判・貨幣経済批判は、当時農村に浸透しつつあった貨幣経済への即時的な反発として理解されることはあっても、近代資本主義への移行を準備しえなかった時代錯誤的ないしは反時代的な主張として甚だ旗色が悪い。また近年ではエコロジーの隆盛に伴って、昌益の鉱業開発批判が注目を浴びてきている。

こうしたものに比べ昌益の工業―技術批判は、産業革命以前ということで昌益自身が言及するところが少なかったこととも相俟ってこれまであまり注目されてこず、管見では古在由重さんが三浦梅園との比較で、梅園には「近代科学や近代技術にみちびくような、そしてそれらの土台となるような精神、方法がある」のに対して昌益にはそれがないと否定的な評価を下していた

（「私にとっての三浦梅園」『梅園学会報』創刊号）位しか言及がない。古在氏の指摘はある意味で正鵠を射ているとも言えるが、昌益の技術批判はそれとは次元を異にしたところで依然として有効であると私には思われる。

原爆を始め現代の技術開発の多くは冷戦も含む戦争によって加速され、次々と市場に出回る新製品とそれを支える技術開発競争の多くは人類の進歩・福音を謳いながらその実、現代の聖人＝資本の要請によっている。にもかかわらず、それに従事する技術者は己が「識欲」の充足と人類への貢献を重ね合わせて疑うところがない。

そうした現状を目の当たりにしたとき、「天下ノ通用ノ自由ニ似テ」「識欲」といった昌益の指摘は、私たちの肺腑をえぐらずにはおかない。全ての虚飾を剝ぎ取り、虚心坦懐に「自然」に耳を傾けよ。人々にとって何が必要であり何が不要であるか、欲望の赴くままに躍らされてはいないか、聖人＝資本の繰り人形になってはいないか、人類にとって真実とは何か、と。

昌益の言っていることは単純明快である。不耕貪食＝濡れ手で粟の生活は良くないと。二別＝差別は良くないと。「天下ノ通用ノ自由ニ似テ」＝人類の発展などという言葉に騙されてはいけない、等身大にものを見よと。人々はすべからく直耕に従事すべきであると。

昌益の文章・用語はしばしば難解だと言われる。が、果たしてそうだろうか。私にはどうもそうは思えない。〝読書百遍意自ずから通ず〟ではないが、ただ人々が昌益の文章に慣れ親しんでいないだけのことではないか。昌益が晩年、生地・二井田へ帰住し近郷近在に邪法を執り行ったとして在地権力者から忌避されながらも、農民からは「守農大神」として祀られたのは、昌益の説くところが村の主立ちを始めとして人々の心に素直に浸透していった証しではなかったか。昌益の説くところは深遠・空疎な高説ではなく、足許の真実であった。

（『舞字抄通信』第二号、一九九六・一〇・二六）

生き方の変革

村上清さん・畠山学院長を始めとする北東北郷村教育学院の方々とのお付合いが始まったのは九五年五月、中国の王守華さん・李彩華さん・韓国の李雲九さん達と一緒に、寺尾五郎先生と八戸・大館の安藤昌益ゆかりの地巡りの旅をした時のことだった。

そしてその年の一〇月、待望の大館での第一回昌益シンポが県北報公会の全面的なバックアップで開かれ、私もパネリストの一人として参加、その後『北東北郷村教育』誌を創刊号以来、読ませていただいてきた。

いつか本誌に寄稿ができたらと思いつつも、昌益に「道に志す者は止まるべからず」と喝破された都市繁華の地に未だ恋々として止まっている己が身としては、農を基軸に地域おこしに奮闘されている皆さんにいささか気後れするところがあり、延び延びのまま今日に至ってしまった。その結果、終刊号に初めて寄稿するという何とも皮肉なことになってしまい、己れの非力さが悔やまれてならない。

そうした自己矛盾を抱えた身だが、それでも尚且つ仕事や組合活動の傍ら三〇年近い月日を昌益に入れ揚げてきたのは、ひとえに昌益に魅せられたからに他ならない。

百姓の倅《せがれ》であり町医者でもあった昌益は誰よりも何よりも生命の尊さを実感し、それを自らの思想の根底に据えて伝統イデオロギー・伝統思想を批判した。

そして自らの世直し論の根底に農を据えた。生命の糧を生産し社会を根底で支えている農民が封建的身分制の下で虐げられているという不条理に、その解放を目指したことは勿論だが、それは昌益の世直し論の一面でしかない。

昌益の世直し論で最も重要なことは、農から、大地の生命力から切り離され人間本来の生き方から外れてしまった都市繁華の地に住む不耕貪食の徒を、農に就かせることにより真の人間性の獲得・回復に向かわせようとしたことにある。

昌益の世直し論とは、世直しと同時に人々の生き方そのものの変革をも目ざしたものであり、私が昌益に魅かれ続けるのもまさにこの点にこそある。

そうした意味で、昌益の思想・老農の精神・種苗交換会の伝統といったものを承け継ぐ『北東北郷村教育』誌の近い将来の再刊を願ってやまない。その際には、もう少しマシな原稿を寄せられるよう研鑽に励むことを誓いつつ。

（『北東北郷村教育』第一一号、二〇〇二・七・一、原題は「北東北郷村教育と昌益と私」）

安藤昌益と「農」

はじめに

二〇〇二年二月二日午後、東京・駒込の電通生協会館で日本アンソロジー『安藤昌益』（光芒社刊）の出版記念講演会が行われ、その場に参加していた村岡到さんから表題のようなテーマでの執筆を依頼された。昌益論の根幹にも関わる問題なので、準備不足もあり一瞬二の足を踏んだが、避けて通ることもできず、ついつい承諾してしまったという経過にある。

ところで村岡さんの脳裏には、同書の鼎談で尾藤正英氏がしきりに言及していた「昌益自身があまり直耕をやっていない」といった否定的な物言いへの違和感があったと思われる。

そこでまず、同書から昌益と農をめぐる否定的な言説を拾い上げてみたい。

同書には、一九八二年に奈良本辰也・安永寿延・尾藤正英の三氏によって行われた鼎談Ⅰと、二〇〇一年に尾藤正英・松本健一・石渡博明によって行われた鼎談Ⅱが収録されており、主として尾藤氏によって「昌益自身が農業をやっていたということは、出てきた資料からは言えません」「八戸その他の門人は、農民がいないんです」「農民の現実の生活とは距離がある」「具体的な農村のあり方、農民の生活のしかたというものが出てこない」といった否定的言及が繰りかえされているが、整理すると、論点はほぼ以下のようになろう。

①昌益があれほど「直耕」を賞揚していながら、弟子には農民がおらず、自身も弟子も「直耕」に従事せず、率先垂範がない美的百姓である。

②農村共同体における役割分担・農業技術・品種改良・百姓一揆等、当時の農業・農民の実態について何も触れていず、抽象的・高踏的である。

③その結果、昌益の社会思想・世直し論は現実的でなく空想的である。ないしは、昌益は社会変革など考えていない、心の持ち方だけを問題にしていた。

これらについては鼎談Ⅱの中で、私自身が司会という立場も差し置いて一応反論を試みたつもりだが、言葉足らずといった感は否めず、またせっかく機会を与えてもらったので、いまここで再度この点について論じてみたい。

農は「人倫の養父母である」

安藤昌益と農をめぐっては、これまでのところ伝記的には以下のような事実が判明している。

①秋田県は大館市郊外、二井田村の草分け百姓（八五〇～九五〇年頃？）のおそらくは次男と

して出生したこと。

②京都で医学を修業し、八戸で町医として活躍、晩年の五年間を出生地・二井田で医師として過ごし、直接、農業に携わったとは見られないこと。

③死後、二井田村の農民を中心とした弟子たちにより「守農大神」として祀られ、村方騒動の原因となったこと。

ここには、先の尾藤氏による言挙げに対する、事実による反証（弟子には農民がおらず、直耕に従事していない）が一つ挙げられる。一方、昌益自身については直耕＝農に携わったことがなかったという事実と、にもかかわらず死後、二井田の農民から「守農」大神と尊崇されたほど農民の側に身を置いていた存在であったことの確認をしておきたい。

ただ、鼎談の中でも言及しておいたように、百姓の倅《せがれ》として幼少年期を過ごし、野良仕事を手伝わされたであろう幼い日の農業体験が、昌益思想における原点・原風景としての農にあることもまた見過ごしてはならない点であろう。

次に、昌益の著作における農について見てみたい。

まず、先の尾藤氏の言及では「直耕」と「農」とが同義語のように前提とされ、語られているが、ここには大きな問題がある。何故ならば、昌益思想のキーワードとしての「直耕」の語は「テヅカラダガヤス」とも読まれ、農業労働を基礎にしていることは紛れもない事実だが、一方、転定（天地）の直耕・四類（動物）の直耕・草木の直耕・炉の直耕・胃の直耕といった用例に見られるように、自然界における生命連鎖─生命の生産と再生産を表わす擬人化された語として、晩年の思想的深化に伴いその意味が拡張されていき、世界観的な意味合いを込めた言葉であることも見ておく必要があり、「直耕」必ずしも「農」でないことを確認しておく必要がある。とは言え、農民が人口の八〇%以上を占めていた当時にあっては、「直耕の衆人」が農民を指すこともまた事実である。

因みに昌益の著作では、「農」の語は四民制批判の中で、士農工商の一つとして他の三民との比較で言及される時以外には用いられることが少なく、主として使われるのは「直耕の人」「直耕の衆人」「直耕する衆人」といった用法で、「不耕貪食の徒」(搾取階級・寄生階級)に対立する階級概念である。

昌益によれば、四民とは「転下(天下)の通用の自由に似て(人類社会の進歩・発展を装いながら)」、その実、聖人(支配階級)が「己れを利せんがため」作り上げた「制法」に他ならず、「転下に君臣(武士)・工匠・商家の三民無くして、耕農の一家すら行はる則《とき》は、転下の人倫微《すこ》しも患《うれ》ふる事無」いが、「耕家無き則は、三民忽《たちま》ち滅却」してしまうとして、農の存在の不可欠性・農業労働の優位性が説かれるのである。

それは他でもなく、人間が生物存在であることを免れえず、農業生産物=食糧を欠いては生存が保障されえないからである。

昌益は言う、「直耕の転子(農)無き則《とき》は転下一日も安立すべけんや」と。農は「人倫の養父母」であると。そして儒教道徳における聖人観・天子観を一八〇度逆伝させた形で、「不耕貪食の者は……国の虱《しらみ》」であり、「聖人とは罪人の異名」と断罪する一方、「直耕する衆人」こそが「至尊の転子（天子）」であると規定する。

直耕――人力による自然への働きかけ

次に、現存する昌益の著作（刊本『自然真営道』・『統道真伝』・稿本『自然真営道』）で、農業・農民について昌益が具体的にどのように言及しているかを見てみたい。

まず、初期の昌益思想を伝えるとされる刊本『自然真営道』であるが、本書は伝統医学批判・伝統的自然哲学批判の書として編まれたため、農への言及は極めて少なく、わずかに「神農始めて民に農業を教ゆ」の項で、人々が「自《ひと》り耕して食い、自り織りて着ること」は人間の内発的な生命活動の発露であり、「他（聖人）の教えを待つ所に非ず」として、聖人による民衆の教導説話を批判する個所と、「国国・耕農・自然の気行に相合」った自然暦・農事暦を推奨する個所のみである。

次に、中期の代表作である『統道真伝』であるが、この書も伝統イデオロギー批判の書として知られるように、農への言及は多くはない。先に見た「四民」制批判の他には、「人倫巻」冒頭で人間の食物としての穀物についてやや詳しい言及があり、穀物が人間の物質的基礎である旨の論が続き、続いて母胎内での胎児の成長が穀物の実りのアナロジーで説かれていること、「禽獣巻」冒頭で家畜についてのやや詳しい言及があり、自然界の四季の運回とそれに応じた万物の生育が説かれていること、「万国巻」で穀物の中での米の重要性と炉における煮炊きの役割が説かれ、平里・山里・海里の産物の交易による「不自由」無き「世界」の有り様が描かれる程度であり、尾藤氏が問題にするような形での農業・農民の実態についての具体的な言及は殆どないと言って良い。

最後に稿本『自然真営道』であるが、本書は関東大震災でその大半が焼失し、執筆時期も長年に及ぶため位置付けが難しいが、とりあえず現存する巻に基づいて見てみたい。

巻一「字書巻」の「自然ノ世ノ論」では、四季八節の気行の循環およびそれに応じた種蒔き・草取り・収穫といった農業労働の営みと、「万国巻」にもあった中平土・山里・海浜の人倫による交易が描かれている。なお、「字書巻」本編では、「農」の字を字解して「農は曲（くわしく）辰（はたらく）」、あるいは「農は曲（つぶさ）に厂（はげしく）衣（やぶれごろも）になるほどに耕すと作る」と説き、農業労働の厳しさに言及している。

巻四〜六の「私法儒書巻」では、先に挙げた聖人による民衆教導説話への批判と、四民制批判が操り返され、「安国及び聖人名主論」では、「漢土の古聖人は、末世、倭国の名主《なぬし》・肝煎《きもいり》なり」として、名主・肝煎による収奪が糾弾されている。

巻一〇「私法神書巻」では、『古事記』『日本書紀』における神々の事績を「豊湛淳《とよくむぬ》（命《みこと》）とは優《ゆた》かに河川堤を定むなり」「大戸道《おおとのじ》（命）・大苫辺《おおとまべ》（命）とは家を作り、戸・竈・窓の道を通し」……と、直耕の民による農業の開拓史として読み変えている。

最晩年の著作とされる「大序巻」では、炉における煮炊き・四季八節の農業労働・顔面の感覚器官の照応関係が昌益独特の互性論で説かれ、昌益の世直し論とされる「契《かな》う論」では、不耕貪食の徒への説得と「領田」の付与による耕作の徹底、租税の撤廃、広原・山里・海辺の人々の交易、農民による自治＝邑政等々が説かれているが、ここでも尾藤氏が指摘するような形での農業技術論等への言及はない。

なお、昌益の直耕―農業論で重要なこととして、「人の耕さざれば、穀は雑草と為る」「米穀は直耕する所に有り、耕さずして倍生せず」「米穀を耕し、一粒を百粒と為す」といった、農における人間労働の積極的な関与・不可欠性について最後に確認しておきたい。

農民への厚い信頼

以上見てきたように、現存する昌益の著作では、尾藤氏が指摘するように、確かに具体的な農業技術論への言及や農民の生活の具体的描写は希薄というよりも皆無に近いと言っても過言ではないであろう。

だが、それはそのまま尾藤氏や松本氏が言うように、昌益の現実認識は抽象的・高踏的であり、昌益の社会思想・世直し論も空想的なもので、昌益は近代の農本主義者の多くがそうだったように美的百姓であったという結論に導かれるものであろうか。この点についても、既に鼎談の中で基本的な反論をしておいたつもりだが、重要な点なので改めて整理しておきたい。

鼎談の中で私は、「幕藩体制の中で、どうやって農業の発展を担うかといったときに、たとえば新田を開発していくような方法とか、反当りの収量をあげるために農具や肥料の改良に関心のいく人もいれば、いや、そんなことをしなくても、現在の農業の体系でも収奪さえ止めれば十分賄える、昌益はそういう認識だった」と発言し、昌益が農業技術や農村共同体における役割のあれこれについて言及していないのは、「無関心だからではなく、農民に対する信頼からではないか」とも反論しておいた。

ちなみに鼎談のIで奈良本辰也氏は、昌益の世直し論について「江戸時代の条件だったら、一人一人が『直耕』できるんです……決して不可能なことではないんです……（昌益が大館に帰省して実践した農民に対する啓蒙活動によって）ある意味では、彼の『自然世』は緒に就いていた……あの時代だったら、それでいけそうな気がする」「侍も生きようとしたら、農村へ入れということでしょう。その程度の思想じゃないか」と発言しているが、後半部の低い評価は別として、前半部分は概ね同意できよう。

昌益は言っていた、「道ニ志ス者ハ、都市・繁華ノ地ニ止マルベカラズ」と。昌益による世直し論の核心は、不耕貪食の徒による直耕する衆人への収奪、都市繁華の地による農村への収奪の廃絶であり、収奪のシステムを棚上げしたところでの農業技術論や農村共同体のあれこれではなかったからである。

農民への厚い信頼、農民の側に身を寄せた存在・考えの持ち主だったからこそ、「直耕ニ代エテ真営道ヲ書ニ綴」るという非農民的な生涯にもかかわらず、没後、二井田の農民によって「守農大神」として顕彰されたのであった。

（『QUEST』第一九号、二〇〇二・五・一）

安藤昌益と義民のこころ

――第六回義民サミットに参加して

安藤昌益と人民的伝統

仕事や労働運動の傍ら、江戸期の思想家・安藤昌益の研究に携わってはや三〇年になろうとしている。寺尾五郎さんの指導の下、仲間たちと『安藤昌益全集』（農文協）を一九八七年に完結、一ツ橋の日本教育会館で全集完結と昌益生誕二八五年を記念してシンポジウムを開催した際、会場に溢れんばかりに集まった人々の中から、このまま散会したのではもったいない、昌益を基軸とした全国ネットワークをとの声が挙がり、八八年三月に「安藤昌益の会」が産声《うぶごえ》を挙げた。

寺尾五郎・桑原武夫・奈良本辰也といった錚々たるメンバー一四名による「設立の呼びかけ」には「昌益思想に対する様々な角度からの取り組みによって多面的・重層的な昌益の全体像を浮かび上がらせると共に、今まで不明とされてきた昌益の伝記的事実の掘り起こしを進め、また、そのことを通して日本の歴史に内在する人民的伝統の掘り起こしができたら、と祈念しております」とある。

その後、原典講読会・昌益研究史を辿る会や公開講座の開催、機関紙『直耕』や資料集『安藤昌益切り抜き帳』の発行、山東大学での日中安藤昌益シンポジウムの共催や昌益の生没地・大館でのシンポジウムへの協力、昌益関係新資料の発掘・紹介などを通して、「昌益研究の深化・拡大並びに普及」についてはいささかの貢献ができてきたとの思いもあるが、「人民的伝統の掘り起こし」については、何とも心もとない。

その理由としては、一つには「人民的伝統」なるものが対象としてあまりにも大きすぎること、二つには昌益思想と「人民的伝統」との接点が容易に見出しがたいことによっており、特に後者については、やや複雑な経過にあるからである。

昌益があれほど徹底的に伝統イデオロギー・伝統社会を批判していること、また弟子たちが各地に点在すること、特に戦前、渡辺大濤が『安藤昌益と自然真営道』（一九三〇年、木星社書院）の中で「安藤昌益は自己の理想実現に要する資金調達方を共鳴者の一人に依頼したことがあったらしい」として弟子が昌益に宛てた手紙を紹介していたものが一人歩きをして、「主要都市に戦略的に配置されたフラクが中心となり……一揆などに乗じて一斉蜂起の時を待っていた」（一九五三年、高木健夫『続々生きている日本史』鱒書房）との主張がなされるなど、昌益ないし弟子たちと百姓一揆の関係が、事実の問題としてよりも論者の願望や期待として、繰り返し取り沙汰されてきた経緯にある。

ところがこの間の研究の進展によって、「資金調達」は恐らくは出版費用として依頼されたものであろうとの見方が強くなってきており、高木がロマンを込めて「出版費用などではあるまい」として否定した、いささか散文的な結果に落ち着きつつあるからである。

こうしたことから、昌益と「人民的伝統の掘り起こし」については会としてきちんとした取り組みはできてこず、「新困民党」や「九十九里叛乱研究会」等との交流、昌益研究史を辿る会の面々とその時々の講演会や展示会・いくつかの史跡巡りをしてきたに過ぎず、個人的にも九〇年一〇月、「解放と変革」の思想叢書第四巻『民の理―世直しの伏流』（社会評論社）の中で、安藤昌益を中心に田中丘隅《きゅうぐう》や細木庵常《いおつね》、食行身禄《じきぎょうみろく》、大塩平八郎といった人びとの著書・文書を編集・解説したぐらいしかできてこなかった。

人民的伝統における義民のこころ

とは言え、この問題への関心は途切れることなく私の心の内に存在しつづけ、二〇〇〇年春、佐倉の国立歴史民俗博物館で開催された企画展「地鳴り山鳴り―民衆のたたかい三〇〇年」を見、同年夏、長野県安曇郡三郷村の貞享義民記念館を訪れることで、確かな形をとって私の中に定位した。

前者は山形県鶴岡市の致道博物館所蔵の『夢の浮橋』を中心に全国各地で発生した百姓一揆や

騒動を紹介したもので、全面公開はこれが初めてという絵巻物『夢の浮橋』によるビジュアルな一揆の紹介はそれなりに興味がそそられたが、庄内藩の三方領知替え反対一揆という一揆の中でもかなり特異なものに焦点が当てられすぎ、三〇〇〇件もあったと言われる一揆・騒動の紹介としてはかなり不満の残るものだった。ただ、「惣五郎から現代へ」と題するコーナーの最後では、スペースとしてはわずかなものの、足尾の鉱毒事件や水俣病闘争、安保や市民運動・労働運動にも触れられていて、「民衆のたたかい三〇〇年」を振り返るための視点を提供してくれていた。

後者は今から三〇〇年以上も昔の貞享三年（一六八六年）、松本藩で起こった騒動を顕彰するための記念館で、騒動の中心人物・義民加助の生家近く、安曇野のソバ畑の中に位置している。二階建ての鉄筋コンクリート二棟をガラス張りのロビーでつないだ記念館は、義民を顕彰した建物としては恐らく全国随一と言っても良いほどの立派なもので展示内容も充実しているが、何よりも驚かされたのは、こうした記念館が義民を顕彰する有志によってではなく、行政によって建てられ運営されているということだった。

しかも建設資金のかなりが、例の竹下内閣の「ふるさと創成一億円基金」によっていると聞かされ、ふるさと創成基金と言えば、使い途に困った自治体が金の延べ棒を作った等々といった皮肉まじりの報道に、これまでバブル時代の象徴と否定的にしか見てこなかった私などは、こうした有意義な使い方もあったのかと、三郷村民による義民への思いと智恵に改めて感心・感動させられた。

それだけではない、館の入り口近くには「すべての人間は生れながらにして自由であり、かつ尊厳と権利とについて平等である。人間は理性と良心とを授けられており、互いに同胞の精神をもって行動しなければならない」との世界人権宣言第一条がかかげられていたのである。つまり、三郷の人々は、多田加助を先頭とする先祖の闘いを単に顕彰すべき歴史上のできごとと位置付けているわけではなく、その闘いの精神を今に継承すべきもの、時代を超えて今に生きる普遍的なものとして顕彰しているのである。

先に、民衆の闘い・人民的伝統が「貞享義民記念館を訪れることで、確かな形をとって私の中に定位した」と書いたのは、まさにこのことである。安藤昌益の思想のあれこれと歴史上の一揆や事件が直接的に結びつくか否かが問題なのではなく、昌益が『自然真営道』『統道真伝』を綴り「亡命をも省みず」理想社会を実現しようとしたことと、安曇野の百姓が「二斗五升」の掛け声の下、年貢の減免を訴え、社会正義の実現を目指して命を賭して奮闘したこととは、表現・行動の上での違いはあっても、その精神において同じものなのだと初めて得心できたのである。

全国義民サミットに参加して

その後、同記念館から会報『義民かわら版』のバックナンバーを送っていただき、全国にいくつもの義民顕彰団体があること、またそうした団体が全国義民顕彰連絡協議会（代表・横山十四男筑波大教授）を組織、自治体とともに〝伝えよう「義民のこころ・生き方」を〟をテーマに地域おこしの一環として年に一回、全国義民サミットを実施していること等を知ることができた。

全国義民サミットは、九六年一一月、宝暦騒動で知られる長野県青木村で二一都道府県・三〇団体・三〇〇余人を集めて行なわれた第一回大会を皮切りに、武左衛門一揆の愛媛県日吉村、山中一揆の岡山県湯原町、磔《はりつけ》茂左衛門の群馬県月夜野町、佐倉惣五郎の千葉県成田市と回を重ね、第六回サミットが〇一年一一月一六・一七日の両日、貞享義民記念館の開館一〇周年に合わせて三郷村公民館を中心に行なわれた。

初日は貞享義民記念館で3D映像により騒動のあらましを学んだ後、館内を見学、近くにある多田加助の屋敷跡や墓地・貞享義民社といった加助ゆかりの史跡を巡り、一九五〇年に中学校建築工事の際に発掘された加助たち一揆の犠牲者一七名の遺骨と別の刑場で処刑された一一柱を祀る義民塚・近年発見された五〇年忌の供養塔などを見て回り、公民館へ戻ってからは、田中康夫長野県知事のメッセージ紹介も含めた来賓挨拶や各地の義民顕彰団体の紹介、次回開催地の三閉《さんへい》伊《い》一揆で知られる岩手県田野畑村の紹介などを交えて懇親会が催された。

二日目は、三郷貞享義民太鼓の演奏、館長による「貞享義民記念館一〇年のあゆみ」の報告に続いて、「義民の心を生かし受け継ぐ故郷づくり」と題してシンポジウムが行なわれた。コーディネーターは横山十四男全国義民顕彰連絡協議会代表、パネリストは宮澤久典貞享義民社奉賛講事務局長、穂苅甲子男貞享義民顕彰会理事長、福岡県浮羽郡吉井町から出席の石井康夫久留米藩宝暦百姓一揆巡礼団の各氏であった。

宮澤・穂苅両氏は、貞享義民の顕彰が幕藩体制下の五〇年忌、一〇〇年祭、明治に入ってからの二〇〇年祭を経て、松沢求策ら地元出身の自由民権家の精神的な支柱になったこと、戦時下での顕彰運動の衰微、また高度成長政策の下での農村の変貌に伴ない顕彰運動の柱であった青年会が消滅するといった困難を乗り越えて現在にまで続いてきたこと、こうした地元の人々の長年にわたる顕彰運動の蓄積の上に記念館の開設もありえたことを報告、歴史の重み・連綿として義貞顕彰運動に注がれてきた幾多の人々のエネルギーを実感させるに十分なものであった。

コーディネーターの横山氏は、自身の義民研究の蓄積とこうした歴史性を踏まえ、また連絡協議会代表としての立場から、義民顕彰運動における歴史的な盛り上がりの時期を五つ挙げ、江戸時代半ばの宝暦期、幕末から自由民権運動期、大正デモクラシーから昭和初期、敗戦後の民主化の時代、そして九〇年代から現在がそれに当たるとして、農村の変化に対応し「義民の心」を重視した伝統重視の地域おこしの一環として行なわれてきた全国義民サミットの実績を評価、五回の蓄積の上にさらにステップアップした発信を、特に若い世代へ向けた発信をしていけるよう訴えていた。

ただ、私にとって最も印象的だったのは久留米藩の宝暦一揆について報告をされた石井氏のものだった。それは三郷村における義民顕彰の輝かしい歴史の対極にあるものとも言え、秩父蜂起の関係者や足尾鉱毒問題における川俣事件関係者が長年にわたって沈黙を余儀なくさせられてきた、負の歴史とも重なり合うものだったからである。

石井氏の報告によれば、吉井町では灌概用水を作った五人の庄屋が藩と農民のために尽力したとして神様として祀られている一方で、農民の苦しみを打開しようと宝暦四年の一揆で先頭に立って闘い犠牲になった人々は、子孫からは「そんな墓は知らん」と口を閉ざされ、近在の人々からは「ああ、あの罪人の墓か」と打ち捨てられてきた経緯にあり、こうした状況に暗然とさせられた石井氏らは「久留米藩宝暦百姓一揆巡礼団」を結成、吉井町だけでなく浮羽町・田主丸町も含めて、浮羽郡下の古文書や人々の言い伝えをたよりに犠牲者の墓を訪ねたり、説明板を立てて法要を営んだりしてきたと言う。

最近送られてきた『義民かわら版』第二〇号―第六回全国義民サミット特集号に掲載された巡礼団の一人・小野主基雄氏の補足説明によれば、久留米藩では藩政期に享保・宝暦・天明と三度大規模な一揆があり、享保の闘いでは百姓側の勝利に終わったが、宝暦の場合は死罪三七名、追放・過料など一五〇余名にも及ぶ大弾圧で苛斂誅求を極めたため、一揆から二五〇年を経た現在でも人々は事件とのかかわりを避け、「罪人」として打ち捨て、子孫も「知らん」と口を閉ざしているとのことである。

とは言え、石井氏らの働きかけに応じて墓探しに協力したり、説明板の設置や法要に加わったりといった人々も現れ、子孫も口を開くようになってきたようである。この話を聞いて、近年、秩父で蜂起関係者の子孫が重い沈黙を破り聞き書きに応じるようになってきたこと、群馬県藤岡町で行なわれた川俣事件一〇〇周年記念シンポで事件関係者の子孫に対する聞き書きが秩父と同じようにようやく始まったとの報告と重ね合わせて、権力による弾圧のすさまじさ、それによって人々が沈黙をしいられていく現実の醜さが身にしみた。と同時に、顕彰に向けた粘り強い取り組みが歴史の真実を暴き、人々の心を開いていくということの大切さに思いを致さざるをえなかった。

おわりに

思えば、「忘れられた思想家」安藤昌益についても同じことが言える。昌益は忘れられるべくして忘れられたのだ、といったしたり顔の論が繰り返し唱えられてきたが、一九七三年、石垣忠吉氏によって発見された『掠職手記』により、昌益没後二年目に起きた生地二井田村での騒動の子細が明らかになった。それによれば、昌益の教えを受けた農民が伝統思想の体現者＝神社・仏閣を相手にせず供物を供えなくなったため、食い扶持に困り将来に不安を感じた神職と住職が寺社奉行に訴えた結果、農民はお白州に呼び出されて咎められ、農民が建立した昌益顕彰碑も木っ端微塵に破砕され、昌益の目跡《めあと》は所払いになったというもので、そこには権力による弾圧という事実がはっきりと綴られていたのである。

しかし歴史は再び回る。『掠職手記』の発見からちょうど一〇年、八三年の六月に発見者石垣氏を代表とする石碑再建の会の努力と全国の有志の浄財によって、昌益の顕彰碑は安藤家の敷地内に再建されて今にある。折しも今年は昌益生誕三〇〇年の記念すべき年に当たり、大館では先人を顕彰する会を中心として一〇月に、安藤昌益生誕三〇〇年・小林多喜二生誕一〇〇年の記念行事が企画されている。再建された石碑は、昌益の思いを今に伝えようと、全国から訪れる人々を、犀川のほとりで静かに待っている。

（『QUEST』第二五号、二〇〇三・五・一）

Ⅱ　「新」資料をめぐって

刊本『自然真営道』、『統道真伝』「糺仏失巻」相次いで京都で発見

はじめに

私たち安藤昌益研究会では、安藤昌益の各著作の「最良のテキスト」を提供すべく、農文協版『昌益全集』の編集作業を進め、底本交渉にあたっても最大限の努力を重ねてきました。刊本『自然真営道』の収録に際して、初刷りの「村上本」を底本としたのもその一つです。

また稿本『自然真営道』収録に際しても、唯一の伝本である東京大学図書館架蔵本にある多くの貼り紙訂正について、原本と復刻版とを一々照合し、その訂正箇所を確認して、これを一覧表として巻末に収め、昌益思想の発展が辿れるようにしました。

こうした厳密な底本の確定・原本考証といった編集作業の中で、一〇一巻九三冊の稿本『自然真営道』前半の〝古書説妄失糺棄分〟のうち、少くとも「学問統括部」は、『自然真営道』という題簽の下に『学問統括』という別の題簽を持った、独立したシリーズ本であることを突きとめ、

また昌益の自筆とも考えられる書簡の断片を発見することもできました。（これらは、慶応義塾図書館蔵の「安藤昌益宛書簡断片」「安藤昌益自筆書簡断片」等の読み直しと共に、本『全集』第一六巻・資料篇三で紹介の予定です。）

さらに一九八二年末、刊本『自然真営道』を北野天満宮で、『統道真伝』「糺仏失巻」を龍谷大学で、新たに発見・確認しましたので、以下に簡単に紹介させていただきます。

刊本『自然真営道』について

草稿類も含めた安藤昌益の全著作及び所蔵者のリストは、八戸市立図書館編集『安藤昌益』（一九七四年、伊吉書院発行）の「安藤昌益関係資料目録」中の〈稿本・写本〉の項に詳しいが、『国書総目録』第二巻及び第四巻（一九六四年・六六年、岩波書店）には、同リストに掲載されていないものが見られるようだとの報告が八二年夏、和田耕作会員よりなされ、会としては確認を急いでいた。

そして一二月三日、石渡が北野天満宮を訪れ照会したところ、北野天満宮所蔵の『自然真営道』は、『国書総目録』に記されているような写本どころか、刊本『自然真営道』の実物そのものであることが判明し、一二月一八日の寺尾先生・和田・石渡による確認となったものである。

刊本『自然真営道』は、これまでのところ、一九三二年（昭和七年）甲州の古本屋の手を経て狩野亨吉の許に納められ、現在、慶応義塾図書館架蔵本となっている慶応本と、一九七三年（昭和四八年）青森県三戸郡南郷村の村上壽一宅から弟さんの村上壽秋氏の手により発見された村上本の二部の存在が確認されている。

尚、これらに先立つ一九三一年（昭和六年）二月に京都の大屋徳城氏が「某文庫の図書の整理をしていた際に、偶然にも刊本『自然真営道』一部三巻を発見」し、それは「多分南禅寺の書庫であろう」との報告がある（渡辺大濤「『忘れられた思想家―安藤昌益』雑感」及び「安藤昌益の身元と遺稿につきて」）が、その後の行方は杳として知れず、存在は確認されていない。

そして今回の発見であり、北野本は当初、大屋徳城氏が発見したものが南禅寺本として誤まり伝えられたとも思われたが、別物であることはほぼ間違いない。何故ならば、北野本が眠っていた北野天満宮の文庫が文庫組によって整理され、総目録が作成されたのは大正年間であり、又「刊本」の虫喰い状態から見て、過去五〇年の単位で後人が繙いた形跡が認めにくいからである。（因みに、南禅寺にも照会してみたが、目録が整備されておらず、雲をつかむような話ということで、現在までのところ不明である。）

ともあれ「北野本」は、タテ27・7㎝、ヨコ18・6㎝、厚サ0・7㎝で、表紙は慶応本に比べ薄い青緑色で、三冊とも表紙右肩に毛筆で「冬」の文字が書き込まれている。第一丁、序文の右肩に「北野天満宮文庫」の朱印が押捺してあり、奥付の書林には「京都　小川源兵衛」とのみ書かれ「江戸　松葉清兵衛」がなく、慶応本に残るこの部分の削り跡も見られない。村上本との異本部分（國國自然ノ気行論）も慶応本と同じであり、慶応本と同じく後刷りと目される。尚、書き込みの類はない。

入手経路については不明だが、北野天満宮は菅原道真を祀る学問の神様として知られ、現在の国会図書館と同じように、江戸期には新刊書が出版された際、献本するのが慣わしであったことから、刊本『自然真営道』についても、同様にして献本を受けた可能性が強いとのことである。尚、「北野天満宮文庫」という朱印が使用されたのが寛保三年（一七四三年）から宝暦一二年（一七六二年）だったことも、こうした可能性を裏付けるものと言えよう。（竹内秀雄『天満宮』吉川弘文館・日本歴史叢書一九）

『統道真伝』「糺仏失巻」について

次に、『統道真伝』「糺仏失巻」であるが、これは、龍谷大学大宮図書館に架蔵されていたもので、「人倫巻」を始めとする他の四冊については不明であるが、少くともこの「糺仏失巻」に関する限り、従来の慶応本─京大本とは全く別の系統のものと考えられる。

『統道真伝』は一九二五年（大正一四年）狩野亨吉の手によって東京で発見され、狩野亨吉─渡辺大濤の手を経て現在慶応義塾図書館に架蔵されているものが、唯一の伝本として知られている。（他に京大本があるが、これは昭和になってからの写本で、慶応本を基にしたとされているが、詳らかではない。）

ともあれ、『統道真伝』は稿本であり、刊本と違って慶応本以外の伝本が存在するとは従来考えられていなかったもので、「糺仏失巻」だけとは言え、異本の、しかも京都での発見は、昌益思想の広がりを考える上で、極めて大きな意味をもつものと言えそうである。しかも龍谷本には、著書（安藤昌益）自身でなければ書けないだろうと思われる書き込みが多くあり、それが本文と全く同じ字体であることを考え併せれば、従来から言われている昌益京都在住説にも道を開くものと言えよう。

龍谷本は、タテ27・5㎝、ヨコ17・8㎝、厚さ1・1㎝で、「統道真伝」他の題簽はなく、扉に大書されている「糺佛失」の文字は、慶応本の朱筆と違って黒墨で記されている。

又、扉右下方及び、表紙下部中央よりやや右寄り部分に「覚音」の署名があり、第一丁右肩には「覚音書籍」の朱印が押捺してある。

本文は丁寧な楷書体で綴られ、欄外に多くの書き込み・注が見られるが、前述のように本文と同じ字体であり、しかも内容的には原著書でなければ書けないものである。目次には慶応本に見られる朱点がなく、また第一丁の「確龍堂良中顕《あらわ》ス」の文字が欠けている。慶応本に施されている丁番号がなく、第二二丁だけは白文になっているが、他は全体としてルビ・送りともに丁寧に施されており、虫喰いも含めてかなりの部分、慶応本の不備を補うことができると言えよう。

尚、第二一丁・一行目上の欄外に印鑑と覚しきものが押捺してあるが詳らかでない。また後表紙裏に、「昭和七年五月十八日、前田致遠氏寄贈」とあり、龍谷大学図書館の登録年月日は、昭和七年六月一日となっている。

以上がこれまで判明したことの全てであるが、安藤昌益自筆本の可能性さえある「糺仏失」が、どのような経過を辿って「覚音」の蔵書となったかについて、また昌益の著書が相次いで京都から発見された意味について、今後の大きな研究課題としていきたい。

（『安藤昌益研究会会報』第一二号、一九八三・三・一）

中居屋重兵衛資料へのいくつかの疑問

はじめに

九一年一月、東映系で封切られた北大路欣也主演の映画『動天』の主人公であり、銅《あかがね》御殿で知られる幕末の豪商・中居屋（黒岩）重兵衛の知られざる一面と、回生道有道の号により黒岩家に伝わる救らい活動を紹介する『中居屋重兵衛とらい』が、草津の国立療養所栗生楽泉園園長・小林茂信さんの手により皓星社から出版されたのは、一九八七年一〇月のことでした。

同書には安藤昌益の未発見の資料も収録されていたことから、版元のご厚意で『直耕』創刊号紙上でも早速全文を紹介させていただいたことは、会員の皆様ご承知の通りです。

ところが同資料については「後世の偽作」ではないかとの疑問が出されているにもかかわらず、その点への言及がないままに、同資料を前提とした昌益論が安永寿延さんを中心にその後相次いでいます。

そのため真贋如何を問うお便りが会員の方々から編集部へ寄せられてきており、当初はQ＆A

欄で扱う予定でいましたが、真贋如何という非常にデリケートな問題にもかかわらず、同資料紹介者・小林茂信さんの「昌益研究関係者が何人も来ているので、これ以上の確認はご遠慮願いたい」とのお申し出で、直接現物に当たることができません。そこで、Q＆A欄での回答は差し控えさせていただき、これまで紹介された写真版をもとにとりあえず疑問と思われる点をいくつか以下にご紹介し、会員の皆様方の判断の参考に供したいと思います。

文献並びに資料

これまで安藤昌益との関連で中居屋重兵衛資料を取り上げてきたものには、以下の九点があります。

①小林茂信『中居屋重兵衛とらい』（八七年一〇月二〇日、皓星社）
②松本健一「幕末史裏側にある謎」（八八年三月一四日、『毎日新聞』朝刊・読書欄）
③資料紹介―小林茂信著『中居屋重兵衛とらい』（八八年五月二五日、『直耕』創刊号）
④松本健一「仮説の力―文芸と学芸のあいだ」（八八年八月一日、『群像』八月号）
⑤和田耕作「安藤昌益と有道生祠」（八八年八月一日、『北方風土』第一六号）
⑥安永寿延「昌益思想誕生の地としての八戸」（九〇年二月一日、『地域と大学をむすぶ和光移動

大学'89・講演録』）
⑦安永寿延「人間・安藤昌益を語る④―献身的な医者に触発され」（九〇年七月一二日、『大館新報』）
⑧「知られざる中居屋重兵衛」（九〇年一二月一五日、『自然医学』第二九四号）
⑨安永寿延『「魂」の師、中居屋重兵衛』（九一年四月二五日、『歴史誕生』第九巻、角川書店）

このうち③および⑧については、前者が偽作説に触れながらち、後者が真筆説を踏まえながらという違いはあるものの、いずれも文献①の紹介記事となっているためここでの考察の対象からは外し、残りの七点についてのみ検討を加えてみたいと思います。

文献①で小林茂信さんは「私は史学については全くの門外漢であ」り「まとめるに当たっては、出来るだけ史料に語ってもらうようにし、私見を入れないように努めた。わずかな資料をもとに推測をたくましくし、歴史を復元することは私の任ではないからである」と断った上で、賛を二点（資料Ⓐ・Ⓑ）と扁額を二点（資料Ⓒ・Ⓓ）紹介、うち資料Ⓐが写真版で掲げられています。

文献⑤で和田耕作さんは、小林茂信さんによる資料Ⓐ・Ⓑの書き下しに改訂を加えつつ、「安藤昌益の自筆と見るのが自然であろう」として真筆説を採用しています。そして「筆跡の鑑定は、その道の専門家の手にゆだねるべきであろう」とことわりながらも、真筆説を前提として、これまで「昌益の自筆というより、門人の筆によるものではないかと考えられてきた」稿本『自然真営道』が、実は「私のみたかぎり……昌益の自筆の可能性が極めて高いと思われる」と、論を進めておられます。尚、文献⑤には、資料Ⓐ・Ⓑ・Ⓒ・Ⓓがいずれも写真版で紹介されています。

資料Ⓐ

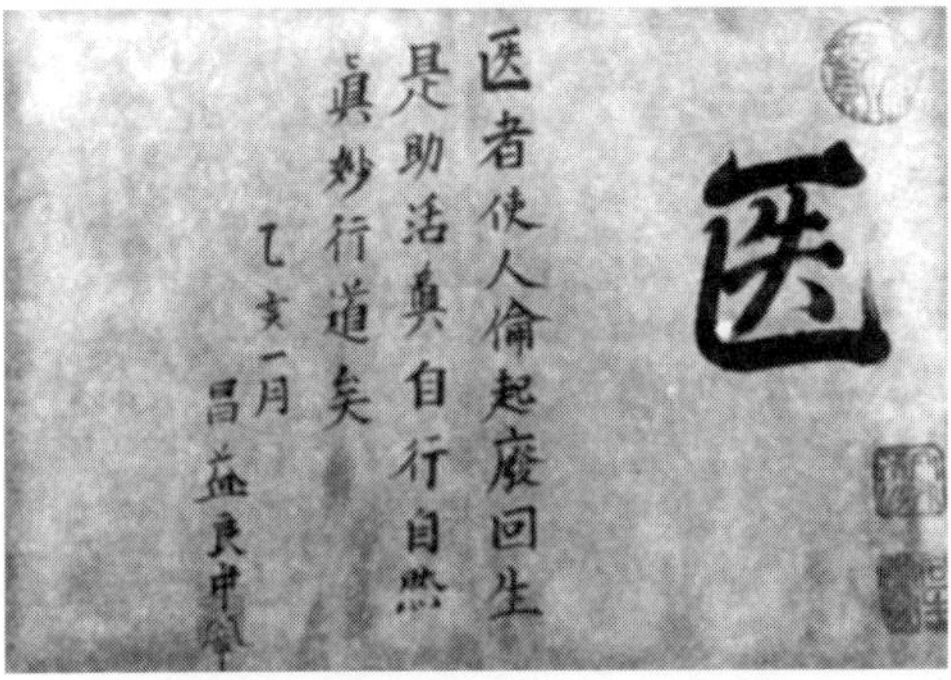

小林茂信『中居屋重兵衛とらい』(皓星社刊) より

資料Ⓑ

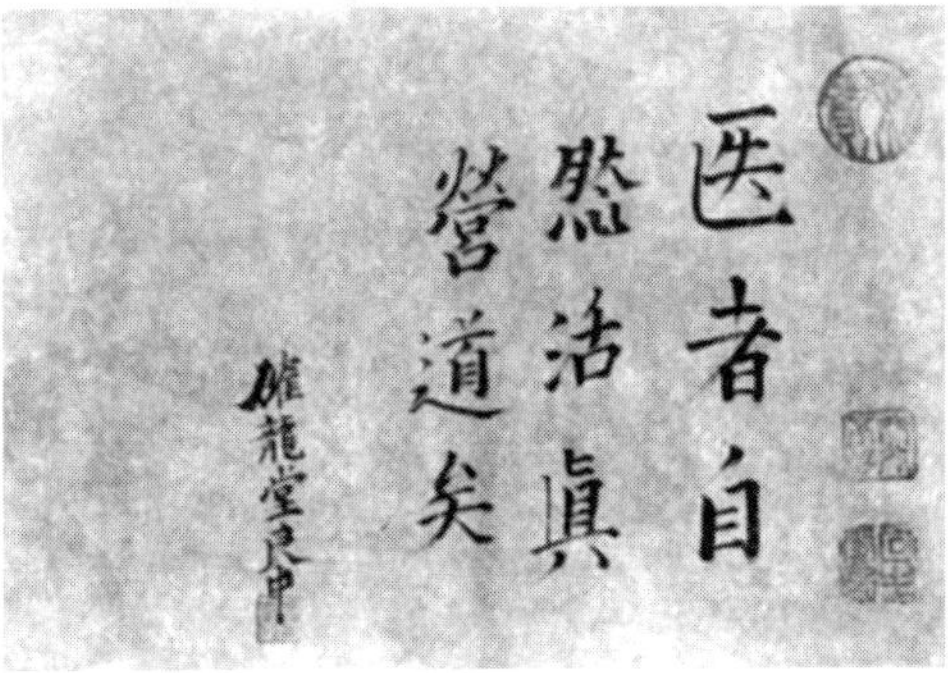

『和光移動大学 '89』(和光大学刊) より

安永寿延さんは文献⑥でこれまで未公開であった賛（資料Ⓔ）を新たに紹介、「残念ながらこれらの賛や扁額に記された文字は昌益の直筆ではない」とした上で、「稿本『自然真営道』という本の浄書を、八戸藩主の御側医であり、昌益の第一の高弟である神山仙確がおこなったとされておりますから、これらの賛や額も、仙確が昌益に依頼されて記し、贈ったものだということになります」として仙確代筆説を採用、文献⑨ではさらに「八戸藩主の江戸詰めに同行していた仙確が昌益の依頼をうけて記し、嬬恋の有道家に贈ったものであろう」と論を進めておられます。尚、文献⑨には、資料Ⓒ・Ⓓ・Ⓔが写真版で掲げられています。

こうした論調に対して松本健一さんは文献②で、安藤昌益関係資料に限らず「重兵衛の家に関するさまざまな資料は」「ほとんどすべて写真版によっても収録されているので、いちいちが事実として残されているわけだ。その事実がすべて真実でないにしても」として、早くから信憑性に疑問を呈しておられました。そして文献④ではその理由として「これが世の中に出れば、近世・近代史の多くは引っくり返るとまではいわないにしても、見直しがせまられること必定」の、「近世から近代にかけて著名人を網羅しているといっても過言ではない」「彪大なものでありながら、それらの資料のなかに名まえの出てくる歴史上の著名人のところから、有道、あるいは重兵衛（梅遅）に関するエピソードがこれまでほとんどでてこなかった」点を挙げ、重兵衛の側にしても「横浜に銅御殿をつくったぐらいのことしか伝記や歴史書にでてこないのは、おかしいのではないか」として、双方における裏付け資料の無さを指摘しておられます。

そして「史料のすべてに花押や実印が押されているのも、あまりに上手く出来すぎている」として、例えば蒲生君平・林子平・高山彦久郎という寛政の三奇人が「そろって寄進聯を寄せているということじたい、奇蹟に近」く、「ほとんど不可能に近い」ものであり、安藤昌益に関する資料Ⓐ・Ⓑについても、「ここに出てくる昌益の言葉は活真自行といい、自然真妙行道といい、そのあとのかれの『自然真営道』を直接に連想させる用語といい、いかにも安藤昌益ふうである。しかしそれだから余計に怪しい、ということもできるのだ」として、いずれも「出来すぎ」に疑いの目を向けておられます。

いくつかの疑問点

以上の諸説を踏まえた上で、資料Ⓐ〜Ⓔを写真版で改めて確認しつつ以下、具体的な検討に入りたいと思います。

㈠執筆者について

松本健一さんが指摘するように、有道（中居）家に伝わるこれらの資料がいずれも「後世の偽作」であるとすれば、安藤昌益が贈ったとされる二点の扁額・三点の賛が昌益自身の自筆になるもの（和田説）か、神山仙確による代筆（安永説）かといった議論はそもそもが意味をなさなくなってしまいますが、ここではとりあえずは偽作説を斥け、自筆説・代筆説の問題をまず考えてみたいと思います。

賛とは「人の美徳や事物の美しさをほめたたえる文章」（『日本国語大辞典』）であり、額を献呈ないし奉納するという行為は「祈願または報謝のために」（同・絵馬の項）行なわれるものであって、一般には無筆の者が知己や書家に代筆を依頼することはあっても、昌益のように文筆をこととする者の場合、たとえ悪筆であったにせよ、自ら筆を執り居住まいを正して、心を込め丁寧かつ慎重に、推敲に推敲を重ね浄書に浄書を重ね、ためつすがめつした後に納得づくで献呈するのが本来と思われます。

したがって、筆を執ることが困難ないし不可能という特別な事情があれば話は別ですが、安永寿延さんが言われるような「仙確が昌益の依頼を受けて記し」たということは一般的には考えにくく、和田さんが言われているように「安藤昌益の自筆と見るのが自然」ではないでしょうか。ましてや安永さんが指摘されているように、安藤昌益が中居屋重兵衛を「魂の師」とまで尊崇し、「敬意を表して、その徳をほめたたえた」ものだとすれば尚更のことで、いかに昌益の高弟であるとは言え、仙確が代筆したという可能性は極めて少ないのではないでしょうか。

とは言え、和田さんも指摘されている通り「筆跡の鑑定は、その道の専門家の手にゆだねるべき」で、自筆・代筆問題に結論を下すのは控えさせていただき、ここでは資料Ⓐ～Ⓔが自筆にせよ代筆にせよ、昌益ないし仙確という昌益思想の体現者の手によって記されたものであろう、という点を確認するだけに留めておきたいと思います。

(二)字体から見て

まず文献⑤で和田さんも考察しておられるように、資料Ⓐと Ⓑに共通して見られる特徴的な「医」の字について考えてみましょう。

昌益は自らの字源辞典・稿本『自然真営道』「私制字書巻」で、「醫ハ、医《これ》ハ匚《こ》ノ兒《なり》ノ器ニ矢《こ》ノ如クノ刃《はもの》ヲ入レ、殳《う》チ斬リ刻ミ、酉《さけ》ニ浸《ひた》シ炙《あぶ》リ等スル、薬製ナリト作ル」と医の字を字解しており、匚《はこがまえ》の中は通行字と同じように失（アヤマリ）ではなく矢（ヤ、即ち刃《はもの》）である旨が示されています。ところが資料Ⓐ・Ⓑではいずれも通行字とは違って、匚《はこがまえ》の中は矢ではなく失による「医」の字が用いられており、和田さんも指摘されておられるように「矢の上部がつき出ているところに特徴があ」ります。

この点について和田さんは、現存する「稿本『自然真営道』では、つき出ているものと出ていないものと二つがある」と指摘されており、確かに事実その通りですが、原稿本での書き損じ、書き癖ならばいざしらず、「魂の師」に献ずる賛という改まった書式の場に臨んで、自らの字解にもとる「医」の字が意識化もされずに用いられ、訂正もされずに献じられるなどということが果してありうるものでしょうか。大いに疑問となるところです。

尚、蛇足ながら、正体の「醫」ではなく略字の「医」が用いられているという点も、賛という書式に照らして如何なものでしょうか。

次に資料Ⓑ・Ⓒ・Ⓔに用いられている署名「確龍堂良中」の「龍」の字について考えてみま

しょう。何故ならば、先程の「医」の字の場合とは逆に、昌益の「龍」の字は通行字に対してかなり特徴的だからです。

文献⑤・文献⑨の写真版は生憎いずれも不鮮明で、扁額の文字（資料Ⓒ）が正確には読み取れないためここでは一応割愛し、資料ⒷとⒺについてのみ考察してみたいと思います。

昌益は「龍ハ、音ハ陽気進発ノ象《かたど》リ、㠯ハノ如ク鱗虫ノ象リ、推量ニ似セ字ナリ」と字解して、偏は「月《にくづき》」による通行の「音」ではなく、「立」と「日《ひらび》」との会意文字「音《おん》」であるとしています。因みに、これまで確認されている「確龍堂良中」の署名は、稿本『自然真営道』大序巻・私制字書巻・私法儒書巻・私法仏書巻・私法神書巻・私法世物語巻・真道哲論巻・人相視表知裏巻、並びに稿本『統道真伝』糺聖失巻・糺仏失巻、刊本『自然真営道』一・二・三巻の計一三ヶ所がありますが、彫り師の誤りの可能性もある刊本『自然真営道』第三巻の署名を除けば、残り一二ヶ所の全てが「確龍堂良中」という自らの字解を踏まえた字体となっています。

ところが資料Ⓑ・Ⓔで見る限り、「龍」の字の偏はいずれも「立」と「月《にくづき》」との会意文字「音」となっており、『説文解字』以来の伝統的な字体を保持しています。

つまりここでの署名は二ヶ所とも、通行字ではあっても自らの字解を踏まえていない、極めて異例な「龍」の字を用いているということになります。

字体の問題の最後として、資料Ⓔの「學」の字について考えてみましょう。写真版で見る限り、明らかに冠の一部、筆順でいえば第一〇画・第一一画が欠落しています。

資料Ⓒ（右）と資料Ⓓ（左）

『増補写真集・人間安藤昌益』（農文協刊）より

昌益は「學ノ字……子ノ字在リ、乃《すなわ》チ童子冖《れいふく》シテE《てをつき》　ヨ《じさしをもち》　中ニ爻《これ》有ルハ書ノ象リナリ。爻《しょ》ニ向ヒテ學ブト作字スル者ナリ」と字解しており、第一〇画・第一一画が欠落しているということは、字指《じさし》および右手親指が欠落してしまったということになってしまいます。

わざわざ昌益の字解を持ち出すまでもなく、伝統的な字体から見ても明らかな誤字ないし書き損じということができるでしょう。繰り返しになりますが、果して賛にこのような不用意が罷り通るということが一体有りうるのでしょうか。

㈢用語から見て

資料Ⓒ・Ⓓの「起廢」「妙絶」という言葉は、現存する昌益の直接資料（稿本並びに刊本『自然真営道』、『統道真伝』等）にも、『進退小録』『真斎謾筆』等にも見出すことができません。恐らくここでの用法が初出ということになるでしょう。

「起廢」の語は資料Ⓐの賛の中にも見られ、小林さんは「癈（ママ）を起《おこ》し」、和田さんは「廢《すた》れたるを起し」、安永さんはそのまま「起廢」と読み下しておられますが、意味するところは文献⑥

で安永さんが注釈しておられるように、いずれも「廃疾者を再起させる」ということになるでしょう。今ここで、こうした用語が昌益の言葉遣いに照らしてどうかと言えば、ありうるかも知れないし、ありえないかも知れないという甚だ心もとないことしか言えず、特定は難しいというのが正直なところです。

ただ昌益は、『真斎謾筆』「医方ノ部・人」（『安藤昌益全集』第一五巻、四六九〜四七一ページ）で見る限りでは、「らい（悪毒・湿瘡）」を「初発僅《わず》カニ発スルトキハ生豆ヲ食《くら》ハシメ……手足ノ大指屈伸ナル等ノ者ハ……治方ニ因《より》テ癒《いゆ》ルナリ……大指ノ屈伸ナラザル者ハ不治ト知ルベキナリ」と、症状の進行により三段階に分けて診ていたもののようです。

ここで注目したいのは第三段階を「不治ト知ルベキナリ」と規定していることで、こうした立場からは残念ながら「廃疾者を再起させる」という姿勢は出て来にくいのではないでしょうか。また「土茯苓《どぶくりょう》ノ外ノ別薬ヲ以テ悪湿瘡ヲ治スルノ薬ハ、天地間ニ於テハ之レアルコトナシ。別薬ヲ以テ一タビ治スルガ如キモ真治ニ非ズ、故ニ又発シテ終《つい》ニハ死スルナリ」という「真営道ノ治方」には、文献①で報告されている回生道有道家に伝わる処方の反映が見られないことも、付け加えておかなければなりません。

「妙絶」の語については、文献⑥での安永さんの「自然真の妙行は超絶している」という解釈しかなく、昌益の用語としての妥当性は「起廃」同様に特定は困難ですが、参考までに昌益による「妙」及び「絶」の字解と用法について触れておきたいと思います。

「妙」は「タヘナリ、カナフ、フシギ」と訓まれ、『統道真伝』での「通気妙速」「自然妙顕」といった副詞的用法も見られるものの、一般的には「妙トハ進退合一ノ謂《いい》」「妙ト言フハ夫婦」といった形で、「結合性・和合性、自然の一体性・有機性の〝絶妙さ〟をたたえる言葉」(『全集』別巻)であり、「矛盾連動の対立面ではなく統一面に着目した」(同)用語で、「自《ひと》リ然《す》ル妙真」「自リ然ル妙用」「互性ノ妙行」「互性妙道」「活真ノ妙体」「妙序」といった用例が、その点を示していると言えましょう。一方、「絶」の語は「ホロブ、タユル、キユル」と訓まれ、刊本『自然真営道』巻二の木気の項での「発・温・生ニシテ止・滅・絶スルコト無ク」の用例でも見られるように否定的な用法しかなく、昌益の用語としては「妙」と「絶」の結合は異様な感を免れず、安永さんのような補注がなければ理解に苦しむところです。

次に、資料Ⓐ・Ⓔで「医」および「學」の字が特筆大書されている点について考えてみましょう。

安永さんは資料Ⓑの「医ハ自然活真ノ営道ナリ(医療という仕事は宇宙の根源的な自然活真というものの営み、それに則した、のっとったものである)。」という文章を下敷きにしつつ、文献⑥・⑦・⑨で繰り返し「そこで注目しなければならないのは、かれが『自然真営道』というおおいなる『真理』を発見するにあたって、だれにも学ぶことがなかったといっておきながら、有道家に対して率直に学んだことを表明していることである。おそらく有道氏こそが昌益の真に敬愛する唯一の師であったにちがいない。かれが医学の道に進むきっかけになったのも、この有道氏

資料Ⓔ

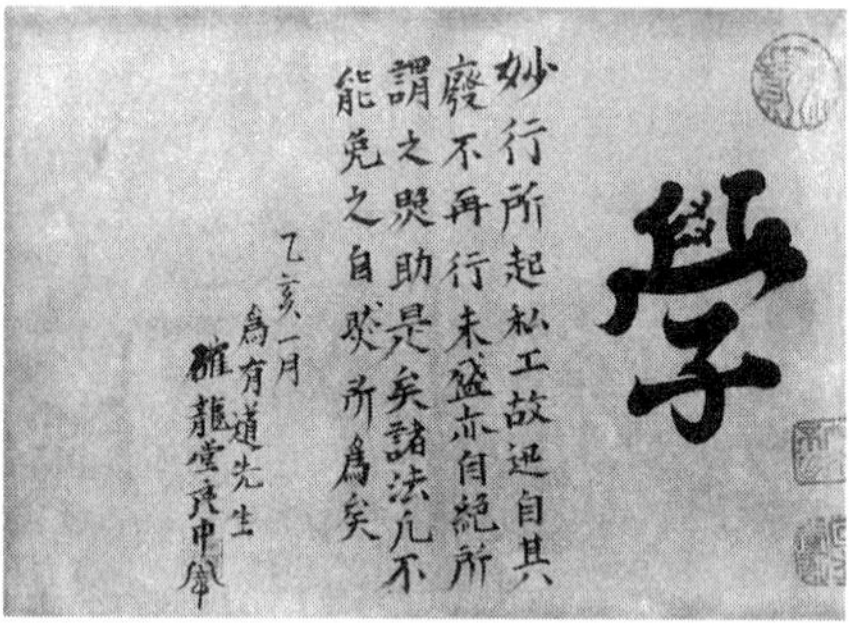
學
妙行所起私工故迅自其
廢不再行未盛亦自絶所
謂之毀助是矣諸法凡不
能免之自然所爲矣
乙亥二月
爲有道先生
確龍堂良中

『増補写真集・人間安藤昌益』(農文協刊)より

（『自然真営道』序文）

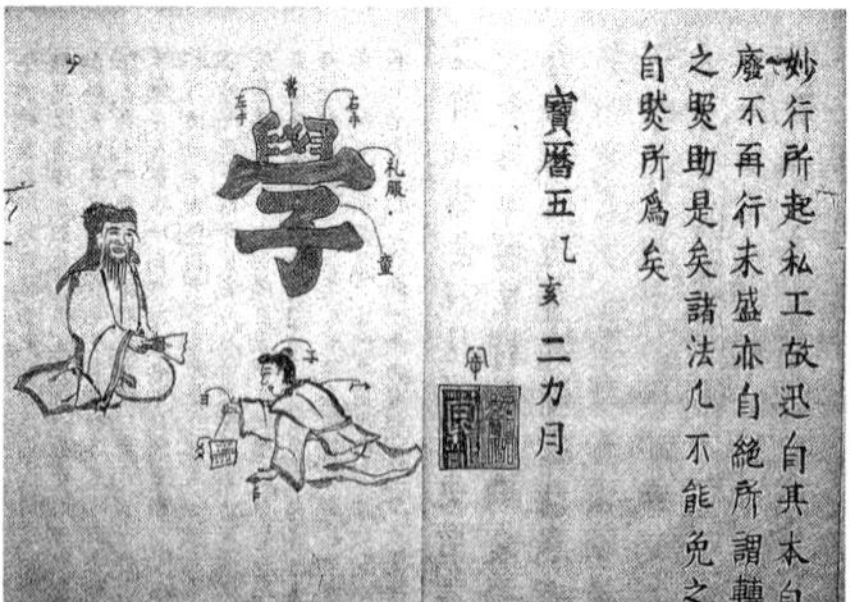
妙行所起私工故迅自其本自
廢不再行未盛亦自絶所謂轉
之毀助是矣諸法凡不能免之
自然所爲矣
寶暦五乙亥二月

『歴史誕生』第９巻(角川書店刊)より

の献身的な医療活動を知り、それに触発されたからではないだろうか」と、同趣旨の論を展開し、だからこそ「医」と「學」の賛を贈ったのだとしておられます。

が、果してそう言えるでしょうか。昌益は「医学ヲ為スハ私術ヲ売リテ薬代ヲ買フ」「薬種屋ノ手代《てだい》」であり、「八気互性ヲ知ラザル者ハ医ヲ為スコト勿《なか》レ。之レヲ知ラザル医者ノ薬ヲ用ヒルコト勿レ。必ズ人ヲ殺シ医ニ殺サル」として伝統医学を徹底的に批判し、「真営道ノ医学」をこれに対置していました。また「学問ハ……道ヲ盗ム謀《なかだち》ナリ」「学ト欲トハ体ト影ノ如シ」「学問ト言ヘルコトハ童子ノ所業」として既成の学問をこれまた徹底的に批判、「目前ト己身トニ備ハル道ヲ以テ知リ尽」し、「真営道ノ書」を以て一〇〇年の後を恃《たの》み、「自然ノ世」を渇望していた程です。こうした昌益が、自ら見出したおおいなる真理を表現する「互性」「活真」「自然真営道」といった言葉に代えて、「医」にしろ「學」にしろ批判の対象でしかない言葉を、「真営道ノ」といった注釈もないのっぺらぼうのままで特筆大書し、「魂の師」に献ずるというようなことが、果してありうるのでしょうか。

とりわけ安永さんが指摘しておられるように「昌益の大著『自然真営道』がいちおう完成に近づいたことにより、昌益が賛と額を回生道有道家に報告し、謝意を報告しようとした」という特別の時期だとすれば、尚更のことです。

四『多少の脱落部分』について

資料Ⓔについては、㈡字体から見てのところでも見てきましたように、丁寧かつ慎重に書かれるべき賛の中に書き損じが紛れているということ自体異例なことですが、書き損じは「學」の字のみに止まらず、それに続く四一文字中三文字（後述します『字書巻』との照合で言えば四五文字中五文字）が脱落しているという驚くべき不用意さが、訂正されることもなく「魂の師」に献じられているという問題があります。

安永さんは文献⑥及び⑨の中で、資料Ⓔと稿本『自然真営道』巻第一「私制字書巻」の序とを対校され、「賛の多少の脱落部分を補えば、両者はまったく同じ文章であることはあきらかである。文字の点でも、一見して両者が同一人の手になるものであることもあきらかである」と結論づけておられます。

しかし、脱落部分を「多少の」程度に見做していいものでしょうか。ことはそれほど簡単でしょうか。やや長文になりますが極めて重要な問題点を含んでいますので、「多少の脱落部分」を補った形、つまり『自然真営道』「字書巻」の序文の該当個所を以下に全文引用し、考察を加えてみたいと思います。尚、引用文中（　）で括った部分が、脱落個所に相当します。

……[1]（勝尊ニシテ）妙行ノ起ス所[2]（ニ似タリト雖モ）、私工ナル故ニ、迅《すみ》ヤカニ其[3]（ノ本）自《よ》リ[4]（自《ひと》リ）廃《すた》レ、再ビハ行ハレズ。未《いま》ダ盛ンナラザルモ亦《また》、自リ絶ユ。所謂《いわゆる》[5]（転）之《の》照助トハ是《こ》レ矣《なり》。諸法凡《すべ》テ之レヲ免《まぬ》ガルルコト能《あた》ハ不《ず》、自然ノ為《す》ル所ナレバ矣《なり》。

この内、3・4の脱落部分については、論旨の上から見逃すわけにはいかないという立場もありうるでしょうし、いや修辞上の問題だから構わないという立場もありうるでしょうが、一応不問に付しておいても差し支えなさそうです。しかし5についてはどうでしょう。昌益の自筆説にしろ仙確の代筆説にしろ、昌益思想の体現者が、昌益思想のしかも中心概念のひとつである

「転」の字を書き落とすなどということが、果してありうるでしょうか。いやわざわざ昌益思想を引き合いに出すまでもなく、そもそも文意の上からいっても、「天の助け」となるべきところが頭のない胴体だけの「の助け」などとなってしまったのでは、単なる修飾語の脱落に止まらない、主語・主体の欠落した意味不明の文章になってしまいます。こんな記述が文章上、果してありうるものでしょうか。

最後に、そして最も重要なものとして、1及び2、とりわけ2の部分の脱落の問題があります、「勝尊ニシテ……似タリト雖モ」の「雖モ」が脱落してしまっているのです。つまり、逆接の助字・論旨の一八〇度の逆転が脱落してしまうという、常識では考えられないことが起きてしまっているのです。

文献⑨の安永さんの文章では「自然真の妙行のもたらしたものに似ているように見えたが、もともと私の企みにもとづくものであるから、いちはやく発祥の地から廃れ、……」（傍点筆者）と現代語訳されていた個所の傍点部分が脱落してしまったのです、その結果、資料Ⓔの現代語訳は、安永さんの文章をお借りすれば「学問とはもともと、自然真の妙行のもたらしたところの私の企みにもとづくものであるから、……」とならなければならないはずです。つまり、「自然真の妙行のもたらしたところの私の企み」などという、それ自体形容矛盾の、昌益思想からは導き出されようはずもない、面妖奇怪な文章となってしまったのです。

したがって安永さんのように「多少の脱落を補えば、両者はまったく同じ文章であることはあきらかである」とさり気なく書き流すことなど到底できない、論理上の大きな破綻が孕まれてしまっているのです。

おわりに

以上見てきましたように、中居屋重兵衛資料と言われるものは、他の部分はいざしらずこと安藤昌益に関連したもの（扁額二点・賛三点）に関するかぎり、松本健一さんが指摘されているような「出来すぎ」どころか、いずれも欠陥含み・疑問だらけのものばかりで、到底一次資料としての活用に耐え得る水準のものとは思われません。

こうした点から見るならば、これまで謎とされてきた安藤昌益の前半生について中居屋重兵衛資料を駆使して、仏教を見捨て仏門を離脱した禅僧・昌益がいくつかの選択肢がありえたにもかかわらず医者の道へと転身したのは中居屋重兵衛の献身的な医療活動に触発されてのことであり、「このように考えると、八戸に登場するまでナゾとされてきた空白期間は時間的にはほぼ埋められることになります」という文献⑥・⑦・⑨での安永寿延さんの説は、根本的な見直しを迫られていると言っても過言ではないでしょう。この点についての安永さんの率直な見解をぜひ伺いたいものです。

安藤昌益に心を寄せる者の一人として、昌益に関する資料が一点でも多く掘り起こされ、昌益像がより精緻に構想されてほしいと願う点では、私自身人後に落ちないつもりではありますが、だからと言って、いや、であればこそ贔屓の引き倒しに陥らぬよう、資料の扱いは慎重の上にも慎重でありたいと思います。

残念ながら、これまで報告されてきた資料が語ってくれる範囲では、安藤昌益の前半生は依然として歴史の闇に埋もれたままのようです。

（『直耕』第一一号、一九九一・九・一五）

［補注］ 本資料についてはその後、九二年二月、松本健一氏が『群像』三月号に「真贋―中居屋重兵衛のまぼろし」（九八年、幻冬舎アウトロー文庫）を発表して文献④を補強、「創作者の手ぬかり（?）」を指摘され、それを受けて和田耕作氏が「贋作の証明―中居屋重兵衛資料再考」を発表して文献⑤の自説を撤回、さらに萱沼紀子氏は九三年一〇月、『良中通信』第一〇号に「『生き神』さま真贋顛末記」を発表、重兵衛資料提供者から譲り受けた昌益関係の別資料に押捺された印跡に白紙を押し付けたところ、「朱肉の赤色が紙を染めた」という驚くべき事実を確認、資料提供者を「詐欺師」と断言されました。しかし、安永寿延氏は九二年一〇月発行の『増補写真集人間安藤昌益』（農文協）で、「一部の者から執拗に偽作説が流されているが」として、こうした批判を承知の上であくまで自説に固執されたまま九五年九月に逝去されてしまいました。

渡辺大濤著『農村の救世主・安藤昌益』について

入手までの経緯《いきさつ》

寝入り端を電話のベルで起こされたのは、一九九三年一一月二一日、日曜日の深夜一二時近くのことだった。「誰だ、こんな時間に電話をかけて来るのは」と、憤然とした思いで受話器を取ると、電話の向こうで、〝安藤昌益研究史を辿る会〟メンバーの一人、小野俊行さんが咳き込んだようにたたみかけて来る。

「こんな時間にスミマセン。明日にでもとも思ったんですが、でも、やっぱり早い方がいいと思って……。実は、今週末の中央線古書展の目録、だいぶ前に着いてはいたんですが、パラパラとめくったところで大したものは無いと思って、それ以上は見ないで放り投げていたんですが、たった今見ましたら、後の方に大濤の――渡辺大濤の蔵書が一ぺんに売りに出されていて、その中にペン書きの生原稿で、今まで聞いたこともないようなタイトルの『農村の救世主・安藤昌益』っていうのがあったんですが、石渡さん、聞いたことあります?」とのこと。

「ええっ本当ですか。聞いたことないなぁ。だとすると、すごい掘り出し物じゃないですか」と言って入手方法などを話し合い、電話を切ったが、その晩は興奮で一睡もできなかった。

翌日、古書目録の写しを小野さんからファックスで送ってもらい、〃辿る会〃のメンバーに電話連絡。葉書による抽籤のため、まわりの友人にも頼んで、とりあえずくだんの生原稿を中心にめぼしい図書の購入を頼んだが、入手できるとは限らない。公共機関や研究者が購入していずれ公開されるならいいが、どこの誰とも分らない人の手に渡り、そのまま埋もれでもしてしまったら取り返しがつかないことになる——あとで聞いた話だが、今回の原稿も、偶々屑屋を通して古書・崎人堂さんの手に渡ったからいいようなものの、売りに出された一四〇点余の一〇倍はする大濤の蔵書の殆どが、既に灰燼に帰してしまっていたという——何か手立ては無いものか。

考えるうち、前々から〃辿る会〃の席で、「渡辺大濤の人柄については毀誉褒貶、様々あるにせよ、安藤昌益研究史の中できちんとした評価がないのはオカシイ。年譜にしろ著作目録にしろ、きちんと跡付けたい。何なら『渡辺大濤研究会』を新たに作ってもいいんじゃないか」等と話し合っていた八重樫新治さんから、「やはり散逸を防ぐためには一括して購入した方がいいのではないか。大学図書館にも当たってみてはどうか」との提案があり、崎人堂さんに持ちかけてみたが、仲々応じてくれない。それはそうだろう、建て前はもっともでも、横紙破りには変わりはない。紆余曲折の後、「一括ということであれば」と折れてくれたが、今度は肝心の購入先が決まらない。いくつか打診した大学図書館も当てが外れ、結局〃辿る会〃として購入することにした。

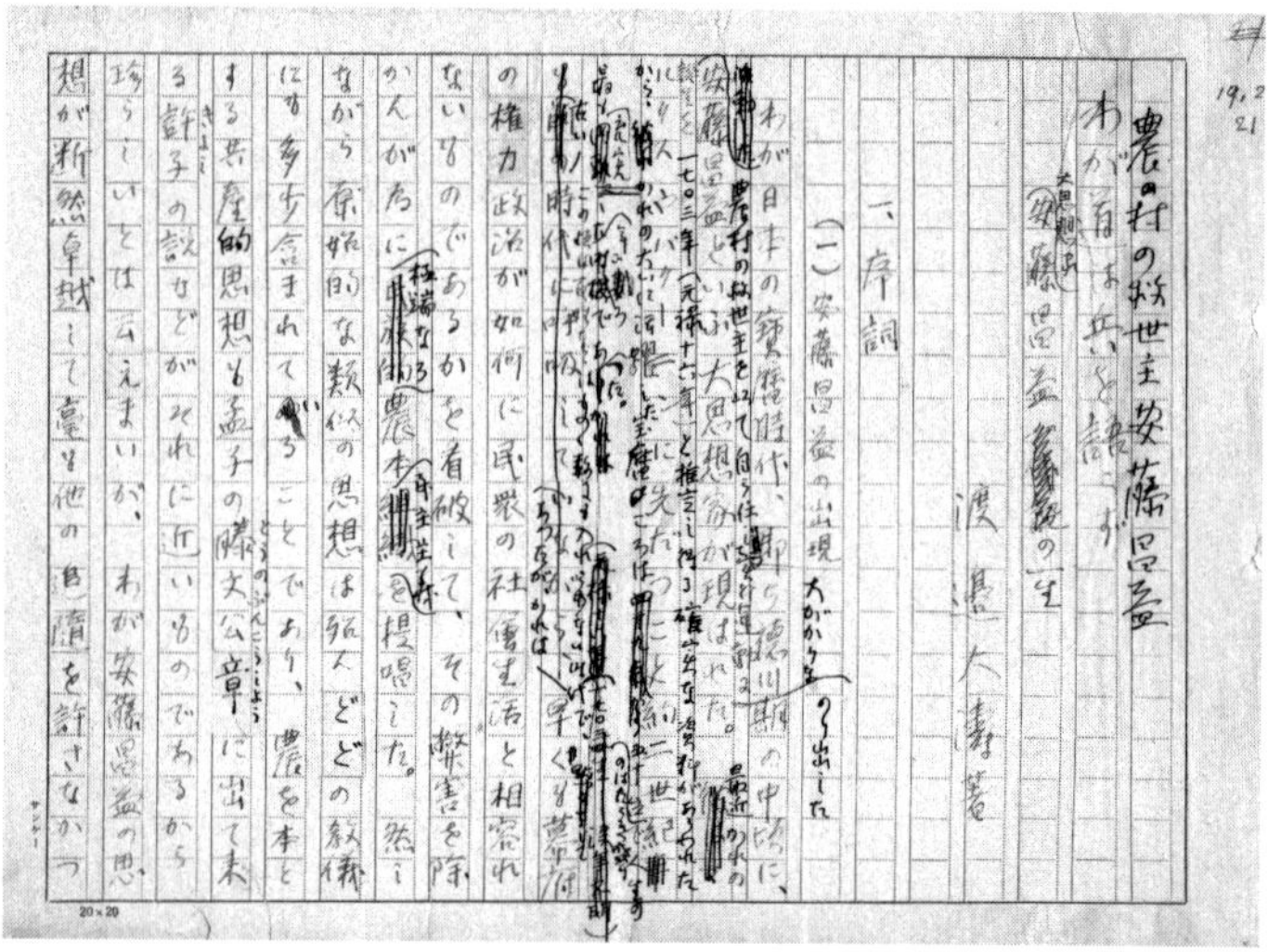

（『農村の救世主・安藤昌益』本文第一頁冒頭・書き込み部分）

二七日朝一〇時、小野さん・八重樫さんと高円寺の西部古書会館へ出かけ、とりあえず目当ての『農村の救世主・安藤昌益』他の手稿類を受け取ると、残りは宅配便に預けて近くの喫茶店でやれやれと一服。日に焼けて褪色した原稿用紙をおそるおそる繙《ひもと》くと、四〇年の時を隔てて乾燥した糊が剝がれ、おびただしい数の貼り込み用の紙がばらばらと落ちる。「うわぁ、こりゃだめだ」と慌てて元に戻し、これは大変な作業になりそうだと、別に日取りと場所を決め、復元作業にとりかかることにした。

その後、一二月中の休日を使って、小野さん・八重樫さん・斉藤尚夫さん・田嶋五郎さん・間室四郎さんと、体の空く人が総出で、一二二〇余ヶ所に及ぶ訂正内容を記録すると共に貼り込みをし直し、コピーを取ってメンバー全員に配り、読破を正月休みの宿題として、九四年一月二二日に合評会を行なった。正直なところ、大濤の手になる戦後になっての五〇〇枚近い未発表の原稿ということで、ひょっとしたら戦前の木星社書院の『安藤昌益と自然真営道』では時勢を憚って「削除」され、盛り込まれなかった内容・資料が含まれているのではないかとの期待が大きかっただけに、小説仕立ての内容にはや、当てが外れたが、昌益に材を取った小説としては初めてのものであり、戦後の民主化の気運の中であえて大濤が小説という形式を借りて昌益思想を訴えようとしたことの意義、また昌益入門としては道具立ても豊富で仲々面白いのではないか、との評でほぼ一致した。

構成及び内容

原稿は、A4サイズ横長の縦書き・四〇〇字詰め（20×20）の原稿用紙四六六枚にペンで綴られ、一巻は目録共一九六枚、二巻は二七〇枚から成る。一巻は表紙・裏表紙ともワラ半紙で、右端に二つの穴を通し縦に糸で綴じられ、表題はない。二巻は裏表紙がなく、表紙は和紙で、一巻同様右端に二つの穴を通し縦に糸で綴じ、左肩に縦に毛筆で、二行別ち書きで農村の救世主、その下に安藤昌益、再び別ち書きで弐巻㊤と表題が記されている。

第一巻扉左半分に、

農村の救世主安藤昌益　渡辺大濤稿
壱巻　目録共百九十六枚
弐巻　弐百七十枚
合計　四百六十六枚
昭和二十八年四月十六日清書畢

とある。

次に、目次によって全体の構成を窺うこととしたい。尚、第一章・第一七章のタイトル「序詞」「法世物語」は目次にはなく、本文に記されているものによって補った。

四、直耕道に燃ゆる
（一）孫市の妻お余。（二）計畫の露顯と同志の逃亡。（三）孫市とお余の相愛。
五、吾が道は兵を語らず
（一）兵器無用。（二）学問皆商賣買。
六、大著『自然真営道』と『統道真傳』
七、幕府の動静
（一）捨兒にされた吉宗。（二）幼名源六。（三）殺生禁断の場所を荒らす。（四）將軍となった吉宗。（五）武藝の奨励。（六）試合の噂。（七―一一）少女雪路の試合。
八、幕府の衰運
（一）昌益武器を棄て丶以来二十年。（二）大岡越前守善悪を目に見せる。（三）家重と弟宗武との諍論。（四）家重の頑愚。（五）宗武登城を差止めらる。（六）もり姫月光院にすがる。（七）月光院の斡旋。（八）吉宗の反省。
九、社會人心の堕落
（一）板倉修理。（二）加藤右門の妻おせき。（三）風呂場の立廻り。（四）隠居迫られる悩み。（五）殿中の忍傷。（六）大岡越前守与力同心を誡める。（七）巾着切（スリ）退治。（八）情死の流行。（九）戀仇敵。（一〇）仲裁役。（一一）情死行。（一二）越前守の新處置。（一三）修養座談會。（一四）丑の刻参り。（一五）情慾よりも米食が先。

一〇、尊王論起る

（一）竹内式部。（二）熱田の宿。（三）京都尊王派の結束。

一一、村井塾の由来

（一）旅藝人。（二）白隠禪師。（三）佛道修行の旅。（四）生きた道を説く真人安藤昌益。（五）活きた経典。（六）村井塾の講習日。（七）社會の変遷。（八）真剣な研究者。

一二、討議

（一）醫は仁術。（二）生活と労働。（三）朋遠方より来る。（四）實行の協議。（五）食は諸道の大本。

一三、戀愛の相對性

（一）仙庵妹の問題。（二）封建的時代思想。（三）貞操。（四）戀愛の解釋に男女の別。（五）戀愛の究極。

一四、農民と聖人

（一）米は神。（二）万民平等。（三）聖人中毒―和蘭陀文化。（四）米國發見、支那、徳川の祖先。（五）孔子の系図。（六）孔子と陶淵明

一五、闘争

（一）尾張と三大河。（二）木曽川治水工事。（三）治水工事の犠牲者、（四）同志の全国的配置。（五）大著完成祝賀會。

一六、神田祭
（一）大祭の出し物。（二）當夜の宿宴。
一七、法世物語
（一）仙庵のあいさつ。（二）大著の概要披露。（三）法世の批判。（四―七）鳥類劇。（八―九）獣類劇。（一〇―一一）蟲類劇。
一八、黒い影！
一九、犠牲
（一）秋田の山川。（二）不作と同志の活動。（三）失戀の苦悶。（四）闘争開始。（五）お余犠牲となる。
二〇、惜敗
（一）思い出。（二）岩代浅川の一揆。（三）久留米一揆。（四）竹泉の寓居。（五）農民魂。（六）世界平和の基。（七）京都の情勢。（八）大阪の同志。
二一、世界の中心
（一）長崎の地勢。（二）万國一家の理想。（三）無所有の世界。（四）阿蘭陀見学行。

貼り込み＝訂正について

先にも述べたように、四六六頁の原稿には一二二〇余ヶ所（精査すれば更に増えよう）に及ぶ貼り込みの訂正があるが、表題についても苦心の跡が窺える。表題は先ず、「わが道は兵を語らず―安藤昌益一代記」としていたものを「わが道は兵を語らず―大思想家安藤昌益その一生」と書き変えた後、「農村の救世主安藤昌益」をメインタイトルとして書き加え、更にその後「わが道……」以下を削除、最終的に「農村の救世主安藤昌益」に落ち着いたものと思われる。

本文第一頁の一、序詞（一）安藤昌益の出現の冒頭七行には貼り紙がなく、直接書き込んだ大幅な書き直しが認められるが、本文二頁以降は、全て貼り紙による書き直しで一貫している。本稿は扉左頁に（清書畢《おわり》）とあったように最終稿であるため、一二二〇余ヶ所にも及ぶ訂正にも拘らず内容に関する変更は殆ど見られない。僅かに「搾取」の語が「特権」ないし「権力」に、「農本的共産制」が「民族的農本制」に改められたぐらいで、殆どは「ゐ」を「い」、「ふ」を「う」にといった類の旧仮名遣いを新仮名遣いに改めただけの単なる書き直しで、「妻」を「妻」に改めた例のように一見しただけでは分りづらい、逆に大濤の几帳面さを窺わせるものもある。

但、現時点ではその理由が特定できていないが、登場人物の一人「孫市」に関しては、当初「昌益の一人息子・良仙」とあったものを「次男」とし、更に「昌益の娘の遺児・孫市」と人物設定が二転三転、それに伴い役職（「御側医」が「お小姓頭」に）や呼びかけ語（「父上」が「祖父上」に）が変更されており、この点がこの小説全体の構成にどう関わってくるものかについては、その理由の解明と共に、今後に委ねることとしたい。

今後の扱い

こうした経緯を傍らにいて暖かく見守って下さっていたのが、デーリー東北新聞社・東京支社の山本義一さんと支社長の吉田徳寿さんで、一二月初めに第一回目の取材を受けた後も、師走の忙しい中、貼り紙訂正作業の現場や合評会にも足を運んで下さり、九四年一月一日付『デーリー東北』社会面トップには、「渡辺大濤の小説『安藤昌益』40年ぶり〝日の目〟―都内で発見、関係資料で最古」と題する紹介記事が、原稿・貼り込み作業中の写真と共に掲載され、一月二三日付の同紙、「時評」欄では、「〝安藤昌益小説〟発見の意義」と題する解説記事まで寄せて下さった。

一方、これまで渡辺大濤に関する唯一と思われる論文「渡辺大濤の思想」（六八年一一月、経済往来社刊『季刊社会科学』第一四号特集〝日本のナショナリズム〟に掲載、六九年五月、勁草書房刊『日本思想史の遺産』所収）を執筆され、七〇年三月、勁草書房から大濤の『安藤昌益と自然真営道』が覆刻される際には、大濤夫人・渡辺たみさん、大濤長男・渡辺譲さん、古在由重さんとで行なわれた座談会「安藤昌益の研究者―狩野亨吉と渡辺大濤―」に「きき手」として参加、司会役を勤められ、事実上、大濤に関する唯ひとりの研究者とも言える名古屋経済大学の鈴木正さんは、「安藤昌益の会」の呼びかけ人のお一人でもあり、この間様々な企画でお手伝いいただき、九一年一二月には「昌益研究史を辿る会」の席で、「狩野亨吉と渡辺大濤」と題する講演をお願いしたりもしていた。

そんなことから、鈴木さんにはこの間の経過を逐一ご報告していたのだが、実は鈴木さんの手元にも、大濤夫人・渡辺たみさんが亡くなる以前、鈴木さんに寄託した「安藤昌益研究ノート」とでも呼ぶべきかなりの量に上る草稿類が残されており、鈴木さんとしてはこれを機に、これら草稿類を活字に起こしたいとの希望をお持ちだということが分った。

私達としても大濤の小説『農村の救世主・安藤昌益』については、最低限「昌益の会」会員の間では誰もが読めるようにし、できれば活字に起こしたいとの希望を持っていたことでもあり、鈴木さんの草稿類と併せて活字化に向けて整理中であり、いずれ編集作業を経て出版にまで漕ぎつけたいと考えている。

（『直耕』第一八号、一九九四・一〇・五）

［補注］ 本稿は一九九五年九月三〇日、農文協より『渡辺大濤昌益論集』２として出版・活字化されました。

幻の安藤昌益「新」資料

――『易経集註』の著者をめぐって

はじめに

『直耕』一八号では、渡辺大濤の新発見の原稿『農村の救世主・安藤昌益』について報告させていただいたが、この間、真贋織り混ぜて昌益に関する資料が報告され、話題を呼んでいるので、分かっている範囲で以下に紹介してみたい。

一つは『直耕』第一一号、一二号、一三・一四号、一七号で既に紹介し、贋作説がほぼ確定したと言ってもよい「中居屋重兵衛」関係資料であり、本資料を基に安藤昌益の「魂の師＝中居屋重兵衛」説を精力的に展開された安永寿延さんが、九五年夏、自説を訂正されることなく急逝されてしまったことは、返す返すも残念でならない。

二つ目は、千葉県市川市にお住まいの本会会員・田澤孝次さんからのご報告で判明したものだが、九四年八月中旬、大阪心斎橋のそごうデパートで開催された第一〇五回「古書籍大即売会」

で、稿本『自然真営道』第五一巻が売りに出されたというのである。

稿本『自然真営道』第五一巻と言えば、ご存じのように、関東大震災で焼失してしまった『自然真営道』本書分の一部であり、本物だとすれば別系統の写本ということになるが、ご本人の意向もあり、現時点では残念ながら「大阪近郊の学校の先生」が入手され、幸いにも阪神大震災の難だけは免れて無事だ、ということ以上の報告ができない。

尚、その後、本資料を扱った古書店のご好意で落札されたご本人と連絡が取れたが、いずれ何らかの形で発表するので、それまでは「静観賜りたく」とのご返事を戴いている。

参考までに『第一〇五回古書籍大即売会〈出品目録抄〉』の該当箇所を引いておけば、

自然真営道五十一　鶴《(ママ)》龍堂良中見
　万国気行大畧論及古説妄失他
　　奥数丁欠　薄葉紙　幕末頃写
　　大本　表紙ナシ　一冊

とある。

三つ目は、一九九五年五月、八戸―青森―大館行をした際、八戸の方からもたされた情報で、盛岡近郊の旧家の方が、昌益が京都で医学修行をしていた時の師匠と思われる人物の手紙を見出されたというものだが、この件もご本人が発表するまで待たれたいとのことで、真偽の程も含めてこれ以上の報告ができない。

四つ目が、以下に報告する「幻の安藤昌益新資料」で、筆者が直接関わったものとしてことの顛末をありのままに記してみたい。

発見の経緯

それは『直耕』第一一号の編集をしていた時だから、九一年の七月か八月のことだったはずである。

いつものように有給休暇を使って、テープ起こしをした公開講座の講演録（この時は、いいだももさんの「安藤昌益に於ける論理の回天」）を『直耕』の巻頭論文用の長さにまとめ直すべく、猛暑を逃れて近くのお花茶屋図書館で原稿用紙に向かっていた時だった。

作業に疲れ、三階の一般閲覧室から一階にある書架室に移り、何気なく手にしたのが黒い表紙のぶ厚い『日本学術資料総目録—書跡・典籍・古文書篇一九八三年度版』（以下、『総目録』と略記）だった。

中味は、『国書総目録』（全八巻・岩波書店刊）『古典籍総合目録』（全三巻・同）には収録されていない、全国の博物館に架蔵されている書跡・典籍・古文書の目録のようであった。

ひょっとして、『安藤昌益全集』編纂の際『国書総目録』の中から刊本『自然真営道』北野天満宮本、稿本『統道真伝』「糺仏失」龍谷本を見出したのと同じように、安藤昌益の著書がどこかの博物館の書庫に架蔵されていはしないだろうかと、ぼんやりした頭でまず作者別の索引を引いてみた。

　すると、何とあるではないか、安藤昌益という名前が！　ところが、書名は『統道真伝』でも『自然真営道』でもなく、その一部の巻名でも医学関係部分の写本でもなく、『易経集註』とある。何だ、これは、聞いたこともないな、というのが最初の思いであった。

　俺が知らないってことは、これは本当にひょっとするとひょっとして新発見の資料かも知れないぞ、と思うと胸が高鳴ってきた。

　これはもう、原稿作成どころじゃないぞ、と慌てて架蔵先を見ると「伊達市開拓記念館」とある。次に館別索引を引いて、伊達市が福島ではなく、北海道の伊達市である旨を確認すると共に、同館の149—334に安藤昌益の『易経集註』が確かに架蔵されていることを確認した。

　次いで典籍索引を見ると、

　334易経集註　安藤昌益　十冊（二十巻）
　　大判　京都今村八兵衛版　原12冊24巻
　　欠本（巻1・2）（巻19・20）の2冊
　　享保九年〔伊達市開拓記念館〕

とある。

　享保九年と言えば、昌益がちょうど二〇歳の頃である。若いということもあろうが、当時、早熟な人なら著書の一冊や二冊著わしていても不思議はあるまい。とすれば昌益の若い頃の空白が、これで一つ埋まることになると一人で興奮し、とりあえず寺尾先生に報告しようと、テレホンカードを手に外へ出た。

そして図書館の外にある公衆電話ボックスに飛び込み、暑さでゆだるような中を汗を拭き拭き寺尾さんに報告すると、寺尾さんからは「そんなバカな話はあるまい。ちょっと考えられんが、まあ何かの機会でもあれば、一応は現物に当たってみるだけの価値はあるかな」との返事。興奮した頭に水を浴びせられたようなものだが、その程度では納まらない。

原稿作成もそこそこに切り上げ、自宅へ戻って、開拓記念館に電話を入れたが、生憎とその日は電話が通じなかった。

翌日、その週末の千歳行きの飛行機の切符を手配すると、改めて同館に電話を入れてみた。すると、返って来たのは思いも掛けない返事であった。「お出でになられても困ります。当館は図書館と違って閲覧室もございませんし、それに何と言っても現在は資料の整理中で、お探しの本がどこにあるものやら見当がつきません。無駄足になってしまうものと思われます」とのこと。

資料番号も記載されているのに、どういうことかと不審に思いながらも、私の目の前には、薄暗い書庫とかび臭い書籍が山積みになった記念館の情景が浮び上がり、慌てて購入した飛行機の切符をキャンセルするしか術はなかった。

その後の調べ

その後の電話のやり取りで、伊達市開拓記念館は、所轄が市の教育委員会になり、翌年秋になら資料整理も終わるので改めて資料の公開もできるようになると分かり、一応のメドを立てることができた。

とは言え、はやる心を押えることができず改めて『総目録』に当たると、何と『易経集註』は他所にもあったのである。それも今度は南の九州に。

典籍索引の『易経集註』の項には、一〇点が確認された。そのうちの典籍ナンバー334が先の伊達市開拓記念館のもので、333に同じ享保九年の今村八兵衛版が、耶馬渓風物館にあるという。安藤昌益という著者名はないが、こちらは何と言っても二十四巻十三冊とあり、欠本のない完全版—しかも十三冊ということは、序の巻が別にあるかもしれない—の模様である。

今度は切符を手配する前に直接、風物館に連絡してみた。すると今回も生憎、所轄が私営から町営に変わり、そのための整理中とのことで、直接現地を訪れ現物に当たることは叶わないという。何たること！　序の巻を見れば、刊本『自然真営道』の序で神山仙確が述べているような形で、昌益の前半生が分かるかもしれないのにと思いつつも、またしても耐えるしかなかった。

が、幸いにも耶馬渓風物館の岩淵玄さんからは、耶馬渓の観光パンフレットやら耶馬渓風物館（文庫）生みの親である小野桜山翁の事跡紹介などと共に、耶馬渓風物館編修になる『耶馬渓文庫蔵書目録（和漢古典部）』をお送りいただいた。

同書冒頭「漢籍部・経部　一　易類」には、

易経集註　二十四巻十三冊　易経集註（ママ）
　　享保九年　今村八兵衛板（ママ）

とあり、『総目録』の記述に間違いがなかったことは確認できたが、安藤昌益なり確龍堂良中といった類のそれ以上の手掛かりは、結局『耶馬渓文庫蔵書目録』のどこからも見出すことはできなかった。

さて困った。手立てがない、八方塞がりである。こんな時には、原点に立ち戻るしかないと思い定めて、『総目録』の出版元であるalmicに連絡をとってみた。

出版元の返事では、八三年度版とあるが、八三年度以前も以降も『総目録』は出版されておらず、今後も版を改める予定はないとのこと、また掲載されたデータの下敷きとなったものは、各博物館で発行している蔵書目録であって、掲載内容のそれぞれについての確認はしていないとのことであった。

少し道が開けてきた。ということは、耶馬渓風物館の『蔵書目録』と同じような目録―『総目録』のデータベースとなった―が伊達市開拓記念館の場合にもあるはずである。

改めて伊達市開拓記念館に問い合わせてみると、蔵書目録は市の教育委員会が作成したもので館には残部がなく、あるとしても教育委員会の方だということで、今度は教育委員会に連絡をとってみた。
　すると、蔵書目録はあるにはあるが、残部はなく、館にも保存用の一部があるだけとのこと。せめてコピーだけでもお願いできませんか、と恐る恐る申し出ると、何と現物が送られてきて、コピー終了後に返却するようにとの添え書きがあった。もちろん指示通りにしたが、何とも相手を信用仕切っているというか不用心というか、感謝したり恐縮したり複雑な思いであった。
　蔵書目録は『伊達市開拓記念館所蔵　伊達家文庫目録』と題され、B５版、本文・目次ともで一五〇ページ、九五〇点の古典籍が収録されている。発行は昭和五五年三月、編集は伊達市教育委員会である。早速、くだんの『易経集註』を調べてみた。
目次は、総記・哲学・歴史…とあり、日本十進分類法に基づいているようで調べやすい。哲学の部の冒頭、「日本儒家思想・国学・心学」の項を見てみると、確かにあった！
　『文庫目録』七ページに
易経集註　安藤昌益
享保9年　大判　10冊（20巻）
京都今村八兵衛版　原12冊24巻
欠本（巻１・２）（巻19・20）の２冊
校点者は春秋館教授昌益とあるが、後に天然自営道を説いた安藤昌益であるとある。

「天然自営道」は誤植だとしても、「春秋館教授」昌益は聞いたことがない。これは更に調べてみる必要がありそうだ。

念のために同目録を端から端まで調べてみると、三五ページには

頭書書経集註　安藤昌益点　補注

　慶応2年　大判　6冊　三刻　積玉圃、

　文栄堂版　原6冊　元治再刻あり

　昌益の名は巻6の後跋による。昌益は八戸春秋館教授。

とある。

慶応二年ということは、没後に出版されたということも考えられるから矛盾はしない。春秋館が八戸にあることも、これではっきりした。だとすれば、調べはさほど難しくない。早速、八戸でいつもお世話になっている月館金治先生にお手紙で問い合わせてみたところ、先生からの返事は次のようであった。

「(前略) 図書館をたづね中道君に手伝ってもらい調べましたが、はっきりした名の藩校はありませんでした。

八代信真の時、文政十二年（一八二九）単なる藩学校を開設したと八戸教育史にあります。従って藩校なるもの、資料はありませんので、教育史をコピーしました。盛岡では『日進堂』と言う藩校があったようです。(後略)」

八戸の藩校が春秋館でないとすると、春秋館は私塾なのだろうか、それとも他藩の藩校なのだろうか。藩校なら何とか調べもつこうが、私塾となるとどうにも手が付けられないのではないか、と思い悩みながらも、関係書をいくつか当たってみた。

笠井助治著『近世藩校の総合的研究』(一九六〇年、吉川弘文館)、同著『近世藩校における学統学派の研究』上・下(六九年、同)、石川謙著『日本庶民教育史』(二九年、刀江書店)、同『近世庶民教育史』(四七年、東亜出版社)といったものに当たったが、意外にも春秋館という名の藩校は、八戸はもとより一校もなく、私塾については調べようがなかった。

またしても、どんづまりである。

意外な展開

思いあぐねていたところに、意外な道が開けてきた。「近鉄橿原の古書まつり」で何と今村八兵衛版の『易経集註』が売りに出されたのである。しかも一・二巻が欠本ということで、何と一二巻で一五、〇〇〇円とある。割安であることに間違いはない。

一・二巻がなくとも、序巻と最終巻さえあれば、序文か後跋で何か手掛かりが得られるかもしれない。少々高いし、冒険ではあるがここは買うしかない。

早速、注文したが、抽選で外れるかもしれない。不安な思いで待つこと旬日、京都の古本屋から風袋のわりに重さのない荷物が届いた。これだ、和本の軽さだ、とはやる思いで包みを開けると、題簽もところどころ剝がれ新しく貼り直された薄い藍色の表紙の『易経集註』が顔を現わした。

『序巻』を見たが、「周易程傳序」「周易傳序」「易序」「上下篇義」に続いて「総目（録）」「朱子易本義圖」「五賛」「筮儀」とあるばかりで、目指すような序文はない。

続いて最終巻の「後跋」を見る。ここにも取り立てて目を引くような記述は見られない。

ただ奥付けが、多少気になった。

　　　春秋館教授昌易謹記
　享保九甲辰年正月吉辰
　　二条通柳馬塲《（ママ）》西江入町
　　　　今村八兵衛板

とある。

「昌益」の名が「昌易」となっていたことと、柳馬塲《（ママ）》という地名である。柳馬場という所は、昌益の京都の弟子・明石龍映の居所の近くではないか。これは臭い。しかし、「昌易」というのはどうか。尤も、当時は「昌益」を「正益」と書いたりもしているから、これもありかな、等々思いは千々に乱れる。

いずれにしても、『伊達家文庫目録』では『易経集註』の「昌易」を「昌益」と記しているわけで、私が入手した刊本の「後跋」にはない「昌益」との自筆の書き込みでもあるのだろうか、とすればそれ以外の内容の書き込みもあるのだろうか。確認するしかない。

そこで伊達市教育委員会に再度問い合わせ、『文庫目録』の編集・執筆に当たったSさんをご紹介いただき、手紙で直接尋ねてみた。

「(前略) 質問の儀は三点ほどあり、以下の通りです。
一、『易経集註』の校訂者〝春秋館教授昌益〟(『目録』七頁)、『頭書書経集註』巻六・後跋の〝昌益〟の名(同・三五頁) というのは自筆でしょうか、それとも印刷されたものでしょうか。
二、〝八戸春秋館〟というのは、私が調べた限り見当たらないのですが、いつ頃・どの辺りにあったものでしょうか。
三、〝春秋館教授昌益〟を安藤昌益と同定された根拠は何でしょうか。『目録』中に記された(七頁・三五頁) 以外に、安藤昌益の著作である旨を示す記述なり、資料がおありでしょうか。(後略)」と。
Sさんからの返事は、正直言ってがっかりと言うよりは、口あんぐりの内容だった。

この間の一喜一憂は何だったのか、こんないい加減な記述に踊らされていたのかと思うと、正直なところ腹が立った、回答の全文は以下の通りである。

「お問い合わせの件にお応えします。

1. 易経集註も書経集註も版本です。したがって八戸春秋館教授昌益も印刷です。書経のばつ文の寸雲子昌易はその後の調査の結果、小生のミスで昌益とは別人でしょう。書経集註は奥付けに「寛文四甲辰年新刻」とありますから、これは昌益の誕生より二八年も昔の話です。

2. 春秋館というのは私も初見で確実な事は分かりませんが、おそらくこれは八戸藩二万石の藩学ではなかったかと思います。現地について調べて見て下さい、私の推測に過ぎませんが、当たらずと言えども遠からずと言う所ではありませんか。

3. 春秋館教授昌益と安藤昌益の同定について、その他の資料はありません。

以上、簡単ですが、お応えします。おやくに立てば幸甚です。」

恐らくSさんは、中居屋重兵衛関連の贋作資料を提供した（更に言えば造り上げた）Nさんに比べれば、悪意ないし犯意はなく、自分が「推測」で記した内容がまさか一人の人間をこれほど振り回すことになるなどとは夢にも思っていなかった（今でも恐らく思ってもいない）だろうことは想像に難くないが、それにしても人騒がせな「推測」であり、無自覚・無責任な記述である。一種のサギではないか。

尚、この話の概略を「安藤昌益研究史を辿る会」の例会でしたところ、伊達市出身の斉藤尚夫さんが帰省した際、直接現物に当たり「伊達家文庫目録に見る安藤昌益の著作物についての簡単な報告」としてまとめてくださったので、以下に『書経集註』後跋の該当部分を紹介したい。

「■原物巻六末尾によると
寸雲子昌易記焉
寛文四甲辰年　新刻
享和元年酉年　再刻
慶応二丙寅年　三刻
大阪心斎通北久太良町
柳原喜兵衛
とある。」

結局、伊達市開拓記念館にある『易経集註』と私の手元にある『易経集註』の奥付にある「春秋館教授昌易」については何も分からずじまいのまま、限りなく黒に近い灰色の心証だけが残されたわけである。

そして、それとは別に寸雲子「昌易」という同名の人間がいたという事実だけが。

終わりに

斉藤さんの報告がもたらされたのが九三年の夏、『総目録』の記述を目にした時に始まった『易経集註』の著者を巡る「幻の昌益新資料」を尋ねる旅は、ちょうど二年を経過したところでサイクルを閉じ、手掛かりのないまま時間だけが過ぎていった。

そして『易経集註』の著者について思い出すこともなくなったそんなある日、全くの偶然から、再び「春秋館教授昌易」「寸雲子昌易」に出会うことになったのである。

それは、『直耕』第一八号「Q＆A」欄の原稿を作成すべく、江戸期の出版事情を調べに久し振りに国会図書館へ出かけ、関係資料のコピーを依頼して、出来上がりを待っている時間がもったいないと参考図書室に入り、人物情報コーナーで『近世人名辞典』二（一九八五年、青裳堂書店刊）を手にした時のことだった。

何気なく「ショウエキ」の項を見ると、

昌易　書・俳　松永寸雲子。
昌益　医　安藤良中。秋田の人。天児屋命百四十三代の流胤《(ママ)》、確龍堂良中とも署す。
　享保―宝暦頃。「自然真営道」を著す。

と、くだんの「寸雲子昌易」さんが、何と我が「昌益」さんと並んで鎮座ましましているではないか。やった、これだ！という思いと、何だ、これなら初めからこの辞書を引いていれば、という呆気なさに多少鼻白みながらも、苗字が分かれば何とかなるだろうとの思いに励まされ、「松永寸雲子」なり「松永昌易」の調べにかかった。

程なく『日本人名大事典』第五巻（覆刻七九年、平凡社）六八一ページに

マツナガショーエキ　松永昌易《まつながしょうえき》（―一六八〇）、徳川初期の漢學者。昌三の長子に生る。京都

西洞院に住す。漢學に造詣するところ深く、春秋館寸雲子と號した。また俳諧を善くす。延寶八年六月三十日歿。子孫世々儒を以て立つ。(俳林小傳　鑒定便覧)

とあるのを見出した。

これで全てが解けたと言っていいだろう。ここには『易経集註』『書経集註』にあったキーワードの全てがある。曰く「春秋館」、曰く「寸雲子」、曰く「昌易」。

因みに、昌三とは俳人・松永貞徳の子、松永尺五のことであり、昌易は貞徳の孫に当たる。また「マツナガセキゴ」「マツナガテイトク」の項には、春秋館が儒学を講じた私塾であった旨が述べられており、「春秋館教授昌易」という『易経集註』後跋の記述とも符合する。

残念ながら、『伊達家文庫目録』――『日本学術資料総目録』の記述にも拘わらず、『易経集註』の校訂者＝著者は、我が安藤昌益ではなく、春秋館教授・松永寸雲子昌易であると結論づけるしかあるまい。まさに「幻の」安藤昌益新資料だったわけである。

(『直耕』一九号、一九九六・九・二〇)

八戸で発表された安藤昌益の新資料を巡って

ビッグニュースが飛び込んできた

一九九九年一月下旬、私は『大館新報』に三回に亘って、前年一二月に東京で行われた第一回安藤昌益研究交流会についての報告を掲載させていただいた。そして報告の末尾を「今年は折しも、狩野亨吉が……安藤昌益を歴史の闇の中から発見してちょうど一〇〇年目の記念すべき年に当たる」云々との文言で締め括った。が、それから一週間も経たぬ二月初めに、一〇〇年記念の年に相応しいビッグニュースが八戸から飛び込んで来た。

「八戸が生んだ安藤昌益は江戸時代の独創的な思想家として世界的に有名ですが、このほど、大館市での発見以来二十五年ぶりに、新資料が発見されました」との書き出しで始まる、安藤昌益基金による『記者会見のご案内』が、同基金事務局長の三浦忠司さんから送られてきたのである。

同資料の存在について知ったのは今回が初めてのことではなく、実は今から四年近くも前の九五年五月の連休のことだった。安藤昌益の原典講読や研究史を辿りつつ昌益研究を進めている東京及び近郊在住の仲間達一〇名程が、杭州大学の王守華さん・蘇州大学の李彩華さん・韓国成均館大学校の李雲九さんと共に、八戸・大館の昌益ゆかりの地を中心に北東北の歴史探訪の旅に当地を訪れた時のことである。青森市郊外の三内丸山遺跡を訪れた際、偶然にも昌益基金会長の工藤欣一さんにお会いしてもたらされたもので、「昌益が京都で医学修業をしていた旨を示す資料が盛岡で見つかったが、発見者の意向もあり今はこれ以上のことをお話しできない」という言わばトップシークレットというべきビッグニュースだった。

ところがその後、当資料については何の音沙汰もないまま四年近くもの歳月が流れていった。その間、生憎と昌益研究の世界では、水戸の中山文庫から出たと称して一部研究者をも巻き込んだ形での昌益関係資料が、実は全て現代人の手になる贋作である旨が判明したり（松本健一著『真贋』幻冬舎アウトロー文庫）、北海道伊達市開拓記念館にある「伊達家文庫目録」中の『易経集註』及び『書経集註』の著者を昌益とする記述が、全くの誤りである旨が判明したり（『直耕』第一九号）といった、不幸な事態が相次いでいた。そのため私としては、盛岡での新資料発見のニュースも誤報だったのかな、と半ば悲観的な判断に傾いていていた。

ところがこの年の正月、八戸市史編纂室室長でもある三浦忠司さんからの年賀状には「昌益の新資料を二月～三月ぐらいには公開できそうです」との添え書きが付されていた。おっ、いよいよか、公開となればやはり本物だったのかという期待やら、二月か三月であれば八戸の伝統行事

「えんぶり」と重なってくれれば一挙両得などと、勝手に思いを巡らし、日程調整のため詳しい情報を、と三浦さんに電話で問い合わせてみた。

すると電話口からは「ちょうど今朝ほど『記者会見のご案内』をお送りしたばかりです。記者発表までは詳しいことは申し上げられませんが、伏犠《ふっき》大王から始まる儒医の系統図です」とのこと。いや、待てよ、これは昌益思想とは違うな、やはり贋物だったのか、三浦さんも変なことに巻き込まれなければいいが、などとある程度は懸念していたものの、正直なところ期待外れの内容に落胆せざるを得なかった。

二月一五日の朝九時半からの記者会見とのことで、平日ではあるしえんぶりとも重ならないし、三浦さんからの折角のご案内ではあるが、ここは無理をして仕事のやりくりを付け、わざわざ八戸へ足を伸ばすまでのこともないな、と八戸行きを断念、自らを納得させるしかなかった。

ところが、又してもところがである。その日の夕刻、前年一二月の第一回安藤昌益研究交流会の反省会の席でのこと、呼び掛け人の一人、新谷正道さんが新資料の紹介論文の掲載された『日本史研究』第四三七号のコピーを見せてくれたのである。論文は発見者である鈴木宏さんの「『儒道統之図』―安藤昌益京都修学に関連する新資料について―」というもので、鈴木さんは三浦さんの助言を受けつつ、この間の贋作騒動なども考慮に入れた上で新資料として紹介しているのである。

これは本物かも知れないぞ、との期待に再び胸が膨らむと、是非ともこの目で実物を見てみたいとの思いが募り、急遽仕事のやりくりを付けては八戸行きの夜行バスに飛び乗り、八戸市立図書館で行われた記者会見の場に同席させていただいた。

記者会見は図書館二階の集会室で行われ、会場にはNHKテレビ、青森テレビ放送といった映像関係の方、『デーリー東北』『東奥日報』『岩手日報』『河北新報』といった地元紙の方、共同通信、朝日、毎日、読売の各支局の方々の他に、一般からは大館出身のジャーナリスト・小林嬌一さん、昌益についての論考も多い弘前の稲葉克夫さんと私の三人、総勢約一五名が詰め掛けていた。

工藤欣一さんの挨拶、三浦さんの趣旨説明、写真撮影に続いて、いよいよ発見者である元岩手県立博物館学芸課長・現千厩東高校教頭の鈴木宏さんによる報告となった。

（『大館新報』一九九一・四・一〇）

『儒道統之図』にみる系図

新発見の資料は幅一五・八センチ、縦長の和紙（コウゾ紙）四枚を三カ所で繋いで長さ一メートル七九センチの一綴りの系図にしたもので、発見時は一〇枚折りに小さく畳み込まれていたという。最上部には右から左へ『儒道統之図』と題目が記されている。

内容は中国の伝説上の皇帝伏羲《ふっき》に始まり、神農・黄帝以下、儒教の聖人・賢人の系統を示したいわゆる道統図で、人物名を中心に文字は全て黒墨で、系統を示す線や〇は朱で書き込まれている。

中国における道統を孔子の弟子・曽参―子思―孟子に置き、周茂叔（周敦頤）―程明堂（程明道）・程伊川を経て、朱子学＝宋学の大成者である朱熹で終わらせているところから、当時の正

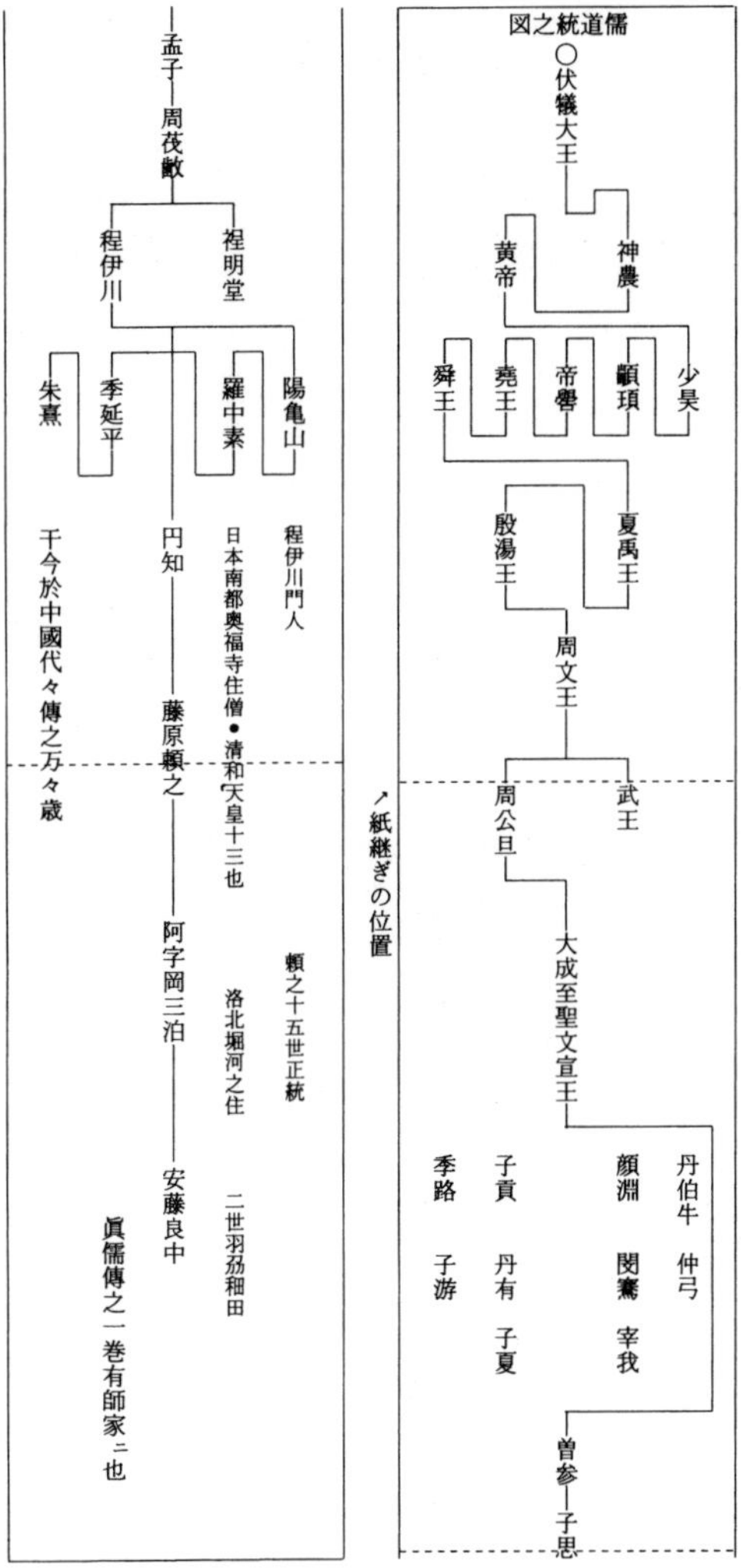
※系統を示す線や〇、●印はすべて朱である。

『日本史研究』第437号

統儒学＝朱子学系の道統図ということができよう。注目されるのは、伏犧・神農・黄帝のいわゆる三皇のうち、初代伏犧のみには「大王」との称号を付し、また孔子については孔子の名を用いず、元代に加号された「大成至聖文宣王」といった称号を用いていることで、本系図制作者の儒学への傾倒ぶりが窺える。

系図は日本における道統を、程伊川の門人・円知に始まり、藤原頼之―阿字岡三泊を経て、安藤良中に終わる四名のみを掲げている。円知については「程伊川門人」との注記の外に、「日本南都奥福寺住僧」との但し書きが付されており、藤原頼之についても「清和天皇十三世」との注記があるが、鈴木さん・三浦さんの調べでは、今のところ両名とも実在が確認できる存在ではなく、三浦さんは本図を漢方医の系統と見れば、円知は中国に渡り漢方医学を学んで日本に伝えた田代三喜《さんき》、藤原頼之は三喜の高弟・初代曲直瀬道三《まなせどうさん》に比定できるとしているが、いずれにしても詳細は不明とのことである。

注目すべきは、そして又新資料の史料価値を高め、人々の関心を呼んでいる最大のものは、系統図最後尾にある「安藤良中」とその師「阿字岡三泊」との記述であろう。尚、阿字岡三泊の右脇には「頼之十五世正統」「洛北堀河之住」といった注記が二行に亘って施され、また安藤良中の右には「二世羽州稲田」との注が施されている。

「頼之十五世正統」については、先述のように藤原頼之その人自体が未詳であり、今のところこれ以上の考察は難しいが、「洛北堀河之住」とは、阿字岡三泊が京都の堀川近辺に住んでいた旨を物語っている。

次に良中に付された注のうち「二世」とは、良中が三泊の直系であり直弟子であった旨を示していよう。尚、「羽州秈田」の「秈」の字であるが、諸橋轍次の『大漢和辞典』にも各種の異体字字典にも記載がなく判然としないとのことだが、鈴木さんはこれを「秋」の異体字であるとして「羽州秋田」と訓み、安藤良中の出身地・生国を示すものとして解しておられる。

さて肝心の安藤良中・阿字岡三泊であるが、安藤良中とは『自然真営道』『統道真伝』などに著者名として記されている確龍堂良中こと安藤良中のこと、阿字岡三泊とは当時の医学の主流、李朱医学とも後世方医学とも言われる運気論医学の重鎮の一人、味岡三伯であろうとして、鈴木さんは『日本史研究』の史料紹介論文でも次のように結論づけている。

「安藤良中」とは、『自然真営道』を著した安藤昌益のことと思われる。そして良中の師阿字岡三泊とは、江戸前期の後世家の医師、味岡三伯であろう。本資料は儒学の道統図であるが、当時は医師になるにもまず儒学の手ほどきを受けるのが一般的な時代であり昌益が若き日京都に上り、味岡三伯について儒学、そして医学を学んだであろうことを教えてくれる。

『儒道統之図』が岩手県立博物館にもたらされたのは九一年のこと。八戸藩士戸村家のご当主、盛岡在住の版画家・戸村茂樹さんから、八戸の旧家の土蔵を取り壊すに際して、小銭や衣装・日用品などと併せて約四〇〇点が郷土資料として寄託された由。当時、同博物館の学芸員だった鈴木さんが整理を担当され、行李に詰め込んだ古書籍・古文書類を一点一点調べていく過程で、九四年の後半に本資料に出会われたとのことである。

鈴木さんは思想史専攻ではないが、地元ということもあり、安藤昌益ならぬ安藤良中との記述にもかかわらず、八戸の旧家の古文書―安藤良中との連想で直ちに安藤昌益の名を思い浮かべ、本資料のもつ史料的価値に思わず興奮を覚えたと言う。

そして知人でもある安藤昌益基金事務局長・三浦さんの助言等も受けつつ、この間、真贋問題も含めて関連資料・周辺調査を慎重に行い、四年越しの裏付け調査の結果、ようやくのことこの春の『日本史研究』への論文掲載、この度の記者発表に至ったものだとのことである。

その意味で本資料の信憑性は極めて高く、史料的価値も極めて大きいと言えよう。昌益ないし昌益に近い人物が記述したとすれば常識的に考えにくい、自らの故郷を「羽州稗田（秋田）」と記したり、師の名を「阿字岡三泊（味岡三泊）」と記したり、といった表記上の問題や、いかなる経緯でこうしたものが戸村家に伝えられるようになったか、といった謎は残るにしても。

（『大館新報』一九九九・四・一六）

前半生に関する伝記的資料

では最後に、安藤昌益に関する新資料発見の持つ意味・意義といったものについて、若干触れてみたい。結論から言えば、とりあえず以下の八点ぐらいが挙げられよう。

①昌益に関する三番目の伝記的資料であること。
②これまで未発見だった前半生に関する資料であること。
③京都在住説が資料的に裏付けられたこと。
④昌益の医学上の師が特定されたこと。
⑤「良中」が法名ではなく医師としての名乗りである旨が確認されたこと。
⑥八戸での昌益の交際範囲が従来の説よりも広い可能性が出てきたこと。
⑦今後も昌益関連の資料が出てくる可能性を示唆していること。

今から一〇〇年前、狩野亨吉によって掘り起こされた安藤昌益は、狩野やその弟子・渡辺大濤を始めとして、八戸では高城駿、秋田では安藤和風といった人々によって、戦前からその実在を確認すべく、様々な調査が行われたが、生憎、確たる成果が得られないまま、暗い時代へと突入していった。

そうしたことから、昌益思想のあまりの革新性・現代性に、一時は安藤昌益とは実在の人物ではなく、天皇制ファシズムに批判的な現代人が歴史上の人物に仮託したものではないか、との説さえ生まれたという。

その後、戦後になって、八戸で南部藩の史料が売りに出されると、それを私財をはたいて買い取った郷土史家・上杉修の下に通い、解読を進めていた野田健次郎によって、一九五〇年、昌益が延享から宝暦にかけて八戸城下で町医者を営んでいた旨を示す資料が発見され、ここに安藤昌益の歴史的実在が初めて確認されると共に、その後、八戸資料と呼ばれることになる一連の資料発掘の引き金ともなった。

それからほぼ四半世紀を経た七四年、今度は大館で市史編さん事業の過程で、石垣忠吉によって「石碑銘」「掠職手記」といった昌益の晩年に関する資料が発見され、それに伴い墓や過去帳や位牌が確認されるに及んで、待望の安藤昌益の生没地が確認されるようになった。

そして更に四半世紀、このたびの盛岡での『儒道統之図』の発見ということで伝記的資料、しかも直接資料としては三番目に位置するものということができよう（因みに、間接資料としては八三年、尾崎まとみにより刊本『自然真営道』の読者・中岡一二斎が、九〇年には山崎庸男により昌益の謦咳に接した奥南部の医師・錦城といったものも報告されている）。

しかも今回の資料は、これまで見いだされた昌益関係の資料としては最も初期に属するもので、独創的な思想家として知られる後の安藤昌益からは想像もできないような、伝統思想に無批判どころか、どっぷり漬かったもので、鈴木さん・三浦さんも位置付けておられる通り「前半生」に相当するものである。

次に、本資料によって、昌益の京都在住ないし京都における医学修業が裏付けられた意義について考えてみたい。

戦前、伝記資料が皆無であった時代に、渡辺大濤によって唱えられたものに昌益全国オルグ説があるが、こうしたものは別としても京都ないし都市繁華の地に居住したことがあったか否かは、昌益研究、昌益思想形成過程を論ずる上での論争点の一つであった。

大別すると、寺尾五郎・安永寿延・西村俊一・萱沼紀子らが肯定論、野口武彦・三宅正彦が否定論に立っていたが、今回の資料発見で全面的にとは言わないまでも、ほぼこの問題についての決着が付けられたと言うことができよう。

尚、この間、寺尾五郎によって、晩年の昌益医学が生命尊重の立場から伝統医学の体系をコペルニクス的に転換したものである旨が明らかにされてきているが、一方、昌益医学のベースは当時の医学界にあっては、親試実験を旨として後の西洋医学導入に道を開いた革新派＝古方派ではなく、むしろ保守派＝伝統的な後世方派に属すると見られていたが、本資料によって師・味岡三伯が特定され、その点も資料的に裏付けられたということができよう。今後は、味岡三伯周辺の資料調査の中から、昌益＝良中関係の新資料が現れてくることを期待したい。

尚、記者会見の場でも話題になっていたことの一つに、「良中」という名乗りについての議論がある。今回の新資料発見の糸口ともなった「良中」については『自然真営道』等の執筆者としての他には、大館資料にある「石碑銘」「良中先生石碑銘写」の中の「良中」が報告されているだけで、この間、安永寿延によって禅僧としての名乗り＝法名説が唱えられ、裏付けのないままある程度流通してきているという事情にある。

ところが本資料では鈴木さんも述べておられるように、儒医の系統図の末尾に安藤良中として「良中」の名が配されている。しかも先述の間接資料、山崎庸男が掘り起こした奥南部の医師・錦城の手になる『医真天機』には、八気・互性の医論を説く医師が姓は不明のまま、「良中」氏ないし「良中」子として登場するのである。つまり、良中という名乗りは法名と見るよりも、医師としての名乗りと見たほうが妥当だと言えそうである。

尚、三浦さんの示唆によれば、これまで八戸での昌益の交際範囲は、お側医・神官・住職といった比較的社会の上層に属する人々との間に限られていたが、戸村家は八戸藩士といっても下級武士に属し、これまでとは違った交際範囲を想定する必要があるとのことであり、この面でも新資料は新たな課題を与えてくれたと言えよう。

最後に、既に述べてきたように、四半世紀に一度という遅々とした歩みながらも、昌益の伝記的資料が八戸の旧家から見いだされたということは、今後とも八戸・大館の旧家から同じような形で新資料が出てくる可能性を示唆している。

と同時に、九四年夏、稿本『自然真営道』の一部が京都の古本屋から大阪の古書展に売りに出されたことにも見られるように、昌益と京都との繋がりは、従来にも増して濃いものと見ることができよう。この方面からの新資料発見・新たな昌益像の構築の可能性も期待される。

以上、見てきたように、今回の新資料発見の報は、昌益研究の上でのいくつかの争点に決着を付けてくれただけでなく、今後の研究の新たな課題・可能性をも示唆してくれるものであった。

（『大館新報』一九九九・四・一七）

『良中子神醫天真』『良中先生自然真営道方』発掘記

やっとの思いの図書館詣で

それは、二〇〇一年一一月二二日の午後だった。私自身が労組の委員長・三六協定の労働者代表という立場にありながら、八月・一〇月と土日出勤も含めて労働基準法違反の月一〇〇時間もの超過勤務をこなし、たまさか取れた休日も蒲団に身体を横たえるだけで、余暇を楽しむどころか、組合活動にも昌益研究にも時間が割けない毎日が続いていた。

そんな仕事のピークをようやく乗り越え、久しぶりに有給休暇を使って東部全労協の秋の一日行動に参加した時のことである。

朝八時、国家的不当労働行為と一〇年越しの闘いを続けている国労闘争団の支援ビラを新小岩駅頭で配布したのを皮切りに、午前中は地域の争議組合を支援すべく各企業に申し入れ行動を行ない、昼はリストラされた人達がはじめたリストラン・元気交差点で昼食を取り、午後一番で国会前に移動した。

議員会館前では全労協や日本山妙法寺の人達が座り込みを行なっており、反リストラ・反小泉流構造改革、自衛隊の海外派兵反対・憲法を守れ！をスローガンに集会が持たれていた。私も職場状況の報告と報復戦争反対・平和の実現をマイクで訴えたが、夜の足立地区での平和問題学習会への移動までにはやや時間の余裕があった。そこで思いつき的ではあったが、前から気になっていた件で都立中央図書館に寄ってみることにした。

というのも前年三月、春分の日を利用して前から行きたいと思っていた岐阜の内藤記念くすり博物館を訪問した際、図書室が併設されているとのことで寄ってみたところ、年配の男の人が黙々と目録作りに励んでおられ、〇一年三月には目録が完成するとの話を伺っていたからである。その時は、昌益の処方のひとつ「安肝湯」の記載された浅田宗伯の『勿誤薬室方函《ふつごやくしつほうかん》』と『方函口訣《くけつ》』の序文をコピーさせてもらい、膨大な数の医学関係の和書・漢書が並ぶ書架をぐるりと見せていただいただけだが、この間、八戸から『儒道統之図』が発見され、味岡三伯との師弟関係が唱えられるなど、昌益医学に関する研究が進展してきており、目録が完成した暁には、何か手がかりが得られるかも知れないと思われた。

そのため〇一年四月、目録の完成した頃合いを見計らって博物館に電話で問い合わせると、目録は薬剤を収録したものも合わせて四万円になるという。値段を聞いて二の足を踏み、購入は断念して取り敢えずは公共図書館で現物に当たってみるしかないなと思い直した。

とは言え、業務の忙しさにかまけ延ばし延ばしにしていたもので、仕事のピークから解放された心の余裕も手伝って、思いがけず図書館に足を運ぶことを思いついたものである。

思いがけぬ出会い

有栖川宮記念公園の中にある都立中央図書館への道は、やわらかな日差しの下、樹々を彩る紅葉と散り敷いた落ち葉の匂いが晩秋を強く感じさせた。

図書館に入るとまっすぐに一階の一般参考書コーナーに向かい、各地の図書館・資料館の蔵書目録が並ぶ書架を探すと、個人文庫の棚の一番最後にくだんの目録、内藤記念くすり博物館編集・発行の『大同薬室文庫蔵書目録』があった。閲覧用の机に着くと、早速、昌益医学に関係したキーワードによって検索を開始した。

目録は二部に分かれており、一部が目録の中心をなす「大同薬室文庫目録」、二部が附録で「館蔵和漢古典籍目録」となっており、五十音引きで二度手間になったが、取り敢えず（田中）真斎・（奥南部）錦城・味岡三伯といった昌益ゆかりの医師の名前で検索を始めてみた。

すると、真斎では『真斎聚方』『真斎先生傷寒論』が、錦城では『錦城先生経験方』が、三伯では『三伯先生切紙』といったものが収蔵されていることがわかった。

次に「医真（天機）」「神医（天真論）」「進退（小録）」「（自然）精道門」といった昌益医学関係の医書のタイトルをキーにして探してみたが、あったのは『進退記』のみであった。

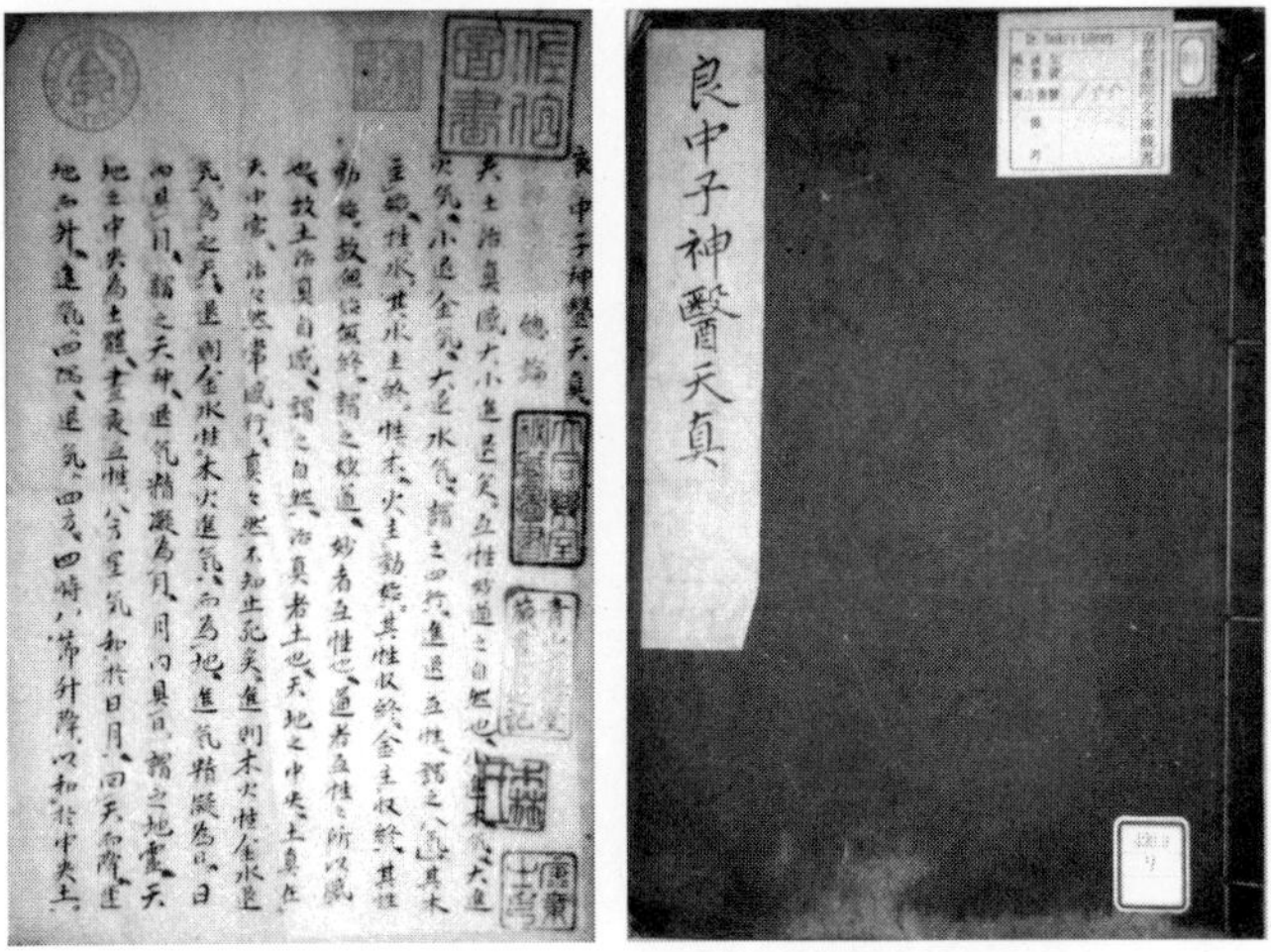

『良中子神醫天真』表紙・右　および第一丁・左

その他に何かあったかなあなどと思いつつ、人相巻や生死論巻のことを思い出し、人相・生死の語を当たってみたが、生死はなく、人相は『人相書』『人相伝』等々数冊があったが、それらしいものは見出せず、自然・統道・私制や柳子軒・確龍堂といった語で引いても何も見出せなかった。

　そうこうする内、まさかとは思いながらも良中で検索してみると、「大同薬室文庫目録」に一点、「館蔵和漢古典籍目録」に一点、何と二点もあるではないか。しかも単に良中とあるだけではない、前者のものは『良中子神醫天真』、後者のものは『良中先生自然真営道方』と、どちらも昌益との繋がりを窺わせるに十分な文言が付されているのである。

　ただ、「やった！」という新発見の喜びよりも、「おいおいマジかよ、ウソだろう。こんなことって本当にアリかよ」という戸惑いの方が勝っていたのが実感だった。

夜の集会への移動の時間も迫ってきたため、気になった書籍一〇点のタイトルと目録の番号を手帳に控え、広尾の駅へと向かった。

期待と不安

博物館の閉館時間が気になって駅から電話をかけてみるとギリギリでセーフ、学芸員の野尻さんという方が電話口で応対してくれた。

野尻さんのお話では、従来は複写式のコピーサービスを行なっていたが、複写式の場合、その都度コピーを撮るため資料が痛みやすいので、『蔵書目録』の完成を機に資料のデジタル画像化を進めているとのこと、デジタル化にあたっては利用者に一ページ当たり二五〇円、和本で裏写りを避けるために裏紙を当てて撮影する場合には、更に一ページ当たり五〇円を負担してもらうとのことだった。

『蔵書目録』の丁数は控えてこなかったが、確か『良中先生自然真営道方』が一五〇丁ぐらいだったかなあ、とおぼろげな記憶を辿り、それにしてもページ数にすればその二倍、それだけで約一〇万円か、大学か研究機関にでも籍をおいていれば研究費で落とせるだろうが、在野の身としてはそれも叶わず、いつも通り自腹を切るしかない、他ならぬ昌益研究のためとあれば仕方がないと思い定めた。

それにしてでもある、一点だけでも一〇万円となれば、昌益と関連があるともないとも分からない、しかもページ数も定かでない資料を、大金を投じて取り寄せ、調べるなどということはできっこない。ここは現地へ行って現物に当たるしかないな、と気持ちを切り替えた。

翌日からは三連休だが、幸い博物館は三日とも開館しているという。だが、あいにく既に三日とも予定が入っている。二三日は秋口の予定では、中江兆民生誕百年記念シンポに参加すべく高知へ行く予定だったが、蓄積疲労のために断念、その代わりに地元で「全泰壱さん焼身抗議三一周年、日韓働く者の連帯と交流の集い」に参加予定だし、二四日は私がチューターをやっている定例の昌益の原典講読の会、二五日は足立で合同労組の学習会が入っている。

どうやりくりするか悩んだが、翌週に延ばしたところで既に土・日とも予定が入っており、これだけの資料とあらば一日も早く見てみたいと、気持ちもはやる。その夜の平和問題学習会の席で二五日の学習会責任者にお会いし、欠席の了解が得られたので、二五日の日曜日に博物館へ行くことにした。

学習会・交流会も済んで家へ戻り、床についたがなかなか眠れなかった。期待と不安が交錯していたためである。「自然真営道方」「神医天真」とあるのだからまず間違いはあるまい、という思いと、いやいや待てよ、今までの経験からいっても、現物をこの目で見るまでは分ったもんじゃないぞといった不安がよぎる。何しろ『目録』の記述だけでは当てにならないということを二度までも実体験しているのだから。

良い方に転んだのは、農文協版『安藤昌益全集』を編纂している過程で刊本『自然真営道』北野本と『統道真伝』「糺佛失」龍谷本を見出した時（本書八二頁参照）であり、悪い方に転んだのは『直耕』第一九号でもご紹介した「幻の安藤昌益新資料――『易経集註』の著者をめぐって」の場合（本書一一七頁参照）であり、どちらも『目録』の記述と現物とが大きく違っていたのである。

そんな思いの中、その晩いやな夢を見た。わざわざくすり博物館にまで足を運んだのに、出てきた資料は昌益とはまったく縁もゆかりもないもので、「そうだよな、そんなに簡単に新資料が見つかるはずがないもんな」と、重い足取りで博物館を後にしたのである。

翌日、野尻さんにファックスを送り、二五日にお邪魔すること、事前に一〇点の資料を準備しておいてほしい旨をお願いした。

現物との出会い

くすり博物館は何しろ遠い。岐阜県羽島郡川島町、木曽川の中洲にある町で、エーザイ株式会社川島工場の敷地内にあるが、何と言っても交通の便が悪い。

普段であれば経費節約のため夜行バスで出かけるところだが、疲労も重なっているので新幹線を使うことにした。医学関係の資料ということで、参照用に『全集』の第一四巻・第一五巻をカバンに詰めて。

朝五時に家を出、一番の新幹線で名古屋へ、在来の東海道線に乗り換えて尾張一ノ宮、駅前で路線バスに乗って二〇分、バス停からさらに歩いて二五分、乗り継ぎが悪ければ一〇時に間に合うかどうかといった長旅である。

しかも近年はマイカーの影響で、路線バスは縮小に次ぐ縮小の上、本数も間引きされて少なく、不便なことこの上ない。案の定、目の前で出てしまったバスは三〇分に一本しかなく、加えて工事の影響で川島口のバス停は博物館からさらに遠くへ移動してしまっていた。端からついてない。バス停から道を尋ねながら歩いていくと、以前来た時の見覚えのある風景が広がった。気を取り直して、工場の周りに広がる樹々の紅葉を愛でながら晩秋の散歩を楽しんだ。

一〇時半、やっとの思いで合掌造りを模したと思われる外観の博物館に着き、受付で名前を告げると、三階の図書室へ行き、野尻さんを訪ねるよう、案内された。

図書室へ行くと、入り口左手の壁に向かって机がひとつ用意され、その上には先日ファックスでお願いしておいた一〇点の資料が既に取り出され一ヶ所に積まれていた。

野尻さんへの挨拶もそこそこに、資料を一瞥した。濃紺の帙《ちつ》に入った資料が八点、裸本のままのものが二点、一番上に厚さ一〇センチはあろうかという分厚い資料が目に付いた。この厚さ、この迫力からすると恐らくあの几帳面な真斎のものに間違いなかろうと、まずその分厚い資料から開いてみることにした。

帙を開けると案の定、見覚えのある真斎の手になる「眞斎聚方」との題字が目に付いた。そして中身も予想通り、『真斎方記』とまったく同じ体裁で、段落も区切りもタイトルもなく、様々な医書から引用した処方が始めから終わりまでびっしりと書き込まれていた。それが何と三三〇丁から三五〇丁、二度ほど数え直したが、あまりの多さに正確な丁数の確認はあきらめ、また昌益に関する記述があるかどうかの詳細な検討も時間の関係で断念、割愛した。

次はやっぱり気になる『良中先生自然真営道方』と『良中子神医天真』である。『神医天真』の方は、『全集』第一四巻に既に収録されているのに対し、『自然真営道方』は今まで聞いたことがない。

まずは『自然真営道方』からと、おそるおそる帙を開けると柿色の表紙で横長の小さな和綴じ本が出てきた。題箋はなく、表紙をめくると、「良中子薬方目録」とある。婦人門から始まり小児門・頭面門…と続くところから、昌益医学の体系に則っているとは思われるが、『蔵書目録』にあった「自然真営道方」の記述はどこにもない。どうして『目録』では『自然真営道方』と記載したのかな、といぶかしく思いつつ更にページをめくると、四丁目になって「良中先生自然真営道方　羽陽杉玄達猛恭撰」との文言があった。これで間違いない。

次は『良中子神医天真』である。帙を開けると縦長の和綴じ本としては標準サイズで茶褐色の表紙のものが出てきた。題箋には「良中子神醫天真」とあり、右手上には「京都産院文庫蔵書」と書かれた蔵書票が貼ってある。ページを繰ると、収蔵先があちこちと転々としたものと見え、七つもの朱色の蔵書印が押捺してある。第一丁にも同じく「良中子神醫天真」とあるが、著者名も筆写者の名もない。題名に続いて「総論」とあり、本文は「夫土活真感大小進退矣」に始まり、「互性妙道之自然也。小進木気、大進火気、小退金気、大退水気、謂之四行。進退互性謂之八気」と続き、「大序」の文体とは多少違うものの、紛うことなき昌益晩期の四行論の用語・論理で埋め尽くされている。

「何だこれは。『神医天真論』じゃないぞ」と思ってページをめくると、死生望色訣・呼吸察診・声音決診…と今まで見たこともないタイトル・章立てが続き、更に後ろの方の章には論列星卌二とか天地八運八気辨、土活真生死互性妙用といったものもあり、何とも興味をそそられる。ただ、転定とあるべきところはいずれも天地となっており、昌益ないし仙確といった昌益思想を直接説く人の手になるものとは思えない。それにしてもである、これは一大事、たいへんな新資料の発見ではないか！

時間をかけて細かく分析してみないと何とも言えないが、少なくとも「大序」で用語としては使われながらも、実態の不明だった晩期昌益の気行論・天体論を解く鍵になるかもしれないとの期待が高まった。その一方で、四行論の弁証法としては面白いかもしれないが、論理で押すばかりで、結果としては昌益のスコラ的な側面を補強することになってしまうかもしれない、やっかいな資料を拾い出してしまったのかな、との不安も胸をよぎった。

そんな複雑な思いに包まれながらも、新資料であることが確認できたので、とりあえず他の資料の検討に移ることにした。手っ取り早く、帙に入っていない『進退記』と『人面相論記』を手にとってみたが、前者は出処進退における礼儀を説いたもので昌益はおろか医学とも関係がなく、後者もよくある人相見用の通俗本で昌益の人相巻とは縁もゆかりもない代物だった。

続いて、『真斎先生傷寒論』『錦城先生経験方』『安藤先生黴瘡家言』『薬性論』に当たってみたが、いずれも真斎や錦城についての新たな情報を提供してくれるものでも、昌益の薬学に関係あるものでもなく、私にとっては意味のないものだった。

最後に『三伯先生切紙』に当たってみたが、京都での昌益の医学修業を示唆する新資料『儒道統之図』と味岡三伯について論じた三浦忠司さんの論文は持ってきたものの、対校すべき肝心の『切紙』そのものがなく、それ以上の検討は断念せざるを得なかった。

ここまで調べを進めていると昼になったが、近くに食堂とてない郊外の博物館、野尻さんの特別の計らいでエーザイの社員食堂で昼食を取らせてもらい、午後の作業に備えた。

昼は図書室も閉まってしまうため、休み時間を利用して館内で展覧していた特別展「はやり病の文化誌」を見て回った。

午後になって図書室に戻り、昌益関係の新資料の寸法を測ったり、必要事項を抜き書きしたりした後、『良中先生自然真営道方』と『良中子神醫天真』の画像化を申し込んで一ヵ月後の出来上がりを待つことになった。

二点の新資料について

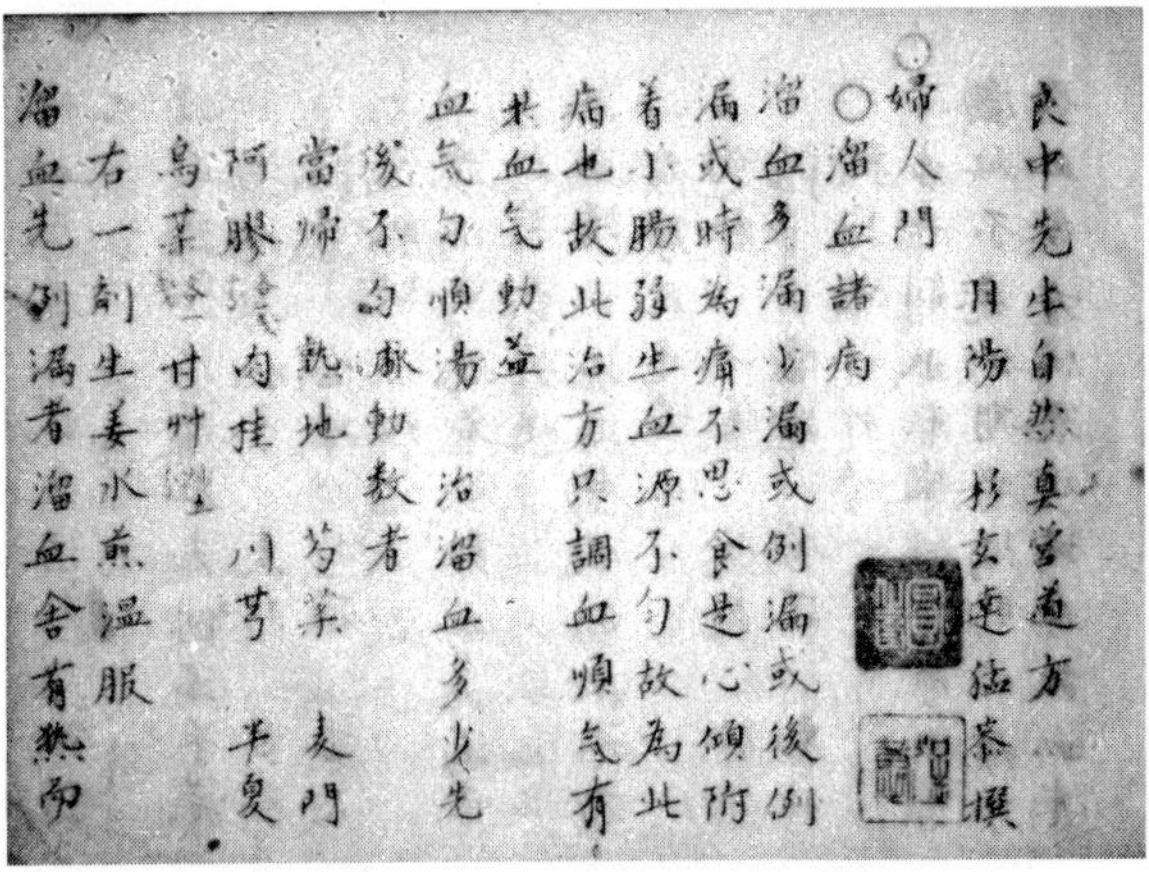

杉玄達撰『良中先生自然真営道方』第四丁

『良中先生自然真営道方』は先述のように、縦一三・〇センチ、横一九・五センチの横長の和綴じ本で、表紙はかえでの文様が浮き出た柿色の厚紙で題箋はない。第一丁に「良中子薬方目録」とあり、婦人門・小児門・頭面門…と昌益医学に基づいた分類で一丁を四段に区切り、自然真営道による処方の目次が並ぶ。

目次が終わった第四丁に先述のように「良中先生自然真営道方」との本来の題号が記され、採録者である「羽陽」（秋田県南部から山形県全域）の医師「杉玄達」なる人物が「猛恭して撰」じた旨が記載されている。

ただ、一八七丁に及ぶ本文には撰者の序文も跋文もいっさいなく、ひたすら昌益医学に基づく処方が実用書よろしく抜き書き筆写されているのみである。

筆写された処方は『真斎謾筆』のものとほぼ重なるが、量的には『謾筆』に比べて格段に少なく、撰者の関心が婦人門・小児門にあったものか、あるいは原本の量があまりに多いため途中で息切れしたものか、後半になると記述量が特段に少なくなる。

『良中子神醫天真』は先述のように、縦二六・三センチ、横一九・一センチの縦長の和綴じ本で、表紙は茶褐色、左上に白紙で題簽があり、黒の墨字で「良中子神醫天真」と書かれている。また、右上には「京都産院文庫蔵書」の蔵書票が貼られ、「Dr. Saiki's Library」「冊用番号一五五」とあり、また「備考」に四九枚とある。第一丁には「佐伯図書」「大同薬室秘蔵図書」「青山求精堂蔵書畫之記」「森氏」「康章之印」「内藤記念くすり博物館」の角印、「THE NAITO MUSEUM JAPAN」の丸印が朱色も鮮やかに押捺されている。

尚、先ほど「収蔵先があちこちと転々としたものと見え」と書いたが、「佐伯」は京都産院の佐伯文庫のこと、大同薬室・青山求精堂・康章はいずれも大同薬室文庫の所蔵者である中野康《こう》章《しょう》氏のこと、ということで、森氏以外は分明である。

本文はこれも先述のように、第一丁右端第一行に「良中子神醫天真」と題号が記され、総論に始まり、三四章、全体で四九丁となっている。本文は各丁ともほぼ二五字、一二行で綴られ、途中二ヶ所ほど図が入ったと見られる部分が白紙となっている他は、ほぼ全文、昌益晩期の四行八気論で、森羅万象を説いており、内容的には刊本『自然真営道』に最も近似していると見られる。

詳細な内容紹介・分析は後日に譲り、総論以下の章毎の題名のみ、次に記しておく。

死生望色訣
呼吸察診
声音決診
死生薬食好悪
汗占死生
肉脱死生
感気死生
善食而死、絶食而生
論列星卅二
三十星名義
八節萬物死生
天三十星地八節互性
天地八運八気辨
日月昼夜無出入長短論
閏月非自然論
大小月辨
日月真天地男女同一

日月運回斜過為触
知蝕時辨
四行四腑四臟
色味
八節八気行
八節気行病論
八味内傷病論
八情気病論
養胃論
寒慄及痛痒論
言魘
土活真生死互性妙用
厚薄清濁昇降軽重強弱論
臭気論
真活論
薬能毒論

以上である。尚、四九丁目の奥付とでも言うべき最終丁には「良中子神醫天真　終」の文字があり、一巻で完結した内容であることを覗わせている。

また、羽陽の医師・杉玄達、京都産院の佐伯文庫についてもまだ調べがついておらず、今後の研究課題としておきたい。

尚、末筆になってしまったが、内藤記念くすり博物館はエーザイ株式会社の創業者である内藤豊次氏が一九七一年に設立、『蔵書目録』は開館三〇周年記念出版として作成されたもので、『目録』を公刊してくださった館の方針並びにいろいろとお世話くださった学芸員の野尻佳与子さんに感謝したい。

（『直耕』第二四号、二〇〇二・一・一〇）

［補注］ 八重樫新治さんのご指摘によれば、『良中先生自然真営道方』第四丁にある「杉玄達猛恭撰」の字句を石渡は「猛恭して撰じた」と解しているが、筆録者・杉玄達の脇に押捺された印に「猛恭」とあり、「猛恭」は玄達の号と解すべきとのことですので、訂正させていただきます。

尚、この度、くすり博物館からのご連絡で、『良中子神醫天真』『良中先生自然真営道方』のデジタル画像を、同博物館のデジタルアーカイブのコーナーで一般公開してくださるとのことです。アドレスは以下のとおりですので、興味のある方はどうかご参照ください。

http://www.eisai.co.jp/museum/information/facility/archive/index.html

安藤昌益新資料の中間報告

——没後二四〇年に寄せて

二〇〇一年一一月、岐阜の内藤記念くすり博物館の蔵書中から筆者が見出した安藤昌益関係資料『良中子神医天真』及び『良中先生自然真営道方』については、同年一二月三一日付『デーリー東北』一面の紹介記事、並びに翌年二月一〇日付同紙学芸文化面での八重樫新治氏による内容紹介文でご記憶の方も多いかと思われるが、一年近くを経過していくつか判明した点が出てきたので、没後二四〇年の命日（一〇月一四日）の供養に合わせ中間報告をしておきたい。

新資料のうち、『自然真営道方』については昨年末の紹介記事でも触れられていたように、昌益医学の処方集であり内容的な新味は乏しいが、筆録者である羽陽の医師杉玄達の存在に興味を引かれ、『山形新聞』や山形県在住の日本医史学会会員の方々のお手を煩わせたが、生憎これまでのところ手掛かりらしきものは得られていない。

一方、新たに判明したこととしては、『神医天真』がくすり博物館に収蔵される以前の収蔵先であった佐伯文庫についてで、同文庫は京都に初めて産婆講習所を開設し近代看護の黎明期に多くの助産婦を養成した佐伯理一郎のもので、『神医天真』がどのような経緯で佐伯の元に渡ったのかは不明だが、昌益と京都の結びつきを窺わせるものとして興味深い。

さて、肝心の『神医天真』の中身についてであるが、筆者が忙しさにかまけてなかなか書き下し文作成に取り組めないでいたところ、幸いにも八重樫氏が全文を書き下してくださったため、その成果を使わせていただくという何とも虫のいい立場を承知の上で、以下、簡単に報告したい。

『神医天真』は八重樫氏の先の紹介文にもあるように、総論と天体気行論、病論という三本の柱で構成されており、病論については今後『真斎謾筆』その他の昌益医学関係文献との対校によって資料としての価値が判明すると思われるが、衝撃的だったのは「総論」の構成である。

総論は一目見て、晩年における昌益思想の最高の到達点とされる『自然真営道』大序巻に用語・内容とも似通っていることは明白だが、言葉遣いや構成がここまで酷似しているとは正直なところ予想もしていなかった。

具体的には、大序巻の第一段落から第四段落までと第一七段落から第二二段落までがほぼ重なり合うもので、これまで唯一の伝本とされてきた大序巻の異本とも言い得る貴重な内容であり、同巻成立の謎にまで肉薄しうる可能性さえ孕んでいると言える。

今後とも異本が出てくる可能性もあり、昌益研究はこれまでにも増して熱を帯びてこざるを得まい。


（『デーリー東北』二〇〇二・一〇・一二）

Ⅲ　先達・先行研究をめぐって

竹内好「インテリ論」と安藤昌益

先日、『安藤昌益研究会会報』の印刷をお願いしている大宮印刷を訪れたところ、大宮信一郎さんから、「雑文でいいから『登竜門』に何か書いて貰えないか」と言われ、ともかく書くことだけは了承していたが、その後彼の目論見にウカウカと乗せられ、竹内好の「インテリ論―安藤昌益の伝統について―」について書くはめになってしまった。

竹内に安藤昌益をぶつけるとなると、「雑文」ていどの「何か」ではチョット済まなくなる。やはり聊《いささ》かでも身構えてしまうのは、如何ともしがたい。が、逃げていてもどうなるものでもない、ともかく筆を執ることにした。

「インテリ論」を読むのは、これが二度目である。一度目は私が昌益に関わり始めて間もなく、昌益に言及したものなら何でもと、手当り次第に読んでいた頃のことである。「インテリ論」もそうしたものの一つとして読んだに過ぎないが、その時の印象は、「さすが竹内好だナ。昌益を論じてインテリ論を展開するとは」といったもので、昌益を舌耕家であるとか、三流の田舎学者であるといった評言が飛び交う中で、好感をもって読んだ数少ないものの一つであった。

しかし、先のような次第で今回読み返してみたところ、読み進むうちに漠然とではあるが、「アレッ、だいぶ違うナ」と思われる箇所にいくつか出くわしたので、以下そのあたりについて考えを廻らしてみたい。

継承すべき伝統――安藤昌益

竹内好のこの論文は、雑誌『展望』一九五一年一月号に掲載されたもので、有名なハーバート・ノーマンの『忘れられた思想家―安藤昌益のこと―』(岩波新書・上下巻)が公刊されて(一九五〇年一月)から、ほぼ一年後にあたるものである。

竹内はこの中で、一般論としてのインテリの中立性云々ではなく、具体的に渡辺慧の「第五階級論」をまず俎上に乗せている。ということで、「第五階級論」が賛否含めて当時のジャーナリズムを賑わしており、竹内がそれへの反撥・反撃の意味を込めて、この文章を著したということが考えられる。

しかし、後段の蔵原惟人・新しき村・生産文学の批判から、中国文学の成功へと論を進めていることからみると、本旨はそうした論争的なものと言うよりも、ノーマンによる昌益紹介にインパクトを受けた竹内が、常日頃抱えている課題の一つ、「学問の意味」について、「インテリの責任」について、自己の考えている所を展開したものと見た方が妥当であろう。

では、竹内はインテリをどう位置付け、どうあるべきと考えていたのであろうか。竹内によれば、インテリ（頭脳労働者）とは〝必然の悪〟であると言う。〝必然の悪〟とは何か。インテリは本来、「自身が直接の生産に携わるよりも、社会的生産力を高めうる可能性を有し」「より大きな幸福の実現のために」「労働の蓄積の過剰によって養われ」ている存在であって、「人類の進歩に必要だから、近代社会にとって欠くことのできない存在」という意味で〝必然〟であるが、一方「直接には何も生産しない」で、「労働の蓄積の過剰分に依存して、それだけ再生産行程に投げ込まれる分を減らせているから」、「なるべく少ない方がいい」という意味で〝悪〟であるとしている。

これを別の角度（民衆側）から見ると、「農夫が、自身の余暇を割いて（農具なり種子なりの改良を）研究する代りに、その時間をよけい働いて得た過剰生産物を研究機関に提供」しているのであり、「自分たちの生活をよりよくする為に」「自分たちの生活感情を代弁させる為に」「学問に支払い」「芸術家を養っている」ということになる。

従って養われる身としては、「技術（学問）が直接の生産者（大衆）の生活に有用かどうか」という「民衆の基盤に立った」問題意識を持たなければならず、又「養うべき非生産者が少いほど直接生産者（大衆）の負担は軽くなる」から、「職業の分化の必要にもとづくインテリの数……は少ない方がいい」わけである。

にもかかわらず、現実のインテリ、就中日本のインテリは、「日本の社会構造を反映して奇型化」しており、「インテリは頭脳労働者、あるいは技術人でなくて、一種の身分であり、前近代的な要素を多分に含む」「閉鎖的なギルドに分裂して」「そのモラルはヤクザ仁義である」とまで竹内は酷評している。そして更に、特権意識・官尊民卑・立身出世主義を挙げ、特に明治以降の後発資本主義の形成の中で、インテリが投機の対象として存在し、現在もますます増加傾向にあると、その病巣を抉り出している。

そうした上で竹内は、インテリ側の責任においてこうした現状の改革を訴えている。しかも改善の道は、新しき村・生産文学といったかつての失敗（インテリの自己否定・自己放棄）の道を辿るのではなく、つまりインテリが頭脳労働者としての機能を停止することなく、自己主張（身分・特権の維持・拡大）を放棄し、民衆の一員となることであり、その為には、「まず何をおいても、地道な正業を尊ぶ気風が肝要だ」とされている。そして、「インテリであることを止めず、なおかつ「生産という『基本的主題』に『くりかえし立ち返って』いった安藤昌益」の生き方が、継承すべき伝統として措定されるのである。私たち（竹内）なりの「ヴ・ナロード」の例として。

〝直耕〟による人間改造

しかし、ここまで竹内の論を追ってきて、ハタと困ってしまった。というのは、先程「だいぶ違うナ」と述べたが、実は「根本的に違うナ」ということになってしまったからである。

確かに昌益は、竹内の指摘するインテリの特徴・病状を同じように、いやむしろもっと鋭く抉り出している。二、三引用してみても、

《学問・書学ハ耕道ヲ盗ミテ不耕貪食ノ上ニ、衆人ノ敬ヲ受ケンタメ》

《文字ヲ作ルスラ自然ヲ失ル始メナリ。且ツ書ヲ綴リ文法ヲ貴リ、訣講セザレバ則チ其ノ理ノ知ラザル様ニ之ヲ作ル。》

といった具合である。しかし、竹内と昌益では立脚点が違うから、インテリへの向かい方も自ずと違ってくる。しかも竹内が安藤昌益の伝統の継承を訴える際の前提に、問題ありと言わざるを得ないのである。(「インテリ論」発表当時は、原典復刻資料も伝記的資料も殆どないという、昌益研究の到達レベルに規定されて、竹内の昌益理解は少なからず誤解に基いてもいる。)

竹内はインテリ論の冒頭で、ノーマンの文章を引用した後、「かれは生産を尊んだ。生産者のみが持つ健全なモラルを尊んだ。そして他人の生産に寄食するものを憎んだ。当時は農業社会であるから、生産者は農民である。(中略)安藤昌益が徹底した農本主義者にならざるを得なかった経緯は、ノーマン氏が詳しく分析している。要するにそれは、封建制の虚偽への鋭い洞察力が、歴史的制約の中で行き着かねばならなかった当然の帰結である。社会的条件がちがう今日では、そのままの形の農本主義は、必ずしも正しいとは言われない。むしろ誤りであろう。それにもかかわらず、かれの精神である直接の生産者へ『熱情』を通して結びつこうとする意欲は、今日で

も必要であり、むしろ今日こそ必要なのではなかろうか。それこそ学問（文化）の出発点であり、絶えざる回帰点であ（る）」と記している。つまり、安藤昌益の伝統を措定する際、その歴史的条件、制約ゆえの「農本主義」という枠組みを外した上で、その精神・意欲の継承を訴えているのである。

しかし果してそうだろうか。昌益の「農本」とは、農業社会という歴史的条件に制約された中で、行きつかなければならなかった当然の帰結なのであろうか。確かに昌益は、徹底した唯農主義である。又それが、封建制の虚偽への鋭い洞察力に基くものであったことも頷くことができよう。例えば、当時の封建社会、その象徴とでも言うべき四民の身分制度を分析して次の様に言っている。

≪四民ハ士・農・工・商ナリ。是レ聖人ノ大罪・大失ナリ。士ハ武士ナリ。君ノ下ニ武士ヲ立テ、衆人直耕ノ穀産ヲ貪リ、若《も》シ強気ニシテ異輩ニ及ブ者之レ有ル則《とき》ハ、此ノ武士ノ大勢ヲ以テ捕リ拉《ひしが》ン為ニ之ヲ制ス。亦《また》聖人ノ令命ニ背キ党ヲ為シ敵ト為ル者ニハ、此ノ武士ヲ以テ之ヲ責メ伐タンガ為ニ兼用《かねもち》フルナリ。……農ハ直耕・直織・安食・安衣、無欲・無乱ニシテ自然ノ転子（天子）ナリ。……工ハ工匠・諸器ノ作業ノ者ナリ。之ヲ立ル聖人、美家・城郭ノ為、諸器自由ノ為、美服・美食・華栄ノ為、軍用ノ為、皆己レヲ利センガ為兼用フルナリ。……商ハ諸売買ノ輩ナリ。……金ヲ以テ諸物ヲ易代シ、己レガ欲スル所ニ足ス。故ニ上下万人金ヲ得ル則ハ、身望・寛楽成シ易シ。故ニ一命ニ易ヘテ金ヲ惜シム世ト為ル。≫

とし、とりわけ武士については本質的に民衆収奪・抑圧の為の暴力装置であると喝破している。

そして、これら四民の分析を総括して、

≪転下（天下）ニ君臣・工匠・商家ノ三民無クシテ耕家ノ一家スラ行ハルル則ハ、転下ノ人倫微《すこし》モ患フルコト無シ。若《も》シ士・工・商ノ三民日ニ盛ンニ月々ニ多華ト為ルト雖モ耕家無キ則ハ、三民忽《たちま》チ滅却シ、……此ノ耕道ハ転道（天道）ナリ。≫

と、当時の封建制度を徹底的に批判し尽したが、それは単なる封建制批判者という立場からのものではなく、全ゆる階級社会廃絶論者の、いわば農民共産主義者の立場からのものである。

≪彼《カシコ》ニ富メルモ無ク、此《ここ》ニ貧シキモ無ク、此ニ上モ無ク、彼ニ下モ無ク、上無レバ下ヲ責取ル奢欲モ無ク、下無レバ上ニ諂《へつら》ヒ巧ムコトモ無シ、故ニ恨《うら》ミ争フコト無シ。≫

≪直耕ノ営業ハ無欲・無上・無下・無尊・無賤・無富・無貧・無聖・無愚・無益・無利・無貪・無知・無説・無争・無乱・無寛・無楽・無苦・無色・無軍・無戦・無事・安平ノ世ナリ。≫

という〝自然世〟（理想社会）を想定し、過去に於て実在した自然世が、聖人の出現を契機として土地の私有に始まる階級社会に変質し、封建日本の現在があると昌益は看ていた。そして現状を変革し、再び自然世を招来する為、「私法盗乱ノ世ニ在《あり》ナガラ自然活真ノ世ニ契《かな》フ論」と呼ばれる過渡期綱領を提起している。『契《かな》フ論』の特徴は〝邑政〟と名付ける農民自治と、全ての階級が「ミナ相応ニ耕スベシ」という皆労＝皆農の提唱であろう。

とりわけ後者は、昌益思想の中心概念の一つである〝直耕〟による人間改造であり、又支配の廃絶へ向けての土台作り、搾取の廃絶の実現形態である。直耕とは〃テヅカラタガヤス〃とも訓まれるように、一義的には直接的な農耕労働を指しているが、一方それと表裏の関係で「転下一般ニ直耕ノ一業ニシテ別業ナシ」に見られるように、代行・分業を認めないという、昌益の基本的立場を表わした語でもある。（本来的には昌益の自然観・世界観との関連をもつ語であるが、ここではそれを省略する。）

では何故、昌益はそれ程まで頑なに〃直耕〃（農）にこだわったのであろうか。ノーマンが、竹内が言うように、当時の農業社会という歴史的条件に制約された為だろうか。

因みに竹内は後段で、「私は明日の米がなくなれば、おちおち原稿用紙に向かっていられない。これは価値観の問題でなくて、事実問題である。」と述べているが、竹内が事実問題であるとしていることをこそ、安藤昌益は価値観の根本に据え、そこを拠点として独自の思想を構築したのである。

《食ハ人・物与《とも》ニ其ノ親ニシテ道ノ太本ナリ。……人唯《ただ》、食ノ為ニ人ト成ルマデナリ。……世界ハ一食道ノミ。》

《人ハ食セザル則ハ必ズ死ス、耕シテ安食スルノ外、道無シ。》

つまり、昌益の「農本」は、〃食う〃という万物の生存にとって不可欠の要件を基礎として生み出されたものであり、直耕が単に直接的農業労働に止まるものではなく、昌益の自然観・世界観と不則不離の関係にあるという先の指摘が、この点からも窺えよう。

しかも昌益から観れば、

《工ハ……無益ノ家貢《かざ》リ、器物ヲ作リ船ヲ作リ万国ニ渡リ、珍物ノ通用自由ニ似テ、甚シキ転下ノ費《ついえ》ハ大乱ノ謀《なかだち》ナリ。》

《商ハ……天下通用ノ為ニトシテ之ヲ立ツルナリ。通用ノ自由ヲ得ル故ニ、其ノ下ニ利倍ノ謀計ヲ生ジ、王侯ニ諂謀シ、士・農・工ヲ誑《たぶらか》シ、同商互ニ利倍ヲ争ヒ、本心ヲ亡却シテ、妄利・欲害ノ者ナリ。》

《悉《ことごと》ク自由足ル中ニ是ノ如キノ災ヒ有り。》

と、いずれも「転下ノ通用ノ自由ニ似テ」人類の進歩・発展であるかの如く見えながら、本質的には「聖人己レヲ利センガ為兼用スル」ものであり、支配者の利益に奉仕しているに過ぎない。

〝自然・活真ノ世〟を招来すべく大館へ

昌益の生きた時代（元禄・享保・宝暦期）は、確かに現在のように高度に発達した産業社会とは背景も歴史的条件も違うことは一目瞭然であろう。しかし、現代とて「食う」ことを抜きに人間がその生を維持しえない以上、昌益の唯農・唯直耕主義とでも言うべき「枠組み」は依然として有効性を持ち得るのではないだろうか。

最後に、昌益が自身のインテリ性をどう把え、どう生きたかについて触れ、この小論の締め括りとしたい。

昌益の晩年は、その生年と共に長い間不明とされ、一時はその実在さえも疑われていた訳であるが、一九七四年（竹内の「インテリ論」から二〇年の後）、秋田県大館市から昌益の墓及び晩年の行動を記す文書類が発見された。

それによれば死の五年程前、宝暦七年頃、昌益は長年町医として又多くの門弟をかかえた独創的かつ革命的な思想家として過ごしてきた八戸の町を去り、昌益の生地と目される大館・二井田の里に移り住む。家督を継ぐ為に。

そして昌益は、「自然について、直耕＝農業労働について、階級社会について、神仏イデオロギーの虚妄について」直接農民達に訴えていく、自身も一人の農民として。その結果「五年の間に、家毎の日待・月待・幣白・神事・祭礼等も一切不信心にして相止め、その他庚申待・伊勢講・愛宕講杯《など》も相止め」村中・郷中に不信心が広がっていき、そのため神官、僧侶の生活が成り立たなくなってしまったということである。

昌益は自己のインテリ性を身をもって否定し、自らを農民の中に置いた。そして農民の一人として、思考する農民として自己の思想を訴え、それが村中・郷中に広がったのである。〝直耕〟による世直しという大長征の最初の一歩として。

昌益は、竹内が指摘するような形で「自身のインテリ的一面を正当化」しなかった。初期段階に於ける昌益思想を表わすものとして、又唯一の公刊本として知られる刊本『自然真営道』「自

序」冒頭は、

≪嘆、養ヒ難キハ小人ノ学者ナリ≫

という言葉で書き起こされ、その後「忘命ヲ省ミズ」「真営道ノ書ヲ綴ルコト数十歳」、一〇〇巻余に及ぶ著作の中で昌益がくり返し説いたのは、既成の一切の学問の寄食性・虚妄性であり、インテリに対する〝自己否定・自己解体への誘い〟だったのではないだろうか。そしてそれと対照的に、自然の基範性・自然内存在としての人間が、又そこから導き出される万人平等論・男女対等論・直耕＝直接生産労働等が称揚されるのである。

昌益の絶筆と言われ、又昌益思想の最高到達点と目されている稿本『自然真営道』「大序」で、自身の「主張からすれば非生産的な閑事と見られる文筆活動に長く従っている」ことの矛盾を、昌益は次のように解きほぐし、又解決している。

≪字ヲ用ヒテ真営道ヲ書クハ、字ヲ採ルニ非《あら》ズ。古書ノ妄失ヲ破テ、真営道ヲ見《あら》ハサンガ為ナリ。凡《すべ》テ字書ハ転真（天真）ノ妙道ヲ盗マンガ為私作スルナレバ、転下（天下）ノ大怨ナレドモ、久シク用ヒ馴レテ、世人神ノ如ク之ヲ貴ブ、……故ニ失リノ字ヲ以テ失リノ字書ヲ糺《ただ》ス。……失リノ字ヲ以テ一切ノ古書ノ失リヲ破棄シテ後ハ、字ハ無用ナリ。……然ルニ……失リノ字ヲ以テ失リノ書ヲ破テ、字ヲ捨テザル者ハ、一生ノ迷ヲ去ルコト能《あた》ハズ。≫

つまり昌益は、旧来の書籍・学問が全て体制イデオロギーとして民衆の上に君臨している中で、真実を、自然にかなった生き方・世の中の有り様を『自然真営道』として著し、公けにしていくことを肯定しながらも、その延長線上にインテリでありつづけることを肯定した訳ではなかった。竹内の言葉を借りれば、「失リノ字ヲ以テ古書ノ失リヲ破棄スル」ことは〝必然の悪〟であるが、「破棄シテ後ハ無用」であり「自身のインテリ的一面を正当化」していない。

「安藤昌益の伝統」を、私たちが現在どう受けとめ、受け継いで行くべきか、私にはまだ解答と言えるものはない。しかし、昌益はまぎれもなく、『自然真営道』という大著執筆後、直耕を通じて〝自然・活真ノ世〟を招来すべく、大館へ旅出ったのである。

（『登竜門』第六号、一九八一・五・六）

ハーバート＝ノーマンの復活
――アメリカにおける日本史学の見直し

空白の意味するもの

一九九二年は安藤昌益の没後二三〇年、九三年は生誕二九〇年に当たるため、ゆかりの地を中心に記念行事や記念出版が相次いでいる。九二年九月には中国山東省の山東大学で、続いて一〇月には昌益が町医者をしていたといわれる青森県八戸市で、九三年三月末から四月初めにかけてはアメリカの「アジア学会」年次総会並びにコーネル大学でと、中・日・米の三ヶ国で連続して安藤昌益をテーマとするシンポジウムが開かれた。

特に英語圏における日本研究の総本山とも言えるアメリカでは、シンポジウムを機に、安藤昌益と共に昌益の名を人口に膾炙せしめたといわれる『忘れられた思想家――安藤昌益のこと』の著者、ハーバート＝ノーマンの復活と、それに伴う日本史学の見直しが進められてきていると言う。

そのあたりの事情の一端が、九三年五月二七日付『朝日新聞』夕刊、学芸欄に掲載された

「『昌益』に米学会が注目—可能性秘めた独特の自然・言語観」と題する、シンポジウムへの日本側参加者の一人・安永寿延和光大学教授による報告に窺えるので、目にされた方も多いかと思われるが、今一度引いておきたい。

安永は、「アメリカでは長いあいだ安藤昌益は無視されつづけてきた。アメリカにおける日本への関心の広がりにもかかわらず、その知的環境のなかで昌益はタブー視されてきたきらいがあった」として、その原因を『忘れられた思想家—安藤昌益のこと』（一九五〇年・岩波新書）の著者であるE・H・ノーマンが「冷戦体制の渦中に巻き込まれ、七年後（『忘れられた思想家』の発行から—筆者註）みずから命を断つ。冷戦イデオロギーに呪縛《じゅばく》された北米の知性にはノーマンは疎ましい存在であり、やがてノーマンその人が忘れられた思想家とな」ってしまった経緯に求めている。

そのため「北米では昌益は忘れられることさえなく、研究リストのなかにも存在しなかった」と言う。

そうした複雑な事情をもつノーマン—昌益研究にもかかわらず、「穏健なアジア学会の会長」であり、「シカゴ大学教授」のテツオ=ナジタ氏は、「今年ロスアンジェルスにおいて開催されたアジア学会年次総会での、三月二十六日夕べの『近代と近代化についての個人的ノート』と題する会長講演」で、「冷戦体制の総括や日米安保条約の終焉《しゅうえん》にまで言及」しつつ、「八戸の昌益フェスティバルに詳細に触れながら、八戸の講演よりもっと昌益の思想に立ち入り、近代と近代化を区別したノーマンにならって近代化とは、つねに生成の不完全な状態にある近代が、ポテンシャルな現在をふくみながらみずからを変革していく過程と規定し、さらにまた広大な領域のアジアは、これまでのアカデミーの知識とは合致しない、信じがたいほど豊かで複合的なマルチ文化的『空間』であることに注意を喚起し、日本学の方法とアジア観の大胆な転換を要請」したという。

そして安永は自らの報告を「まだ日の浅いアメリカの昌益研究は、しかし、これまでのアメリカの日本学と日本研究の流れを変えるかもしれない」と、結んでいる。

安永は、このアメリカでの昌益シンポジウムを念頭に置きつつ、『思想』第八〇九号（九一年一一月号）巻頭「思想の言葉」の中で、アメリカの日本史学における昌益―ノーマン問題をやや詳しく述べているので、多少長くなるが、引用してみたい。

「さきごろ欧米諸国における日本思想史研究の実情を知るために、国際基督教大学助教授M・W・スティール（Steele）によって作成された〝Select Bibliography〟（季刊『日本思想史』第三一号、一九八八年・二月刊）に目を通してみた。欧米といっても実質的にはほとんどアメリカに集中しているが、このリストによって一つの事実が『発見』された。

そこには、この二〇年近くのあいだのさまざまな日本研究の軌跡をたどることができるが、なぜか安藤昌益に関する研究は単行本はおろか、一篇の論文さえも見出すことが出来なかったということである。……

ここから一つの謎が生まれる。アメリカないしは英語圏におけるこのながい空白はいかにして生じたのか、またこの空白はなにを意味しているのか、ということである。

一つには、いわゆる赤狩りのマッカーシズムによって死に追いやられたノーマンとのかかわり。カナダ政府のたびたびの抗議にもかかわらず、この外国の外交官を意図的にコミュニストに仕立てた経緯には依然として謎が秘められているが、彼がエジプト大使であった一九五七年、ついにみずからその命を断った。ここから、ノーマンと結びついた昌益研究が敬遠された、という仮説。

いま一つは、ノーマンの死没以後、すなわち五〇年代末期以降のアメリカにおいて、のちの駐日大使となったハーバード大学教授のライシャワー氏を中心とする日本研究の方向性が大きくシフトするとともに、ノーマンもまた無視されていったという、事実」と。

ノーマンの生涯と昌益「抹殺」の経緯

では次に、こうしたアメリカの日本史学界におけるノーマン―昌益「抹殺」に至る経緯を、ノーマンの生涯とともに簡単に振り返ってみたい。

エジャートン=ハーバート=ノーマンは、カナダ合同教会牧師・ダニエル=ノーマン、キャサリン=ヒールの次男として一九〇九年九月一日、長野県軽井沢町に生まれた。

(厳格なピューリタンであり、農村伝導に一生を捧げた父・ダニエル=ノーマンの生き方がハーバート＝ノーマンの思想形成に大きな影響を与えたと思われるが、本稿では割愛したい。）

幼少年期を日本で過ごした後、トロント大学ヴィクトリア・カレッジでギリシャ・ラテン文学を、ケンブリッジ大学トリニティ・カレッジでヨーロッパ中世史を専攻し、一年間の高校での教員生活を経た後、ハーバード大学燕京研究所で日本史・中国史を研究した。

トロント・ケンブリッジ両大学時代は、折しも世界恐慌の時代であり、父母の地・日本が世界中の非難を浴びながら中国侵略を本格化、「満州国」をでっちあげる一方、ドイツではヒットラーが政権を握り、ファシズムとそれに抗する労働者・学生を中心としたコミットメントの時代であった。

こうした嵐の時代のなかで「本の虫」ハーバートも社会意識に目覚め、社会主義者のグループに接近したことが、後にノーマン＝共産主義者＝ソ連のスパイ説の根拠とされた。

三九年、カナダ外務省に入省。翌年、駐日公使館語学官として来日。その年、ニューヨークの太平洋問題調査会より処女作『日本における近代国家の成立―明治時代の政治経済問題』を出版、四三年『日本における兵士と農民―日本徴兵制度の諸起源』を出版した。

前者はファシズム化しつつある日本社会の矛盾をその淵源―日本における近代国家の成立期にまで遡って整序しようと試みたもので、類書が少なかったため、英語圏で書かれた初の日本近代史・社会構成史研究として江湖に迎えられただけでなく、総合的古典としてこれまでにイタリア語やタイ語にも翻訳されてきている。

後者は明治維新政府が抱えた矛盾を兵制の問題に絞って分析したもので、日本におけるファシズムの勝利を眼の当りにして、日本の近代化への評価は前にも増して厳しくなっている。四五年九月、日本占領軍最高司令部・対敵情報部調査分析課長として来日。敗戦で旧体制が崩壊したにもかかわらず依然として獄に繋がれていた徳田球一・志賀義雄を府中刑務所に訪ねたり、近衛文磨や木戸幸一らの戦争責任に関する意見書・超国家主義団体に関する覚書を提出したりと、戦後日本の「上からの」民主化に奔走するとともに、公務の傍ら『忘れられた思想家—安藤昌益のこと』を日本亜細亜協会から英文で、岩波新書として日本語版で刊行、敗戦に打ちひしがれていた日本人に日本の人民的伝統の継承を訴え、「下からの」民主化=本来の意味での民主的な日本国家の建設を呼び掛けた。

しかし、時代は暗転する。

第二次世界大戦後の世界の覇権をめぐってソ連と対抗関係にあったアメリカは、冷戦最中の四九年に中華人民共和国が成立、五〇年に朝鮮戦争が勃発すると、「北京政府はソ連の植民地政府」「スラブ人による大規模な満州国の出現」といった規定のもと、東アジア地域における〝封じ込め〟政策を進めていく。

そして五〇年二月九日、共和党のジョセフ=マッカーシー上院議員が「国務省には二〇五人もの共産党員がいる」として上院国内小委員会を舞台に、同じくリチャード=ニクソン下院議員が下院非米活動委員会を舞台に、様々な分野での諜報活動を開始する。〝マッカーシズム=赤狩り〟

の開始である。

九二年に封切られたアメリカ映画『真実の瞬間』を御覧になった方は、印象も新たにご記憶のことと思われるが、政界・マスコミ界は言うに及ばず、学界からハリウッドまでアメリカ社会のあらゆる所で、狂気の摘発が相次いだ。ノーマンは二重の意味で嫌疑をかけられた。進歩的な歴史学者であり、日本生まれのカナダ人＝ノンアメリカン（非米）であるとして。

五〇年一一月、ＦＢＩの摘発を受けて本国に召還されたノーマンは、カナダ国家警察の治安審査を受けたが結果はシロ。再び公務に復帰し、外務省アメリカ・極東部長、国連カナダ代表代理を勤め、サンフランシスコ対日講和会議にはカナダ代表団首席随員として出席したが、この間にもアメリカでは再びノーマン非難が続出、太平洋問題調査会は〝赤の巣窟〟として解体を余儀なくされていった。

五三年からのニュージーランド駐在大使を経て、五六年からはエジプト駐在大使兼レバノン駐在公使として折からの〝スエズ紛争〟の解決に奔走、ナセルの信頼を得て各国間の調停のために心身ともに疲労困憊の極にあった折りも折りの三月一二日、アメリカ上院国内小委員会では再びノーマン非難が巻き起こった。

四月四日朝、重圧に押し潰されたかのように、ノーマンはカイロにあるワディ＝エル＝ニル＝ビルの屋上から身を躍らせ、非業の死を遂げた。マッカーシズムの最も痛ましい犠牲者の一人として。

ノーマンの亡骸《なきがら》はその後ローマの非カトリック墓地に葬られ、訃報は全世界を駆け巡った。日本でも五月七日に、神田の学士会館で関係者による追悼集会が持たれ、『世界』七月号を始めとして、追悼文が各誌・紙の紙面を飾った。

そして没後二〇年を記念して、『思想』七七年四月号では「ハーバート・ノーマン特集」が組まれ、七七年から七八年にかけて岩波書店からは『ハーバート・ノーマン全集』全四巻が刊行された。さらに、没後三〇年の八七年には、ゆかりの地・長野市で「ハーバート・ノルマン没後三〇年記念展　忘れられた人々・カナダからの宣教師たち」が開かれ、国立市立中央図書館では八七年に〝ハーバート・ノーマンの本〟展が、翌八八年には「今ハーバート・ノーマンをよむ」講演と展示会が催されるなど、節目節目にノーマン再評価の動きが積み重ねられてきた。

そして八九年一月からは、在米のノンフィクション作家・工藤美代子により『世界』誌上に「ハーバート・ノーマンの生涯」が連載され（九一年八月に岩波書店から『悲劇の外交官』として単行本化）、九〇年五月には、先の国立市立中央図書館での講演者の一人でもあった中野利子（故・中野好夫の娘）により、リブロポートのシリーズ・民間日本学者の一冊として『H・ノーマン』が刊行され、ノーマンの見直しに拍車がかかった。尤も、これらは主として外交官・ノーマンの評伝であり、歴史家・ノーマンへの言及は少ないが……。

では、世界における日本研究のセンターの一つ、マッカーシズムによりノーマンその人の生命そのものを抹殺し、その後のノーマン史学の深化・発展の可能性をも奪ってしまった、当のアメリカではどうであったろうか。

七五年、パンテオン・ブックス社〝アジア叢書〟の一冊として『日本における近代国家の成立』と『日本政治の封建的背景』を『ハーバート・ノーマン選集』として刊行、アメリカにおけるノーマン再評価の推進役を果たしてきたウィスコンシン大学準教授・ジョン＝ダワーの同書解説によれば、「五〇年代初め、ノーマンの仕事はアメリカの後継者によってうやうやしく棚上げされ、六〇年代には、『日本における近代国家の成立』さえも教室で無視され、図書館や書誌学的俗見に追いやられた。こうして最近の基礎的な教科書、一九六四年に出版された、フェアバンク、ライシャワー、クレイグによる『東アジア：近代の変容』においては、ノーマンはその参考書にさえ含まれていないのである」とのことであり、また、六一年にアメリカを訪れた丸山真男によれば、「ノーマンの研究はもう時代遅れ、というか、もうノーマンの時代ではない、という空気が、東部のどの大学の極東研究者にも一般的」であったと言う。

ところが六八年の「アジア研究協会」年次総会ではハリー＝ハルトゥニアン、バーナード＝シルバーマン、K＝ヤマムラ、D＝アボッシュにより、「学者としてのE・H・ノーマンの業績に捧げる」特別集会が開かれてノーマン再評価の口火が切られ、七五年には先述の『ノーマン選集』が出版され、本格的な再評価へ向けて論争が開始される。

この間の事情を、七五年にアメリカを再訪した丸山真男は、「ノーマン再評価の動きが、中堅・若手の研究者の間に出ていることが分かったのです。むろんこれにはジョン・タワー氏が編集したノーマン選集がペーパーバックで出版されたことが大きなはずみになっているのでしょう……文学関係の日系三世の教授なども面白がって読んでいました」と、伝えている。

ノーマン復活と日本史学の見直し

では、何がノーマンを「忘れ―抹殺」させ、何がノーマンを「復活―再評価」させてきたのであろうか。一つには「時代性―ノーマンを巡る人々の思惑―の問題」であり、一つには「思想性―ノーマン史学それ自体が持つ立場性―の問題」であったろう。

ノーマンが亡くなって三年後の一九六〇年夏、戦後日本の民衆運動が見せた最大の高揚―安保闘争は、にもかかわらず、日米安保条約の〝自然成立〟によって敗北を余儀なくされてしまった。反対運動に様々な形で関わったであろう日本の歴史学者たちは、その敗北の総括もつかぬまま、追討ちをかけるかのようにアメリカ側から提起された、あらたな挑戦の前に晒されていた。それは、「箱根会議」と通称される予備会議を皮切りに、六一年から五ヶ年計画で行なわれた日本の〝近代化〟に関する連続ゼミナール―「近代日本研究会議」による、〝近代化〟理論という名の攻勢であった。

「箱根会議」にはアメリカ側から、ジョン=ホール、マリウス=ジャンセン、エドウィン=ライシャワー、R=ドーア等、また日本側からは、大内力、大来佐武郎、加藤周一、高坂正顕、遠山茂樹、丸山真男等、各々一四名ずつが出席、ジョン＝ホールが議長を務めた。

日本側出席者からは、問題設定の仕方・方法論・運営のあり様・資金の出所等についての疑問が提示され、その後、反対論や黙殺といった形での対応を生んでいったが、一方翌年にはライシャワーが駐日大使として赴任、活発な言論活動を繰り広げていく中で、川島武宣・清水幾太郎といった〝近代化〟輪への同調者を生み出していった。

では〝近代化〟論―「箱根会議」の問題点について、以下、簡単に見てみたい。

〝近代化〟論とは和田春樹によれば、アメリカのロシア・ソヴィエト研究と第二次世界大戦後の冷戦の展開・封じ込め政策との関連の中で生み出されてきた概念とのことで、西欧の〝近代化〟とりわけ〝工業化〟を世界史の発展モデルに据え、社会主義圏の拡大・民族解放闘争の進展という世界情勢の下で、発展途上国の〝近代化〟を非社会主義的にいかに進めるかという、アメリカの対外政策・世界戦略と分かち難く結び付いている。

「箱根会議」と、それに続く五年に亙る日本の〝近代化〟を巡る連続セミナーも、まさにそうしたものとして設定されていた。

そもそも「近代日本研究会議」自体が、マッカーシズムの標的とされ解体を余儀なくされた「太平洋問題調査会」なきあとの五八年、フォード財団の強力な財政的援助のもと、さきのジョン＝ホールを議長に「アジア研究協会」の特別事業計画として組織されたもので、目標は「日本研究に関する新しい考え・新しい接近方法の可能性を開発する」ことに置かれていた。

何故ならば、日本は非西欧世界における非社会主義的な〝近代化〟に成功した唯一の国であり、「箱根会議」に出席したアメリカ側の少なくない参加者が米政府の海外援助計画に携わる人々であったことからも、また「箱根会議」がフォード財団の資金援助によって運営されていたことからも、そのことが窺えよう。

〝近代化〟の「科学的」「客観的」な指標とは、

(一)都市への人口の比較的高度の集中と、社会全体の都市的傾向の増大。

(二)無生物エネルギーの比較的高度の使用、商品の広汎な流通、及びサービス機関の発達。

(三)社会の成員の広汎な横断的接触、経済・政治問題への彼らの参与の拡大。

(四)環境に対する個人の非宗教的態度の拡大と科学的志向の増大。それに伴って進む読み書き能力の普及。

(五)外延的・内包的に発達したマスコミのネットワーク。

(六)政府・流通機構・生産機構のごとき大規模な社会諸施設の存在と、これら施設が次第に官僚制的に組織化されていく傾向。

(七)大きな人口集団が次第に単一の統制(国家)のもとに統合され、このような単位間の相互作用(国際関係)が次第に増大する。

と、されている。

いかにも没価値的・客観的なように見えながら、その実極めてイデオロギッシュであることは、マリウス＝ジャンセンの次の言葉からも想像されよう。

「……大切なのは人々が読むことであって、何を読むかではない。大衆社会の一般化された機能に参加することであって、自由な個人としてもそうするかどうかではない。また、物が生産されることであって、何が生産されるかではない。銃を作ることは自動車を作ることと同様に、強制収容所を組織することは自由を教える学校を組織することと同様に、全く近代的である」と。

こうした〝近代化〟論による「新しい接近方法」によって、ノーマンの歴史学は「マルクス主義による接近方法」であるとされ、「ノーマンの比較的・イデオロギー的構成による研究方法への反対、ノーマンが普遍化した階級的動機の概念への反対……ノーマンに代表されるマルクス主義への反対」の立場からする日本史の体系的な書き換えが、六〇年代初頭に進められた。

ノーマンは、肉体だけでなく、その精神をも抹殺されたのである。

ところが、時代は廻る。

〝近代化〟論の立場から「箱根会議」に基調報告者の一人として出席、『報告書』をまとめるまでしたジャンセンは、その後の六八年、岩波書店より発行された『日本における近代化の問題』所収の論文「『近代化』論と東アジア」の中で、「思えば、あれは平穏な日々であった。というのも近年になって、実はあの『近代化』の傘は冷戦のために作られた知的キノコ雲にほかならなかったことが、発見されるにいたったからである」と、述懐しているからである。

何とも無邪気・無責任な発言とも言えるが、当事者の自己批判による発言だけに、その語るところの意味は大きいと言えよう。

六八年といえば、「アジア研究協会」年次総会でノーマン史学再評価の特別集会が開かれたことは先にも触れたが、この年はひとりノーマンのみならず、アメリカにおける日本史学にとっても、大きな転回点になる年であった。

折しも、前年の北爆―アメリカによるヴェトナムへの更なる介入を受けて民族解放戦線側はテト攻勢に転じ、ヴェトナム情勢は最後の煮詰りを見せていた。パリでは労働者・学生がゼネストに突入、日本でも全国学園闘争から佐藤訪ヴェト・訪米阻止闘争を経て七〇年安保闘争へ向けた闘いが高揚を迎え、〝異議申し立て〟が世界を席捲していた。

こうした中、「アジア研究協会」年次総会ではノーマン復権の特別集会が開かれたばかりではなく、五〇〇名のアジア研究者を結集して〝憂慮するアジア研究者委員会〟が発足、

(一) ヴェトナムへの戦争加担の拒否、

(二) 国民と国家を破滅に導く政府の拒否、

(三) 米国のヴェトナムからの一方的撤退の要求、

(四) 徴兵拒否者の支持

を声明するとともに、政治決議では、

(一) 中国の承認・国連加盟の推進

(二) 日米安保の継続・日本の再軍備化反対

等々を打ち出し、更にはアメリカにおけるアジア研究への反省の中から、研究者の意識・研究方法・研究資金の問題等、自らの研究体質そのものを問い直していくことになった。

こうしたアジア研究—日本近代史研究の転回の象徴とでも言うべきものが、この間の〝近代化〟論の最大の推進者であり、「アジア研究協会」会長でもあるジョン＝ホールによる講演「百周年についての考察」であろう。百周年とは一八六八年から数えて百年、日本でも広範な反対論を押して政府の肝入りで明治百年祭が執り行われた、明治維新革命百周年のことである。

ホールはこの中で、日本の〝近代化〟を非西欧世界における非社会主義的な〝近代化〟のモデルとして設定することの困難さに触れながら、〝近代化＝工業化〟の陰の部分としての貧困—物質的貧困のみならず精神的貧困をも含めた—や公害問題にも言及、自由や民主主義といった「開放社会の建設」という点からすれば、日本の百年は「合衆国のそれよりも振幅が大きく、またより苦痛に充ちた過程」であったと指摘し、かつて「箱根会議」の席で丸山真男や遠山茂樹といった人々が提出した問題に取り組み始め、「日本の左翼やアメリカのニューレフト」の問題提起にも「検証の機会」を与えるべきであると述べるまでになったのである。

「学者としてのE・H・ノーマンの諸業績に捧げる」特別集会が開かれ、アメリカにおけるノーマン復活の口火が切られたのは、まさにこうしたアジア学—日本史学の見直しと軌を一にした文脈においてであった。

ライシャワーの近代化論

以上、『思想』七七年四月号「ハーバート・ノーマン特集」所載の論稿を中心に、ノーマン史学の「抹殺―復活」にかかわる「時代性の問題」を、大まかにスケッチしてみた。

そこで以下では、ジョン=ホールと共に「箱根会議」に参加、翌年以降は駐日大使としてホール以上に日本社会に影響を与えた、"近代化"論のもう一方の旗手・エドウィン=O=ライシャワーとの比較を通して、ノーマン史学の「抹殺―復活」にかかわる「思想性の問題」について考えてみたい。

尚、ライシャワーの著書としては、とりあえず筆者の手元にある『ライシャワーの日本史』(国弘正雄訳・一九八六年、文芸春秋社刊)を参照した。

ノーマンの著書は先にも触れたように、自らの誕生の地であり、研究の対象であり、外交官として現代史を生きていたノーマンにとって避けては通れない課題としての日本―ファシズムが台頭し、勝利し、敗北していった日本―の近代史及びその前史を主として扱ったものであり、ここでもその点にのみ限って検討してみたい。

ライシャワーの江戸時代の規定は、次のようである。

「江戸幕府のめざした政治的安定はみごとに達成された。十七世紀の中頃から十九世紀中頃までは、国内的にも対外的にも完全な平和が保たれた。これは、同時代のほかのいかなる大国でもみられなかったことである。外国との戦争や革命もなければ、暴動もクーデターも、徳川家の支配を脅かすほどのことは何も起こらなかった。民衆は世間の掟や慣習に従って、平和に暮すことに慣れていった。……世界のどこをさがしても、日本ほどすべての人間がそれぞれの階層にふさわしい行儀作法を厳密に守っている国はなかった。……農民と武士の間に厳格な階級的区別がつけられたため農民たちの村は、かつてないほど自治的な性格を帯びるようになった。……村の内部のことはかなり農民たちの自由裁量に任されていたのである。……支配階級がほとんどいないに等しい田舎に、安定した秩序ある社会をもたらした」（第七章・後期封建社会の変容）と。

こうした江戸時代観からは当然のように、社会の矛盾＝内在的な社会発展の力によって社会の変革がもたらされるとの観点は出てこず、専ら外的な圧力＝世界政治の力学によってしか明治維新は達成されなかったという、没主体的・非「科学的」な記述しか出てこない。

ライシャワーは言う、

「十九世紀中頃の江戸幕府には、かつての二つの幕府の命取りとなったような、差し迫った内部崩壊の兆はなかった。建前と実際の差がますます開いていき、経済、社会、学問の現状が政治体制にあわなくなれば、結局は大幅な世直しか革命的大変動が起こるはずなのである。しかし十九世紀半ばになっても、そういった兆候は表面には表われてこなかった。だが、新たな脅威が起こりつつあった。……やがて、内部的に弱体化していた幕府の体制は崩壊し新しい日本の誕生のための地ならしが行なわれることになるのだが、その起動力になったのが、この外国の圧力なのであった」(同)と。

したがって維新革命は、激動もそれを遂行した諸勢力も殆ど登場しない、平板な「移行」に過ぎなくなる。

「一八六三年、日本は二百二十五年におよぶ太平を破るはじめての実戦を経験することになった。……だが全般的にみれば、薩摩、長州、その他の藩の連合が、天皇の身柄を大義名分として擁し、驚くほど容易にまたほんのわずかな流血で政権を掌握したのである。

ほんの一握りの断固とした反対派の挑戦によって、まことにあっけなく、かつあとかたもなく、崩れ落ちてしまったのである。……諸藩のほとんど、そして国民の大多数は、傍観者の立場にとどまった」(第八章・近代国家への移行)と。

その結果、維新政権の性格付けも、その後の国家建設のもたらした諸矛盾も、更に言えばその必然的結果としての侵略戦争に至る道程もが、歴史的分析とはほど遠い内的連関のない個々の事象の羅列と楽天的な賛美とに終ってしまっている。

「政権を握ってたかだか十年のあいだに、新政権は早くも徳川家による古ぼけた政治社会体制を一新、絶対的支配を確立した。……固定した税金と徴兵制とは最初農民には不評で、あちこちで地方一揆が散発した。……十九世紀半ばまでは基本的に封建社会臭を残していた日本だが、二十世紀初頭になると、イギリスよりはるかに平等主義の社会へと変化していた。……明治初期の日本の、近代国家への移行は他に例のない成功譚として、ひじょうにユニークな存在であった。欧米列強の圧力で変革を迫られた日本ではあったが、他の非西欧諸国にはない利点ももち合わせていた。革命の必然性が国内に存在していたという点がこれである。

近代化途上にある他の国々の場合は、共和制とか民主主義とか、あるいはもっと最近になると社会主義や共産主義などのように、なんのことかよく理解もされないような外国のイデオロギーを正当化の手段としてもってこなければならなかった。それに比べ日本はむかしながらの王政を復活させることで、十分にその必要をみたしえたのである」（第九章・立憲政治と帝国）

「軍国主義ならびに独裁政治への移行のプロセスは日本の場合、イタリアやドイツが歩んだ道とはまったく異なるものであった。

日本にはカリスマ的な指導者もいなければ、歴然たるファシストやナチス的な思想も存在しなかった。そういう指導者を仰ぐ大衆政党もなければ、力による反対派への弾圧もないといってよかった。日本の変革は、あくまでも一八八九年に発布された大日本帝国憲法の範囲内で……それが一九三〇年代の終わり頃には、……国の主導権はいつしか軍部の手に移っていき、日本は多くの面でイタリアやドイツと同様に、全体主義に向かって着々と歩みを進めていた」（第一一章・軍国主義の台頭）と。

一方ハーバート＝ノーマンによれば、江戸時代とは、

「人間社会を厳格な階層的身分制度の型の中に凍結しようとする歴史上最も意識的な企ての一つを示している。あらゆる社会階級、それからさらに細分されるすべての階層には、いずれも衣服のはしから儀礼、行動の細部にまでおよぶそれぞれ独特の規定があって、これらは刑罰の苦痛をかけて厳重に守られねばならなかった。刑法は封建的基準から見てさえ極めて過酷であって、武士に対すると庶民に対するとでは差別があった。

徳川政府は、考えられるあらゆる方法をもってこのような差別、つまり、階級の他階級に対する相対的優越を強調したのである。……密偵制度が極めて大規模に組織された……政治家は農業について深く考慮したが、農業生産者についてては考慮しなかった……その生活条件は豊年においても悲惨そのものであったが、凶年には言語に絶する動物的状態におちいった。」（『日本における近代国家の成立』第二章・明治維新の背景）という、強権的支配に支えられた身分性社会＝「一系列の将軍制」「世襲的軍事独裁制」であるとされる。

そして、明治維新革命をもたらしたものも、ライシャワーの〝外圧主力説〟とは逆に、「日本が封建経済の束縛を比較的容易に打破しえた理由の少なくとも一部分は（一）封建社会の内部的危機、（二）西欧列強の圧力、という二つの過程が偶然に結びついたことにある。財政破綻と一揆とに追い詰められた幕府は、いまや外部からの侵略の脅威に直面することになった。……西洋の通商と日本の封建機構との衝突は、後者を倒壊するに必要な最後の一押しであった。別の言葉で言えばそれは封建日本から近代的資本主義日本への社会的変質を早めた触媒

剤であった」(同)

として、あくまで日本社会内部の矛盾=社会発展の必然的な結果によるものだ、と言う。

維新を推進した諸勢力については、

「幕末期には一揆は風土病のようにひろがり、これが封建制度の支配力を弱め、したがって討幕政治運動の勝利を大いに可能にしたといっていい。……商人階級は多額の献金をおこなって旧政権を打倒する政治闘争を心から支持した。しかし……この闘争における商人階級の役割は従属的なものにとどまった。

幕府は武士階級の支持に依存したから、武士道を称揚し武士を他の一切の階級よりも優遇するためにあらゆる努力を払ったが、武士の立場があきらかに変則的なものになり、窮乏した領主が減俸をおこなうようになったため、武士のあいだに精神的動揺を生じ忠誠心は弱まり、浪人が続出した。浪人の多くは都市に居住して西洋の語学や科学を学び、こうして日本開国の知的先駆となったのであるが、反面大多数の浪人は、一歩ごとに影のようにつきまとう幕府への憎悪にあふれ、維新の激烈な闘士となっていった。……幕府はこのように諸侯を弱体化し分裂させるため手段を選ばなかったが、それでもなお薩摩の島津氏、長州の毛利氏、肥前の鍋島氏など西南の有力な外様大名を恐れる理由は十分にあった。……討幕政治運動はついに宮廷貴族である公卿の一部をもそのうちにまき込むようになった。……

こうして武士、大名、浪人、商人、農民など様々の階層……これら異種雑多の大衆は、数世紀にわたるうす闇のうちからふたたび輝き出した天皇の磁力によって結合され、ぐらつきはじめた幕府政権の打倒のために勢力を結集した」(同)と、それぞれの役割が、その歴史的位置付けをも含めて描出される。

しかも「序論」で、「明治日本は現代(一九四〇年―筆者註)日本のうちに多分にあとをとどめているばかりか、むしろ盛んな勢いをすら示している」と記し、維新革命政権のその後―近代国家の成立から帝国主義的膨張・ファシズム化に至る―を眼の当りにしているノーマンにとって、新政権をどのように分析・評価し位置付けるかは、ライシャワーなどとは違って、決定的に重要な問題であった。

ノーマンは言う、

「幕府の転覆は、薩摩・長州・土佐・肥前の下級武士および浪人と少数の公卿を指導者とし、京・大阪の豪商を後楯とする反徳川諸勢力の結集によって達成された。この画期的変革の指導権は、当時の政治的代弁者である上級武士および封建領主にしだいにとってかわりつつあった下級武士の手に握られた。ここにおいて維新は、単に狭義の政治的意味における、幕府から中央集権的宮廷への政権の移行を意味するばかりでなく、政治の重心の上士から下士への移行を意味する。……完全な国民的独立を達成し外国による侵入の脅威を永久に回避しようとして、人びとは社会的・政治的変革をはなはだしく犠牲にしながら、軍事問題に全力を注がざるをえなかった。徳川社会の歴史的遺産は、民主的・人民革命的過程による下からの変革を許さず、かえって専制的に上からの変革を行なわしめた。……負担は、政府の歳入に関するかぎり、農村社会の肩にかかり、さらに農民の犠牲において資本の蓄積と集中とが遂行された。それゆえに、政府は全国をおおっていた反封建意識のテンポを抑えるほかはなかった」（第三章・明治維新）と。

つまりノーマンは、維新革命を担った諸潮流のうちから下士が主導権を握ったことで維新政府がまぎれもなく反封建的・近代的な革命政権であると指摘する一方で、歴史的制約の下とは言え、新政権が明らかに非民主的・反人民的な性格をもった「ネヘーミア」であるとして、更に分析のメスを加える。

「徳川封建制の上からの打倒は、人民、とくに農民および都市貧民が下からの行動によって反封建運動を展開する叛乱の企てを制止することを可能にした。……政府は封建制度の打倒に引きつづき必要な政治改革を実行し、工業化の端緒を開き、近代陸軍を創設したのである。この陸軍の役割は、まず第一に西洋諸国の侵入を防ぐ防塁となることであり、第二に旧制度復活の企てに対抗する最終防衛線となることであったが、それはわけても、当時端緒的な民主主義的傾向を強力に拡げ実行しそうな勢いにあった、あらたにめざめた戦闘的自由主義精神を防止することであった。……かれらは（少数の例外はあったが）、自由主義をあらわす一切のものに対して敵対感情を燃やしていた」（第一章・序論）と。

ただ、『日本における近代国家の成立』執筆当時は、「日本におけるファシズムの完全な勝利を防止するうえに官僚が重要な意義を持っていることもまた考慮すべき問題であろう。極端なファシスト分子は聳動的な政権掌握の前夜にあるわけでもなく、国家機関ないし実際政治を完全に支配するにいたっていない」（同）として維新革命政権の指導者に対して、

「時は切迫しており資源は乏しかったのに、しかもその指導者たちがあれだけの業績を成しとげたということは、かれらが民主主義的・自由主義的改革を完全に遂行しおおせなかったことを責める前に、まず驚嘆すべきことであった」（第二章・明治維新の背景）「この変革は武士官僚の卓抜な指導の下に遂行された……賢明にも外国による征服の途よりも国内再建（中略）の途を取ったのである……征韓問題をめぐる危機に際しての大久保、岩倉、木戸らの政治的経綸は国民の最高の讃辞に値するものである」（第三章・明治維新）と、現在の私達から見れば、いささか過大とも思えるほどの肯定的な評価をしていた。

ところが、ファシズムが勝利を納め日米戦争を目前にした一九四一年に第一稿が執筆された『日本における兵士と農民』では、維新政権の本質規定が徴兵制の問題を借りながら、次のように深化されてきている。

「徴兵制採用の真の動機は、部分的には、欧米に対する恐怖心から説明されるが、より重要なのは、この国において発展しつつあったところの、そして後に日本を支配する軍事官僚によって撃退せられたところの、反封建的・民主的革命勢力の増大に対する反革命側の恐怖心である」（原著者のあとがき）と。

そして更には、維新政権によって推し進められた「富国強兵」政策が、日本の民衆とアジア諸

国民衆のうえにもたらした災禍に筆を進め、

「一たび明治政府の指導者が日本の社会・経済の民主化への道を塞し、その方向を国内的には反動・対外的には侵略に向かってゆく道に釘づけにしてしまうと……過去半世紀、日本の軍事機構は日本人民の肩や精神に大きな苦痛を負わせて来たが、その隣邦諸国民への脅威は更に恐るべきものであった……日本人は封建制度打倒の運命的瞬間に、みずからの自由を確保することができなかった」（第一八章・日本軍国主義：アジア諸国民への脅威）

として、日本ファシズムの淵源が、ライシャワーの言うような「いつしか」などではなく、まさに維新革命における諸勢力間の攻防とその後の国家建設の路線の中にあったことを看て取っている。

これ以上の引用は不要であろう。

両者の違いは、『ライシャワーの日本史』が通史なるが故に分析・描写が粗く、一方ノーマンの著作は日本近代史を対象にした個別時代史なるが故に分析・描写が精緻であるといったところにあるのではなく、その依って立つ基盤＝立脚点、その歴史観、その思想性の違いにこそあったのであり、それこそが五〇年代から六〇年代にかけて、ライシャワーやホールが〝近代化〟論の名の下にノーマン史学を「忘れさせ―抹殺」しなければならなかった当の理由にほかならないのである。

ノーマン史学の基本的モチーフ

では、六八年以降、アメリカでノーマン史学が復活し日本史学の見直しが進んできたということは、何を物語るのであろうか。

それが先に見た「時代性の問題」にのみ還元されるとするならば、『思想』「ハーバート・ノーマン特集」が編まれて一〇余年、「社会主義」圏の相次ぐ崩壊を経る中で、ノーマン史学の評価が再び暗転したとしても不思議はなかろう。

だが冒頭でも触れたように、さる三月から四月にかけて行なわれた、アジア学会年次総会並びに「安藤昌益と戦後の日本研究」シンポジウムでは、最も早い時期からノーマンに着目してきたテツオ=ナジタが、安藤昌益と共にノーマンの方法論の復権を訴えたという。アジア学会会長という要職にあるものとして。

とすればそれは、ノーマン史学が「時代性の問題」を超えて読み返され―読み継がれるべき「総合的古典」として定着しつつあるということであり、一度はそれ故に「忘れ―抹殺」させられたところの「思想性の問題」が再評価されて来たと見てさしつかえないであろう。

では、ノーマン史学の魅力とは何か。

一般にはノーマンの著作を特徴づけるものとしては、ヨーロッパの古典的教養と深い学殖に裏付けられたインターナショナルな観点、時に難解とも映る歴史的事象への両義的・多面的な観察、本文に匹敵するほどの量と質をもった厖大な註と資料の引用、歴史のダイナミズムを体現する英雄や政治的指導者への関心とそれ以上の比重での「無名の者への愛着」等々が挙げられよう。

だが、ノーマン史学の最も魅力的な点と言えば―こうした諸特徴を然らしめているのも又この点にこそかかっているのだが―歴史を単に既にあったものとして羅列するのではなく、これから在りうるものとの関連において―つまりは自らのコミットメントの対象として分析し、統合し、綴って見せているところの「主体的」な営為にこそあるのではないだろうか。

ノーマンが、今もカナダの地に存命だと聞く妻・アイリーンに語ったと言われる次の言葉が、そのことを端的に示してはいないだろうか。

「ただ歴史を書くより、歴史を作るのを助ける仕事をしたい」と。

ノーマンにとって歴史の記述とは、外交官としての仕事同様、状況と如何に切り結ぶかという観点抜きには成立しえない行為であり、だからこそ行きつ戻りつ時には判断を保留しながらも、うねるような文体で対象に切り込んでいくその衝迫力―緊張感が、人々の胸を撃つのである。

それは、主題の選択についても言えよう。

先にも触れたように、一九四〇年には、ファシズム化しつつある日本社会の矛盾をそのスタートラインである明治維新にまで遡って分析を試みた『日本における近代国家の成立』を著わし、四三年には、維新革命における諸潮流の攻防の結果としての徴兵制の問題を『日本における兵士と農民』として取り上げるといったように、その時々で最も重要な課題について分析のメスを入れているのである。

特に後者では、

「日本の新しい産業家たちは、かれらの若い産業や銀行のために市場と投資の場所を気忙しく探しはじめ、軍国主義者はみずから率先して市場や植民地を求めてアジア大陸に押し入っていった。このような侵略的突進にあたって、みずからは徴兵軍隊に召集されて不自由な主体（エイジェント）である一般日本人は、みずから意識せずして他国民に奴隷の足枷を打付ける代行人（エイジェント）となった。

他人を奴隷化するために純粋に自由な人間を使用することは不可能である。反対に最も残忍で無恥な奴隷は、他人の最も無慈悲且つ有力な略奪者となる」（第一七章・日本の徴兵制度：反動と侵略との前兆）

として、短い文章の中に、近代日本民衆の悲劇を余す所なく描き切っている。

そして、日本軍国主義の敗北を見透かしたかのように

「日本軍事機構の決定的・全面的敗北……によって初めてアジアは、日本侵略の不断の悪夢から最終的に解き放たれるであろう。この偉大な解放の所業は同時に、日本人自身の背から大きな重荷を取り去るであろう。日本人は封建制度倒壊の運命的瞬間に、みずからの自由を確保することができなかった。

民主的諸国民の力が日本軍を破り得るまでは、アジアを日本の征服から解放するという第一義

的任務を成就するまでは、そして、日本人が今日まで余りにも誤導され且つ微力であったために援助なしには達成し得なかったかの自主と自由とをかれら自身が手に入れるまでは、その時までは、彼らの解放の時期は延期されねばならぬであろう」（第一八章・日本軍国主義―アジア諸国民への脅威）

という、戦後の民主化へ向けた熱いメッセージで同書を締め括っている。

そして先にも見たように、四五年九月に里帰りしたノーマンは、GHQの一員として「上からの」民主化に奔走する傍ら、戦後日本への「最大の贈り物」として『忘れられた思想家―安藤昌益のこと』を綴ったのである。「封建制度倒壊の運命的瞬間に、みずからの自由を確保することができ」ず、敗戦に打ちひしがれた日本民衆が、今度こそ自らの手で「下からの」＝真の民主化に立ち上がることが出来るように、との思いを込めて。

ノーマンは言う、「日本にはこれまで独創的な思想家が出なかった」という通説に対して、「私は数百年の封建時代が日本にはあったのであるから、その間に専制権力と抑圧に対する反抗を擁護するような思想があったことを示す強い感銘を与える証拠が何かありはしなかったか」（第一章・序説）ということを証明するために、安藤昌益を取り上げたのだ、と。

ノーマンによれば、安藤昌益とは「明治以前の日本の思想家のなかで、封建支配を完膚なきまでに攻撃した唯一の人」であり、「徳川時代の日本社会を客観的かつ批判約に観察し、それを解体しつつある体制と見たただ一人の社会政治思想家」であった。

「専制と抑圧の断固たる敵として、曲学阿世の御用学者が売りものにする封建制度の因習的擁護を憎んだ人であるとともに、半面では、幾百千万の無告の同胞を代表する熱烈な代弁者」であり、「肉体労働・生産労働に対する、また社会のすべての個人の権利と尊厳に対する正しい尊敬を教えた日本における最初の意識的教導者」であり、「何よりも、昌益は、平和を愛し、平和を求める人であった。したがって武力を否定する正しい意味での文明人 civilized man であった」（第七章・影響と比較）と言う。

安藤昌益という題材を得て、戦後日本の民主化という活動の場を得て、前二著の記述に比べノーマンの筆致は躍動している。

『忘れられた思想家』の最終章では、昌益を借りて自らの人生観・学問観、言わば哲学を語っている。「最後に、私は、昌益を純朴な田舎医者と考えたい。神山仙確もいっているが、昌益は謙抑でありながら冷淡でなく、憤らず阿ねらず、親切ではあるが馬鹿ていねいではなく、友を重んじて世上の野心なく、挙止括淡で人生観は楽天的、書物の学問よりも生きた現実に多くを学ぶという鋭いけれども温い眼をもって自然と同胞をながめ、それから学びまた教えることのできた人であった」と。

ここには、図らずも遺著となってしまった、歴史の女神・クリオに寄せて綴った歴史随想集『クリオの顔』に見られる人間への暖かい眼差し、歴史は人間が作るものとのノーマン史学の基本的モチーフが溢れている。

＊

ジョン＝ダワーの編集した『ハーバート＝ノーマン選集』には、『日本における兵士と農民』も『忘れられた思想家』も『クリオの顔』も含まれていない。アメリカにおける『ノーマン全集』の速やかな刊行とより豊かなノーマン像の結実を祈って、拙い紹介文の筆を擱きたい。

（『子午線』第七号、一九九三・一〇）

昌益不在の『昌益全集』

――校倉書房版『安藤昌益全集』発刊に寄せて

はじめに

『安藤昌益全集』第一巻が、昌益研究の〝第一人者〟を自称する三宅正彦氏の校訂により、校倉書房から刊行された。

『安藤昌益全集』は、編集委員の一人である山田忠雄氏も指摘されている通り、戦後何度か企画されてはその都度潰れた、いわくつきの全集である。今回の校倉書房の企画にしても、一九七三年秋に雑誌『歴史学研究』他に刊行予告記事が掲載されてから、既に八年が経過しており、その間、諸々の事情で、途中で企画を降りた方も何人かおられるとのことである。

昌益研究を志し、その継承発展を願う者の一人としては、まずは御同慶の至りと言うべきが本来であろう。が、昌益はこと全集に関しては、つくづくツイテイナイ人のようである。『全集』第一巻を通して、これまで知られていなかった昌益思想の一端が窺えるようになり、ゴツゴツとした手触りながらも巨きな像が浮かび上がってくるものと期待していたが、事実は全く逆で、衣装（装丁）のりっぱさとは裏腹に、まさに満身創痍の体である。現物を手にし、一通り読み終えた今、率直に言って「忘れられた思想家」昌益に、又その身の不幸に同情を禁じざるを得ない。

三宅正彦氏と私たち研究会とでは、安藤昌益に取り組む姿勢、研究態度、研究方法が違っており、したがって昌益思想の解釈の上でズレや違いが出てくるのはある意味で当然であり、又、昌益及び彼の思想自体が、そうした角度の違った様々なアプローチを可能にするものを持っていることも事実であるが、そうした立場の違いを超えて（あるいは立場の違い以前に）、今回の『昌益全集』には、企画そのものに疑問を挾まざるを得ないのである。〝本〟という、形に現れた結果を通して見る限り……。

六月半ば入手しえた「内容見本」（同書一〇六ページ相当分）に、若干の書き下しミスと覚しき個所が散見された為、ある程度は予想されたことではあったが、読み進むうちに、あまりのミスの多さ、内容のひどさに我れと我が目を疑い、驚きあきれ、果ては怒りさえ覚えた程である。一冊一八〇〇〇円という、およそ昌益にふさわしからざる値段をおして購入した者としては、「誰を相手に、何の為に行なわれた出版なのだろうか」と校倉書房に、全集刊行会、就中「第一巻」校訂担当者たる三宅正彦氏に、率直にお聞きしたい気持である。

氏自身、従来の思想研究・全集・シリーズの企画の多くが、「研究史無視、基礎調査無視、本格的な資料分析ぬきで、思いつきだけを並べた解説が本文にくっつくことになる」と批判しておられるようだが、私たちとしては、この言葉をそっくりそのまま三宅氏に献上したい。

尚、蛇足ながら、現在私たち東京安藤昌益研究会自体が農文協版『安藤昌益全集』の刊行作業を進行中であり、この書評が三宅氏を中心とした校倉書房の『全集』に対するケチつけとして、泥試合をしかけたものとして映る懸念もあり、執筆がためらわれたが、批判は批判としてキチンとしておくべきが研究推進上のルールと考え、あえて筆を執った次第である。

「大序」巻について

「大序」巻については、これまでも度々、翻刻・書き下しが公刊されてきており、又三宅氏自身が既に一〇年程前（一九七一年）に、筑摩書房より『日本の思想』一八の中で書き下し及び現代語訳を公けにされているという事情もあって、大筋において問題点は少ないように見受けられる。

尤も、書き下しに際してのルビの付け方に若干の変更が見られ、金気を全て「金気《こんき》」とされたり、日神を「日神《にちじん》」、眼の木気を「眼木《がんぼく》」とするなど、極めて奇異な感じを免がれ得ないのであるが……。

それはさておき、内容においては、遺憾ながら一〇年前の氏自身の水準を一歩も進められたものとは思われない。したがって、その後の様々な研究の進捗・深化（『安藤昌益研究会会報』四〜九号《論点》参照）も、一向に本書に反映されていない。それどころか、当時の誤まりが全く改められておらずそのまま踏襲されていたり、時には研究上の後退としか考えられないようなもので、見受けられる始末である。

前者の例としては、「鼻と唇の互性」がある。『全集』二七・二八ページの頭註一で、いずれも前回同様〝原文の誤まり〟としているが、これは安永寿延氏も指摘されているように、原文の誤まりとして切り捨ててしまえるようなものではなく、却って昌益の互性概念・その内部構造を示す重要な個所ですらあるのだ。

次に後者の例としては、まず「無二活・不住一」の註が挙げられよう。『日本の思想』一八では、「二元的（無二活）流動的（不住一）」と、昌益の互性論に即したそれなりの解釈が施されていたにもかかわらず、『全集』補註では、「くらべるものがなく、とどまることのない活真の生成作用」と、内容理解とは程遠い迷解釈に変わってしまっているのである。

又、「大乱・大軍」を『日本の思想』では〝十八世紀前半〟としていたが、『全集』補註では〝天明の大飢饉〟としてしまっている。が、天明の大飢饉と言えば一七八三年のことであり、昌益没後二一年、この部分が仙確の筆になったとしても彼の没年にあたるものである。しかも、「大序」巻後半が、仙確の筆になるものとの考えは私たち研究会のもので、氏はこうした私達の立論に対して、根も葉もないことと退けておられるかに聞いているのだが……。それとも氏は、昌益が生前、天明の大飢饉を目撃したとでも言われるのであろうか。

更に、「味道・気道」の説明に至っては、安永寿延氏も指摘されているように、「大序」巻の補註としては全く的外れとしか言いようのない、極めて断片的なものに終っているのである。稿本『自然真営道』第三五〜三七巻（人相巻）での昌益自身の論理展開を、又それに基く私たち研究会の指摘（『季刊昌益研究』第一九号・用語解説及び、『会報』第六号《論点》参照）を、三宅氏がどう考えておられるのか、極めて疑問である。

蛇足ながら、『人相巻』の校訂担当が三宅氏自身であるとしたなら、少くとも個人の全集を編集するに際して、その内部連関を無視しての出版に怠慢のそしりを免れ得ないであろうし、又たとえ他の三名の編集委員のどなたかの担当だとしても、全集刊行会内部での協力体制・認識の共有化に対して、疑問を感じざるを得ない。

『字書巻』について

次に『私制字書巻』一・二であるが、この部分はこれまで一度も公刊されたことがなく、研究書にその一部が引用されていたのみで、一般の人には一切目に触れることのできなかったものであり、影印版によってこれが公けにされたこと自体、極めて有意義なことと言えよう。（尤も、原本では三巻で一まとまりのものを、『全集』では二巻分を第一巻に、三巻目を第二巻に分載しているのは、いかにも不自然であり、又、不親切でもある。）

ところで、「綿密をきわめた」はずの頭註は、ほぼ『字彙』『玉篇』との照合、及び「イ段とエ段の混用」と言った三宅氏の東北方言研究で埋め尽されており、肝腎かなめの昌益思想の理解を促し、『字書巻』を貫いている論理の把握に至る類の頭註・補註は無きに等しい。つまり、「本格的な資料分析はぬきで、思いつきだけを並べた解説が本文にくっつくことに」なってしまっているのである。

しかも、頻出するミス・問題点等を見るにつけ、山田忠雄氏の指摘によれば一六回にも及ぶ校正の、校訂者・三宅氏自身の言を借りるならば「五十回から六十回、執筆者の側で見たことになろう」という、膨大な労力・エネルギーは一体どこに費やされたのだろうかと、思わず首をかしげざるを得ない。(印刷所の方々の御努力・御苦労には誠に頭の下がる思いではあるが。)

前置きはこの位にして、以下具体的に問題点を検討してみたい。

まず補註であるが、量的に極めて少なく不親切である上に、見るべきものもあまりないので、ここでは省略したい。

㈠頭註の問題点

⑴頭註の付け方

次に頭註であるが、「字書巻」本文冒頭で、早速奇妙な問題に出喰わすことになる。

「師に向ふて書を扣《ひか》ひて学問す」(P48・ℓ1)とあるくだりで、「扣《ひか》ひて」とは「控《ひか》えて」のこ

と、つまり三宅氏流に言えば、

ハ行四段活用の動詞「ひかふ」の連用形が、東北方言の「イ段とエ段の混用」で「ひかひ」と、頭註されなければならないところだが、見落とされたのか、それとも「扣ひて」を「控えて」と解されなかったのか定かではないが、少くともここでは全く触れられていない。(尤も、氏が最も得意とし、出て来る度に必ずと言ってよい程取り上げ、六〇余ヶ所にも及ぶ頭註を施している「イ段とエ段の混用」に於て、見落としがあったとは誠に考えにくいのであるが……)

　更に、頭註は一般に初出の所でなされるべきものと思われるが、本『全集』では、177ページ頭註3の「桶《はこ》は正なり……箱《はこ》は失まりなり」を見ると、「279ページ頭註2参照」とあり、182ページ頭註4「逆《さか》ふ」には「231ページ頭註3参照」といった具合に、五〇ページも一〇〇ページも後の註を参照しなければならないという、いささかおかしな構成になっているようである。

　しかし、順序が逆であっても、ページ数が示されていればまだいい方で、例えば「マヒ」(前)の註は、203ページで初めて示されるわけだが、既に「前《せん》……まひ・さき・すすむ・和訓」(P170・ℓ11)がありながら、ここでは全く触れられていない。

　又、三宅氏が方言研究の成果として報告されている「権《ふとん》(分銅)」にしても、123ページ註1で初めて取り上げておられるが、本来118ページ「―《これ》はふとんの象りを似せて…」の所で頭註すべきものであろう。同様に「几《をしまつき》」も276ページ註5で初めて取り上げられているが、同じものが既に167ページ4～5行で三ケ所に亙って出てくるにもかかわらず、これ又何の註も説明もなされていない。

特に「ひきし」に至っては235ページ註8で初めて取り上げられているが、同じものが既に「下《ひき》き」（P96・ℓ12）、「下……ひきし」（P114・ℓ2）、「卑……ひきし」（P178・ℓ13）、「低……ひきし」（P114・ℓ2）「婢……ひきく女」（P219・ℓ9）と、気付いただけでも五ヶ所もあるのに、不思議と全く触れられていない。つまり読者は、「ひきし」が「ひくし」であることの説明—しかも、これは三宅氏言うところの東北方言における「キとクの混用」と思われるのだが—を、六回目になってやっと受けることができるという次第なのである。いささか不親切と言うものではないだろうか。

⑵頭註の内容

次に頭註の内容についてであるが、これは頭註の付け方以上に問題が多いと言えよう。

例えば「へのこ」の註に、「ふつう男子の性器のこと。……しかし、陸奥国鹿角郡では女子の性器のこと云々」（230ページ註8）として、『鹿角方言考』からの引用が以下一〇行にも亙って述べられている。ところが本文では、「屌《てう》、尸《しり》の○《たま》を巾《きぬ》に包む象り字也。へのこ。きんたま」とあり、昌益の字解から言ってここでは男性器を指すものであり、女性器は関係ないはずである。一体何の為の引用なのか、いささか解しかねるものである。

又、「斤《を》ぎる」に関しても、「折《せつ》は手を以て斤《を》ぎると作る」（P258・ℓ6）の註として初めて説明が加えられているが、本来は、「斤《きん》、小切《をぎ》ると云ひて……をぎる・うそきる」（Ｐ118・ℓ２）の所で取り上げるべきであろう。

しかも、その頭註たるや、「おきゃる」として「転ぶこと」（『青森県方言集』）、「おきゃる」として「倒れる」（『鷹巣郷土誌』）といった、倒れる・転ぶに関する東北方言が、九資料から二三行にも亙って引用されているのであるが、「斤《ヲギ》ル」と「おきゃる」と一体何の関係があると言うのであろうか。

＊

こうした無意味な註が繰り返される一方で、本来取り上げられなければ、ならないはずの

◎「私訓」、正しくは「和訓」（Ｐ229・ℓ13、Ｐ230・ℓ１他）といった原文の明らかな誤まり、

◎伏犧の別名である「庖義」（Ｐ66・ℓ９）、

◎現在は死語になってしまった「まいす（売僧）」（Ｐ185・ℓ14）といったものや、

◎現代仮名遣いに慣れ親しんだ者には分りづらい「むま」「むまし」が、「馬《うま》」「美味《うま》し」である旨の説明、

◎「ははき」が、142ページ10行目では「はばき」と読んで脛巾裳のこと、236ページ９行目では「ほうき」と読んで箒のことといった違い

等々の重要な語句の説明が、註として全く取り上げられていないのである。

更に、氏の説に従えば当然取り上げられてしかるべき「侶《りょ》は、人呼べば口《こた》へ、呼べば口《こた》へ、呂《はえはえ》と

象り字なり」（P192・ℓ5）の「はえはえ」が「イ段とエ段の混用」として取り上げられていないといったように、必ずしも一定していない。

　つまり、補註・頭註は「綿密をきわめた」どころか、極めて杜撰、かつ恣意的なものでしかないと言うことができよう。

㈡書き下し文の問題点

　この間、尾藤正英（図書新聞）・安永寿延（日本読書新聞）両氏による書評によって、三宅氏の校訂作業に対する批判がある程度は行なわれてきているが、いずれもお二人の立場を反映してか極めて紳士的なものであり、かつ「とってつけた解説」部分たる補註・頭註についてのみの言及であり、『全集』の本文たる「書き下し文」については、今だ批判らしい批判が行なわれてきていない。そこで、以下極めて煩雑かつ長きに亙るが、「書き下し文」の問題点を中心に「五十回から六十回に及ぶ」著者校正の跡を偲んでみたい。

*

　組版時のよごれが残存していたり、活字の転倒（ゟ・ゝ等）が見られたり、ルビのずれが目についたりもするが、こうした純印刷技術上のミスは一目瞭然、誰の目にも誤まりが誤まりとして分かるものであり、あまり興味を引くものではない。

　むしろ、本『全集』の真骨頂は、全く別の所にあると言えよう。三宅氏は、「正確で読みやすい書き下ろし文を作ろうとして」苦労された由であるが、私たちが読むかぎり、ただでさえ難解と言われている昌益の文章が、氏の書き下し文によってますます難解に分かりにくくなってしまっているのである。つまり、氏の意図とはまるで反対に、昌益の言わんとする所が、却って分からなくなるような仕組みになっているのである。

＊

簡単な所から見てみよう。

(1)文字・記号の脱落

原文にありながら、『全集』では書き落とされ、脱落している文字・記号が少なく見積もっても二五ケ所以上に及んでいる。

格助詞「ノ」が脱落している場合が最も多く、その他、「見へたる通りの字生」（P113・ℓ4）の「へ」が脱落して「見たる通り」、「溺れて即ち死す」（P288・ℓ10）の「ち」が落ちて「即死す」のように、意味内容にあまり変更をもたらさない程度のものもいくつかある。

が、各字の区切り記号と言うべき▲が脱落した為、「併」の字の解説が前項の「個」の解説にまぎれ込んでしまったり（P191・ℓ5）、「與《とも》に日月を並ぶるが如しと云ひて之を作るか」の「か」が脱落して、疑問文が肯定の説明文になってしまったもの（P273・ℓ13）もある。又、脱落が四字から五字に及ぶ個所さえある。

(2)音訓符号の無視

次に、原文では左右に音訓符号が施され、訓読する際の読み方が指定されている訳であるが、それを無視し（見落とし？）音読すべきを訓読し、訓読すべきを音読しているものが少なからずある。

「是より己来」（P49・ℓ2）は正しくは「己来《このかた》」、「十二支の子《ね》を論じ」（P63・ℓ2）は「子《し》」、「疋《やぶれあし》に方ばう」（P267・ℓ13）は「方《かたかた》」と、誤まりがハッキリしているものもあれば、訓読みのルビが施されていない為、現在の私達の言語感覚からして音読してしまう「庸也」（P72・ℓ10）が正しくは「庸《もち》フナリ」、「…と訓を為す」（P229・ℓ3）が「訓《よみ》」、「沺《てん》は、水田なり」（P290・ℓ7）が「水田《みずた》」といった不備もある。

(3)誤記・判読ミス

次に、誤字ないし判読ミスによる誤記を見てみたい。

「此の類」（P99・ℓ5）が原文では「之の類」、「曽亮といふ者」（P101・ℓ11）が原文では「曽亮と云ふ者」といった単純な書き誤まりから、「周の世、此れより末世」（P100・ℓ1）が原文では「周の世、丗《さんじゅう》より末世」、「竹の笠《かさ》に制へて筆に作る」（P125・ℓ1）が原文では「竹の竺《じく》」といった、判読ミスにより意味内容の変更をもたらすものまである。

特に、「(音は)…をと・ゆゑ・うごく和訓」（P134・ℓ1）「(埋《はい》は)…うづむ・ぶさた・かくす、和訓」（P209・ℓ6）、「(旨は)…ひくし、うすぐらし和訓」（P269・ℓ2）は典型的な読み誤まりとして、注目に値しよう。

即ち、「ゆゑ」は「こえ（声）」「ぶさた」は「ふさぐ」、「ひくし」は「ひぐれ」と書き下さなければ意味が通じない。

では、何故こうした極端な読み誤まりが生じたのであろうか。この点は、三宅氏の「書き下し文」だけを見ていたのでは仲々分からないが、原本を参照すればすぐにも納得されよう。つまり、影印版で見ての通り、原文は片仮名で振り仮名・送り仮名が施されており、恐らくその判読ミス（ユエではなくコエ、ブサタではなくフサク、ヒクシではなくヒクレ）によって、引き起こされたものと思われる。

とりわけ「ユとコ」「タとク」「シとレ」は読み誤まり易いようで、この他にも数多くのミスが見受けられる。

例えば、「シとレ」の判読ミスの端的なものとしては、「段は、殳《ほこ》を以て𠂤《きしきし》に殳《つえ》うつと作る、故にきれぎれにうつと和訓」（P285・ℓ6～7）が挙げられよう。「𠂤」は「キレキレ」と訓んでこそその後に続く「きれぎれにうつと和訓」と繋がるのであって、これを三宅氏のように、「キシキシ」と訓んでしまったのでは、後に続かず全く意味をなさないからである。

「影印版では読みがたくても、底本で見れば判読できることがしばしばある」と豪語される氏にしては、あまりにお粗末な読み誤まりと言えよう。

(4)振り仮名・送り仮名

次に、振り仮名・送り仮名に関して、問題点をいくつか挙げてみたい。

三宅氏は「妄ス」を、「妄《まど》はす」（P50・ℓ9）と訓んでおられるが、昌益の「まどはす」は一般的に言って「惑ハス」であり、「妄《ミダ》リ」を動詞化した「妄《みだ》ス」と訓むべきであろう。

その他、

◎「丶《コレ》ハ未ダ象形調フルニ非ズ」は、文意からいって「調《しら》ぶる」（P56・ℓ10）ではなく「調《ととの》フル」であり、

◎「之れを見ず」（P56・ℓ12）「所以を見ず」（P84・ℓ6）他の「見ず」は、「見《あら》ハサズ」、

◎「無限ノ天下ヲ失ル」は、「失《うしな》へる」（P62・ℓ2）ではなく、「失《あや》マル」、

◎「……ノ字ノ所以ヲ無也」も、「無《な》し」（P71・ℓ2他多数）ではなく、「無《なみ》ス」であろう。

◎又、「之ヲ患ズシテ」は、「患《わずら》はずして」（P88・ℓ3」ではなく「患《うれ》ヒズシテ」、

◎「神農起テ」（P98・ℓ4）「湯王起テ」（P99・ℓ8）は、いずれも「起《お》きて」ではなく「起《た》チテ」であろう。

その他、先に触れた『内容見本』に散見された書き下しミスとして、

◎「人ノ言《ハ》曰イ申ブル」は、「人の言は曰《い》い申《の》ぶる」（P106・ℓ2）ではなく、「人ノ言曰《ことばい》イ申《の》ブル」

◎「天ニ在ハ……人ニ在ハ」は、「天に在れば……人に在れば」（P106・ℓ3）ではなく、「天ニ在《あっ》テハ……人ニ在《あっ》テハ」

が、挙げられよう。

又、「直ニ」は、昌益自身音読させている個所も訓読させている個所もあり一定しないが、三宅氏は訓読の場合も「直《ただ》ちに」（P61・ℓ2他）「直《ぢき》に」（P65・ℓ10他）と不統一な上に「直《ぢき》ちに」（P122・ℓ8）なる新語まで動員しておられるが、これらはいずれも「直《じか》ニ」と統一的に訓まれるべきものであろう。

尚、不統一と言えば、「字書巻」で「使」の註（P191・註4）にわざわざ「使は使役の助辞として用いられる場合、『を、し、て……しむ』と訓読する」と説明しておられるにもかかわらず、「大序」巻の自らの書き下し文では、

至《リ》レ歯《ニ》　使ニレ歯《メ》　動動《トメ》　咬一

の部分が「歯ニ至リ歯ヲ、シ、テ動動トシテ咬マシム、」と書き下されず、「歯に至りて動動として咬ましむるなり」（P30・ℓ1）のように「歯ヲ、シ、テ」が脱落して、同じ一冊の本の中で、註解と書き下しに齟齬が生じてしまっている。

更に、「不」の字の字解に至っては、氏は一方で「ア《イ》づよりもどりてト《うらな》ふ」（P56・ℓ1）と書き下され、他方では「ア《いつにもど》りト《うらな》ふ」（P145・ℓ2）と、全く異なる書き下しをされているが、何とも不可解である。特に前者は何のことやらサッパリ分からず、こうした意味不明の書き下し文を註も施さず『全集』に載せること自体、無責任と言わざるを得ないし、後者にしても偶々正しい書き下し文となっているものの、果たして氏自身、意味をとられた上で書き下されたのであろうかと、私達のような者は下衆な勘ぐりをしたくもなってしまうのである。

＊

以上で初歩的な問題点の検討を終え、以下やや本質的な問題について触れてみたい。

⑸訓読法の誤まり

先ず、訓読法の誤まりによるものであるが、

◎「二画・三・四……十六より十七画に至る」（P44・ℓ4）は、「二画ヨリ三・四……十七画ニ、至ル」

◎「筆に偽虚を謂は（んと）為《し》」（P88・ℓ5）は「筆ニ偽虚ヲ謂《い》ハ為《し》メ」

◎「拘法するこそ悲し（いかな）」（P97・ℓ12）は、「加法スルコソ悲シ」の誤まりであろう。

尚、最後の例の拘法は加法の判読ミスと思われる。

又、氏は仮定の「則」を必ず「……ば、則《すなは》ち」と書き下しておられるが、「則《すなは》ち」を省いた方が文が引き締まって良いのではないだろうか。そうしないと、昌挙が強調して「即チ」を送った場合、「寛楽の心無くんば、則《すなは》ち即ち」（P48・ℓ10）と、「すなはち」が、ダブッて何とも落ち着きの悪い書き下しとなってしまうからである。

尚、この種の訓読法の誤まりの中には、「之を忌む則《とき》は、人、何《な》くてか有らん。」（P136・ℓ9）といった、手の込んだ意味不明のものまである。これは原文で「何クニカ」とあったものを、原本の汚れの為「何クテカ」と読み誤まった結果、苦しまぎれに「何《な》くてか有らん」とルビを振ったもと思われるが、前後の文脈から判読して「何《いず》クニカ」と訓むのが妥当であろう。

このように見てくると、結局三宅氏は本当に文意・文脈を辿りながら「正確で読みやすい書き下し文を作ろうとした」のだろうかと、首を捻りたくなる。

⑹句読点の誤まり

その顕著な例が、句読点の打ち方に見られる、文構造無視のセンテンスの区切り方である。引用が長くなって煩わしいが、いくつか検討してみよう。

「凡《すべ》テ字学書ハ……長久ニ用イ来ルナレバ、止ムコトヲ得ズ字生ヲ見ハシ……所以ヲ知ラシム」

という一文を、氏は「凡て字学書は……長久に用い来たるなれば、則ち止むことを得ず。字生を見はし」と、思いもよらない所で句点を打ち、バッサリと二つの文にしてしまっているが、これは、如何にも無理というものであろう。「止ムコトヲ得ズ」は明らかに「字生ヲ見ハシ」「所以ヲ知ラシム」を修飾しているのであって、ここで句点を打たれてしまっては、日本語の基本構造である「係り（修飾）―結び（被修飾）」という関係が壊れてしまい、被修飾語を失なった「止ムコトヲ得ズ」はどこにも係れず、文として完結しなくなってしまう。

しかし、これなどはコンテクストの中で意味を追えるからまだいい方で、

「然ルヲ匸品《カコムシナ》ト作リテ區《マチマチ》ノ理・象《リ》・貌《タ》、似《ル》コト曽《かつ》テ之無シ」という文を

「黙るを匸《かこ》む品《しな》と作りて區《まち》まちの理。

○匸《ひつ》、象どり・貌《すがた》・似ること曽て之れ無し。」（P117・ℓ7～8）

と、「理」の下で句点を打ち、改行した上に、「象《リ》」以下を原本の欄外に書き込まれた「○匸《ヒツ》」

と一緒にして、新たな項目を立ててしまったのでは全く意味が通らなくなってしまう。つまり「區《マチマチ》ノ理……曽テ之無シ」が、「區《まち》まちの理。」と全く逆転しまうのである。

又、読点の付け方についても同じようなことが言える。例えば、「休は、人を木《い》かす木は、気にして生かすなり。」（P188・ℓ7）などは、一読したところ分かったようで分からない。要するに意味が通じにくいのであるが、それも道理で、本来は「休ハ人ヲ木《イ》カス、木《キ》ハ気《キ》ニシテ生カスナリ」と読点を打つべきものだからである。

句読点の打ち方ミスによる誤まりは枚挙に暇がない程であるが、中でも次に紹介するものは、〝ベンケイガナ　ギナタ〟並みの傑作と言えよう。

「及《キウ》、乃ハ老人杖ニスガリ歩行ナリガタキマデ長命スル寸《トキ》ハ、又一切ニヲヨブ。故ニ之《コレ》ニ又ヲ付テ及ノ字ニ作ル。」とすべきものを、氏は「及《きう》、乃は老人、杖にすがり歩行なり。かたきまで長命するときは……」（P120・ℓ5）と切ってしまっているが、「かたきまで長命する」とは一体どのような長生きの仕方を言うのであろうか。私達は寡聞にして知らないが、是非とも一度、氏に伺いたいものである。

㈢基本方針の問題点

最後に、三宅正彦氏の昌益研究の方法論でもある方言からのアプローチに関連して、本『全集』の書き下し文の問題点を検討してみたい。

氏はこれまでも度々公言されてきたように、「地域を基盤にしなければ、昌益の言語の本質、さらには思想の本質を理解することができない」として、方言研究を昌益研究の根幹に据えておられるようである。

しかし、氏の方言評価は本当に研究対象たる昌益への共感、方言への愛に支えられたものなのであろうか。いささか疑問なしとしない。何故ならば『全集』の編集方針の具体的表現とでも言うべき「凡例」には、氏の方言評価とは本来対極にあるはずの、強烈な規範意識・正統意識が窺われるからである。即ち、

一、俗字・略字など異体字は正字に改めた。……ただし活字の都合で、「薪」や「象」など通行字を許容した場合がある。(傍点筆者)

という正字の採用と、

一、書き下し文の原則は、本書中に示されていない。したがって読みやすさを考慮し、原則として、一九七三年内閣告示第二号「送り仮名のつけ方」に準拠して、送り仮名をつけた。

という内閣告示へのほぼ盲目的・機械的な準拠である。

(イ)送り仮名の問題点

先ず、送り仮名についてであるが、氏は

(1)漢文を書き下すとき、しばしば漢字と漢字とが連接して、別語か熟語か判断しがたい場合が生ずる。したがって、用言から転じた名詞には、違和感が強くなければ、できるだけ送り仮名を

つけることにした。

(4)名詞に語尾をつけてできた単語は、語尾の部分全体を送り仮名にする。

の二点を基本として、更にその拡大解釈なり、応用を行なった結果、「貝《カコヘモノ》」を「貝《かこ》へもの」(Ｐ70・ℓ5及び6)、「放《ホシイママ》」を「放《ほ》しいまま」(Ｐ194・ℓ8)、「夆《タカミ》」を「夆《たか》み」(Ｐ252・ℓ9)等々、送り仮名を施してしまっているが、これらは「違和感が強くなければ」どころか、いずれも極めて奇異な感じを拭い去れない。何故か。

三宅氏も巻末論文「稿本『自然真営道』の研究Ｉ」で指摘されているように、「昌益の漢文体は独得」であり、「日本語的文脈・語感につらぬかれており、漢字配列の形式だけからみれば、いわゆる漢文と見なすには違和感をまぬがれない」もので、「日本的文脈の優位」どころか、時には「全面的日本語化」さえ見られるものであるが、忘れてならないのは、原文はあくまで漢文だということである。

つまり、漢字表記を基本として綴られたものであり、原文に於けるカタカナは、その発生がそうであったように、漢字を訓読する際の目安を示す補助的役割を果たすに過ぎない。であればこそ、「自《ヲ》」「自《ミ》」といった部分ルビがあるのであり、前者は「ヲノヅカラ」、後者は「ミヅカラ」と訓み方が指定され、かつ又それ以外の読み誤まりが考えられないからこそ、一字のルビで済ませているわけである。

それに対し、「貝《カコヘモノ》」「老《トシヨリ》」などは、部分ルビでは済まされない読み方の指定、ないし昌益独自の解釈・意味付与の必要から施されたものであり、「貝《かこ》・へ・もの」、「老《とし》・よ・り」と品詞分解よろしく分割され、他への応用がきく体のものではない。つまり、一定の文脈の中で初めて意味を持ち、生きても来る訓み方なのである、

一方、「送り仮名の付け方」基準は、現行の表記体系―即ちひらがな表記を基本とし、表意文字としての漢字の特性を生かし活用するという「漢字仮名まじり文」―における読み誤まり防止の為の目安と言えよう。

つまり、漢文と漢字仮名まじり文とでは基本的にその構造が違っているのであり、こうした表記体系の基本的な違いを無視して、昌益の漢文に機械的に「送り仮名の付け方」を適用しようとした所に無理が生じ、先述のような違和感がもたらされたのである。

＊

では、以下顕著な例をいくつか見ておきたい。例えば、

◎「圭」は土を二つ重ね合わせているから「圭《トコロドコロ》」、「圭《クニグニ》」と訓まれるのであって、「圭《ところ》どころ」(P209・ℓ4)、「圭《くに》ぐに」(P226・ℓ12)ではなく、

◎「寸」も同様な理由で、「寸《こま》こま」(P200・ℓ6)、「寸《ずた》ずた」(P267・ℓ6)、「寸《ちよこ》ちょこ」(P244・ℓ11)と、書き下すべきではない。

◎「荒ハ、亠《ヒトノカタドリ》ム《ノルモノ》儿《ミズノナガルル》象リヲ作ル象リ字」であって「荒は、亠《ひと》のム《かた》どりのるもの、儿《みず》のながる象《かた》どりを作る象どり字」(P155・ℓ1)では、前半部が意味が通らない。

◎又、「參《サン》、厽《ワタクシスルコトミタビ》シテ人彡《トシヨル》ト象リ字」を「參《さん》、厽《わたくし》することみたびして、人彡《とし》よると象どり字」（P182・ℓ11〜12）としてしまったのでは、「ム」が「ワタクシスル」と訓まれ、「ム」を三つ重ねることで「ミタビ」とルビがふられていることの意味が無くなってしまう。
◎「患《くはん》は、心を串《さ》しつらぬかるる程に愁ふと作る」（P250・ℓ11）ではなく、「心ヲ串《サシツラヌカルル》程」であり、
◎又、「愚は、禸《けもの》のあしあとを……」（P253・ℓ1）では「禸」が蹄《ひずめ》の形を象り、一字で「ケモノノアシアト」と訓まれることの意味・視覚的な面白さが失なわれてしまうことになる。

㈣正字の問題点

最後に、異体字を正字に改めた点について考えてみたい。

昌益の著作では、『自然真営道』に限らず、俗字・略字等、異体字が頻繁に使われており、時には自らの思想を表現する為に造字を行ない、これら異体字を駆使して「失リノ字ヲ以テ失リノ字書ヲ糺ス」為に獅子奮迅したことは、よく知られる通りである。

「字書巻」もその例に洩れず異体字が多く、字解もそれに基いて為されている所が少なからずある。それを、三宅氏のように自らの規範意識に基き、無理矢理「正字」に改めてしまったのでは、文脈が追えず、意味が通らなくなってしまう。

「宿《シユク》、宀《イエ》ニ百人ト象リ字、又宀《イエ》ニ一人内《イル》ル象リヲ寎ニ作ル。一人モ百人デモ宀《いえ》ニ内《イル》ハ寎ナリ。」

とある字解を、三宅氏のように全て「宿」に書き更えてしまっては、「宀《イエ》ニ百人」（宿）の字解とはなりえても「宀《イエ》ニ一人内《イル》」（𡧃）、「一人モ百人デモ宀《イエ》ニ内《イル》」（𡧃）の字解とはなりえず、後半部の昌益の字解が生きて来ない。更に、

「万、人ハ心力・身力ノ一ヲ以テ、ヨロヅ皆通用ス、故ニ一ノ力ヲ万ノ字生トス」などは、略字（万）だからこそ昌益の字解が意味を持つのであり、これを正字（萬）に直してしまったのでは、意味が通らないばかりか、三画字の部で扱えなくなってしまう。だからこそ、三宅氏も正字を見出しに掲げることができず、

「万〔萬〕、人は心力・身力の一を以て……」（P113・ℓ5）と、〔　〕で正字を補うという措置をとられたのであろうが、これこそ無駄な努力というものであり、正字に改めることの無意味さを示す以外の何物でもないだろう。

＊

こうして無駄な所に労力を割いた結果、肝心な所への配慮が行き届かず、思わぬ所で笑うに笑えず、泣くに泣けない、信じられないような誤まりを招来するに至る。本『全集』の白眉とも言うべきもので、三宅氏の数々の傑作集の最後を飾るものとして、以下に掲げてみたい。

「鬼」の字解を述べた後、昌益が仏教の日本伝来について触れ、

「是れ恒《くはん》武《む》帝《てい》の時、最澄といふ僧、入唐して天臺の佛法を傳ひ来たり……」（P135・ℓ8）

と述べている件で、三宅氏は、「天臺」に頭註記号を施し、欄外で「天臺　天台の誤まり」と解

説しておられる。ところが、原本（影印版P47・下段左ℓ5）では、どこをどうひっくり返しても「天臺」なる文字は見当たらず、「天台」のみである。これは一体どうしたことであろうか。

三宅氏は、自らが立てた原則、「俗字・異体字などは正字に改め」るを強力に推し進めた結果、原文の「天台」を「天臺」と改めたものの、自らが「天臺」と直したことを忘れてしまったのか、その後の原本考証を怠ったのか、これを原文の誤まりとしてしまったもののようである。自らの改竄を誤まりと指摘するところなど、無邪気ともユニークとも言えなくもないが、濡れ衣をさせられた昌益こそ、いい面の皮である。これでは、昌益も浮かばれまい。

おわりに

以上、大分長きに亙ったが、数ある問題点のうち、主なものは一通り見渡してきたはずである。が、この他にも昌益の施したルビと三宅氏が補ったルビの区別がつかない等の問題点も多くあり、見開きページに問題点が一ケ所もないところを探すのに苦労する程である。はっきり言って「字書巻」に関する限り、下書き用ノートをそのまま活字に直したに過ぎず、とても『全集』などと呼べる代物ではない。

第二巻配本の際には、ぜひとも正確な正誤表をつけていただきたいと思うが、如何なものであろうか。それが、校訂者・全集刊行会・出版社の最低限の責務と思われるのだが……。

又、第二巻以降にはこうした誤まり無きよう、厳正な書き下し文を作成していただきたく、切にお願いするものである。こうした思いが杞憂に終れば幸いだが、遺憾ながら三宅氏の巻末論文「稿本『自然真営道』の研究Ⅰ」を見るかぎり、先の不安を禁じえないのである。何故ならば、第二巻からのわずか三ケ所の引用文の中にさえ、既に判読ミスによる書き下し上の誤まり、意味不明の個所が見出されるからである。

〈てぐら〉「蝶」について、「俗呼んで、其の飛ぶ形てんでんするを『みゆかてぐら』といふ」と解説する。「みゆか」は意味未詳であるが……」（P346・上段ℓ1～3）とある件で、これは、安永寿延氏もその書評の中で指摘されているように、「俗呼ンデ、其ノ飛ブ形テンテンスルヲミテカ、テグラト云」の「ミテカ」を読み誤まったもので、「みゆか」は意味未詳でも何でもない。

こうした、ごく初歩的な誤まりが第二巻以降でも繰り返されるようでは、正直なところ買う気も失せてしまう。是非とも改めてもらいたく、あえて苦言を呈する次第である。

批判はいずれ己れに帰ってくるものであり、同じ誤まりを繰り返さないよう、私たちの『全集』編集作集を進めていくつもりである。妄言多謝。

（『安藤昌益研究会会報』第一〇号、一九八一・一一・二〇）

再び三宅正彦氏の所論を批判する

はじめに

以下は、当初三宅正彦氏の〝『安藤昌益全集』批判への最終回答〟(図書新聞・二一九五号)に対する反論として、『図書新聞』への投稿を想定して書かれ始めたが、この度想も新たに三宅氏への全面批判として執筆されたものである。

それは、尾藤正英氏の書評(図書新聞・二一七二号)に始まる「論争」が論争として成立しない事情にあった為、私達研究会からの反論内容の如何にかかわらず、既に同紙編集部が、二一九五号の〝最終回答〟をもって「論争」を打ち切るとの態度決定をしており、同紙への掲載が叶わなかったためである。

が、三宅氏の〝最終回答〟には、研究会として看過しえない点もいくつか含まれており、会員諸姉諸兄の前に、最低限事実関係を明らかにしておく必要と責任を感じた為、『会報』紙上での反論という形をとることになったものである。

尚、この際であるから、一般読書紙では紙面の制約上、また内容上触れにくい、三宅氏の安藤昌益研究界での位置及び役割、昌益研究の方法論上の問題についても言及してみたい。

〝最終回答〟を批判する

三宅氏の〝最終回答〟なる文章は、『会報』一〇号紙上での私の《書評》（本書二〇七頁）に言及しながらも、八〇ケ所にも及ぶ私からの批判・問題点の指摘に何ら答えることができず、相変わらず氏一流の独断と論点のスリカエによる『全集』製作の裏話に終始し、遺憾ながら内容的には全くのズレ違いに終わってしまっている。氏目ら認めておられるように、「不毛な論争」の感をますます強くした次第である。

唯一、氏が反論を寄せてきた〝大乱・大軍＝天明の飢饉目撃〟説にしても、補註といいながら、その語の基本的な意味なり内容説明が全くなされず、いきなり断り書きから始まり文献からの引用に終始するといった類の、不充分・不親切きわまりないもので、わざわざ誤読を誘うようなそうした註を施したことへの反省が、氏には全く見られない。

（因みに、氏は「大乱大軍の資料は、昌益生存中のものには直接的な例が乏しい」と言われるが、宝暦五年の大凶作を記録した富坂涼仙の『耳目凶歳録』からの引用の方がより相応しくはなかったか。しかも富坂涼仙は八戸在住時代十三日町の安藤昌益の隣家で同じく町医をしており、昌益

思想の影響が認められると言われている人物である）

反省が見られないどころか私からの批判を「牽強附会・針小棒大の誹謗・中傷をつらね」た「誹謗文書」であるとして、「作為性」の名の下に全て葬り去ろうというのである。あまりにも不誠実・無責任であり、卑怯でさえあると言えよう。

ましてや批判そのものを私達研究会の「商品販売作戦」などとレッテル貼りするに及んでは、何をか言わんやである、むしろそうした物言いの中に、氏の物事の受け止め方の回路・関心のあり所・発想の質が窺い知れるばかりである。

＊

何故ならば、私達研究会は三宅氏に限らずこれまでも、昌益研究を深化・推進していく上で問題とすべきものについては、逐次『会報』紙上で取り上げ批判を行なってきたからである。尾藤正英氏の執筆された、吉川弘文館『国史大辞典』第一巻、安藤昌益の項の事実誤認について（『会報』第三号）、安永寿延氏の平凡選書『安藤昌益』における八情・八神の互性論の誤りについて（同第六号）がそれであり、今回の批判もそうしたものの一環にすぎず、それ以上でも以下でもない。

つまり、昌益に関心を寄せる多くの人々の待望の的であった校倉書房版の『全集』第一巻が、三宅氏の方言研究・印刷所の方々の労を多としながらも、あまりにも不正確、かつ杜撰であった為、あえて取り上げたまでである。

尚、前回はそこまで書いてはと遠慮が先に立ち思い止まったのだが、この際であるからハッキリ言わせてもらえば、方言研究は研究として「安藤昌益における二井田方言の研究」とでも纏めて発表すべきが筋であり、自己の業績を売り込むために『全集』を標榜するのは止めていただきたいというのが、私の真意だったわけである。

＊

又、氏は自らの業績を誇るあまりに、事実に反した言葉で多くを飾りすぎている。例えば「私制字書巻一・二は、省略部分や意味不詳の語句が多い上に先行研究がなく、全集中、最難関の箇所」としているが、これは嘘である。「字書巻」がやっかいなことは確かであるが、それは主として印刷所にとってであり、編集・校訂上の最難関は、いうまでもなく『人相巻』、とりわけ第三六巻後半から第三七巻全体に亘る全文白文の部分であり、これは昌益の文体及び息づかいを我がものとしなければ書き下しが不可能であり、困難さは『字書巻』の比ではない。氏はまともに『人相巻』をひもといたことがあるのだろうか。

又「資料の保持と発掘は、それ自体が研究の一環を形成する重要な営為であり」と言われるが、果して氏自身そうした努力を本当にしてこられたのだろうか。上杉修氏の業績に負って、その上で物を言っているだけに過ぎないのではないか。

何よりも氏は、「全集刊行会は、九年にわたって地道な編集作業を行い、固く信義を守り、人間的信頼関係を築きあげることを通じて、すべての資料所蔵者・保管者・発掘者の全面的協力をえることができた」と言われるが、果してこれは本当か。全集刊行会は実体としてあるのか。「人間的信頼関係」どころか、自説と違うからと言って、資料発掘者に対して「威迫によって閲覧」拒否を「強要」しているのは、他ならぬ三宅氏目身ではないのか。

*

最後に、氏は〝最終回答〟の末尾で「校倉書房に悪質ないやがらせ・威迫の電話を組織的に行う人々があり」と述べておられるが、こうした記述は誤解を招きやすいので止めていただきたい。事実問題としてこういうことがありうるとも思えないが、文脈上、私達研究会の仕業と受け取られかねないからである。杞憂とも思われることをあえて取り上げたのは、この間「無断コピー」問題で三宅氏が名前を特定せず「某」を連発していた為、論争の一方の当事者である尾藤氏があたかも「某」であるかのような誤解が一部に、しかも昌益研究についてはかなり明るいと思われる方々の中にも存在するという事実があるからである。尾藤氏にとっては、甚だおかど違いの濡れ衣というわけだが、私達研究会としてもそのような誤解にまき込まれたくはないので…。

もっとも、八畳の木造安アパートに住む一介の労働者である筆者をとらえて「悪質な資本家」と規定したり、「公然と名指しされて侮辱された場合、日本国民は自己の名誉を守る権利を有することを付言する」（図書新聞・二八六号）といった威丈高な物言いを見れば、論争を行なう際の三宅氏一流の論法であり、作風であると考えれば、合点がいかないこともない。それにしても「実に遺憾でならない」。

三宅氏の昌益論を批判する

三宅氏は、〃最終回答〃の中で「昌益の思想には、社会変革論、尊王論、日本神国論や被差別民への差別意識などが一体化し、とくに天皇制・家父長制の重視が思想の中軸に位置する。社会変革的要素のみを片面的に固定し、それに自己のイデオロギーを上乗せして昌益像を作り出すことは、『幻想的な幸福』を求める以外のなにものでもない」が、「昌益『研究』の分野では、『幻想的な幸福』にあわせて資料を分断し整合し意味づけ、歴史的事実さえ逆に創造（想像）してしまう悪習が存在する」と、恐らく私達研究会を指してであろう、批判している。

が、「日本神国論」は、一七世紀東アジア儒教文化圏の崩壊の中で、当時胚胎しつつあったナショナリズムの一環として、しかも昌益思想の発展過程を踏まえて位置づけ直さるべきものであろうし、もし「被差別民への差別意識」が昌益思想の本質に一体化しているというならば柴田道子氏が報告するような形で、水平社運動を積極的に斗っていた長野の古老を、昌益が、『自然真営道』が、どうして感動させることができたというのだろうか。

それよりも何よりも、安藤昌論の言語論・音韻論・医学思想・自然哲学等にただの一度も言及することなく、「安藤昌益の社会変革論」（一九七〇年一一月『日本史研究』一一五号）以来、「安藤昌益と二井田村改革」（一九八二年『本』九月号）に至るまで、一貫して「社会変革論」のみにこだわりつづけているのは、他ならぬ三宅氏自身ではないのか。

しかもその「社会変革論」たるや、「[2]〈失りの二別を以て上下二別に非ざる法〉は絶対主義政策、〈上〉は絶対王制、〈上下盗乱の世に在って自然活真の世〉は絶対主義国家を意味するものと判断することができ」「[3]昌益が形成した接近方法は、客観的には現実をより高度に組織する支配体制への変革をみちびきだすもの」であり、「[3]理想社会への変革は、農民の労働をもとにする下からの革命ではなく、絶対君主による上からの改良」であるとして、昌益の思想はいわば超国家主義・天皇制農本ファシズムの原型をなすものと、繰り返し主張している。

氏は、昌益思想の中にあるプラス面・積極的な面を引き出し現代に甦らせるのではなく、そのマイナス面・否定面をことさらに取り上げ「片面的に固定し」、昌益研究界でも珍しい、超反動的な昌益像を作り出してしまっているわけである。

何故か。それは氏が「幻想的な幸福」ならぬ、自己の概念装置「にあわせて資料を分断し整合し意味づけ、歴史的事実さえ逆に創造（想像）してしまう悪習」に陥っているからである。

以下、三宅氏の昌益論を概観し、その問題点を指摘してみたい。

＊

三宅氏の昌益に関する論文には一通り目を通してきたつもりであるが、氏の昌益論の特色はごく大ざっぱに

(1)昌益は儒教の内在的批判を通じて、老子[4]―孔子[5]―曾子―昌益という新たな道統を定立した

(2)その社会変革論たる〝契《かな》う世〟は絶対主義国家であり、〝上〟は絶対君主（＝天皇制）、〝邑政〟

は血縁共同体規制（＝家父長制・かまど）であるの二点に要約できよう。

尚、(2)との関連で近年氏は風土論＝思想の現実的基盤及び方言＝思想の本質といった点を強調しておられるが、氏の方言研究の問題性については、『会報』第一〇号で若干触れた（本書二二五）のでここでは割愛する。又、昌益思想の風土的基盤を探ると称して、氏の言う「被差別民への差別意識」を育んだ現実が、「兄娣、夫婦ニナルトモ恥ナラズ」といった兄娣婚を是認する現実が、あったはずだとして嗅ぎ廻る氏の行状が、地元の人々の顰蹙を買っていることを一言申し添えておきたい。

*

さて、三宅氏の昌益論の是非であるが、まず(1)の道統説から検討してみたい。

昌益が、「聖人トハ罪人ノ異名ナリ」、「虫ニ如《し》カザル者ハ聖人ナリ」、「思ヒシレ後世ノ人、馬糞ト謂《い》ハルトイヘドモ聖釈トハ謂ハルベカラズ、馬糞ハ益アリ」（統・糺聖失）とまで攻撃して止まなかった聖人に対して三宅氏は「[3]聖人についても全面否定するのではなく」「[4]意外にも昌益は聖人を評価している点がある」として、昌益を聖人の系譜の中に位置づけ、先述の老子―孔子―曾子―昌益なる道統説を提出しているのである。

この点について氏は、「[4]がんらい人間の思想は継承と否定をくりかえして発展するものであります。つまり先行の思想を土台にして、そのある部分を否定し、ある部分は継承して、より高度な新しい思想をつくりあげていくものであります」と述べておられるが、氏は昌益自身の内部での「継承と否定」、即ち昌益思想の発展段階には全く無頓着のようである。

つまりこの間、西尾陽太郎—竹下和男—野口武彦—安永寿延—寺尾五郎といった諸氏が進めてきた、昌益の著作の成立年代の考察、思想発展の跡付けといった研究史を無視した結果、晩期昌益によって明らかに否定され、乗り越えられている稿本『自然真営道』私法儒書巻四・五・六の例を引いて—しかも他との比較において孔子やある聖人を一定評価するかの如き字句が散見されるにしても、基調底音はあくまで〝直耕の衆人対不耕貪食の聖人〟との対立にある—氏は「意外にも昌益は聖人を評価している点がある」などと戸惑い、「資料を並べ変え、つぎはぎして」昌益道統説なるものを「創造」してしまっているのである。

＊

因みに、この間の研究によって稿本『自然真営道』一〇一巻九三冊は一時期に書かれたものではなく、概念・用語、また八巻に書き込まれた〝妄失〟との書き込みから、第一巻から一〇巻まででは、むしろ『統道真伝』と同時期か、一部（四・五・六巻）はそれに先立つ初・中期の昌益の手になるものと推定されていたが、この度その点を資料的に裏付ける事実が判明したので、以下簡単に紹介したい。

稿本の一部表紙裏から書簡及び草稿類の断片が出てきていることは、狩野亨吉—渡辺大濤、山田忠雄—尾藤正英諸氏による発見—紹介で、既によく知られているところであるが、表紙の題簽そのものについては、これまで問題にされることがなかった。

しかし仔細に検討してみた結果、題簽の下から文字が薄く透けて見え、『自然真営道第一・私制字書巻一』の下には『学問統括一・字書部』とあることが判明した。しかもこれは第一巻のみではなく、「学問統括部」全体について認められ、一〇一巻・九三冊の『自然真営道』に纏められる以前に、『学問統括』という題簽をもった独立したシリーズ本が既に存在していたことを窺わせるに十分である。

＊

次に(2)の〝契フ論〟＝絶対主義規定であるが、この点についてもほぼ同様の誤まりが指摘できよう。

氏は〝上〟は絶対王制（＝天皇制）、〝邑政〟は血縁共同体規制（＝家父長制）と規定し、「天皇制、家父長制の重視が思想の中軸に位置する」と述べておられるが、これは本当か。

三宅氏は先の道統説を展開するにあたって、昌益が曽参を評価するのは、単に曽参が直耕道を実践したことにあるのではなく、曽参が「『孝経』(4)の著者」であり、「実践的にもひじょうに親孝行な人物だった」からであるとしている。それは昌益が「親子間の道徳『孝』だけを高揚している」からであり、「昌益が孝のみを高揚し、忠を否定したのは、幕藩国家の思想的原理に対立して、被支配階級の立場からの思想的原理、つまり邑政の基盤を形成する家《かまど》中心の村落共同体の論理と倫理を構築しようとしたことを意味する」(6)として、その延長線上に『字書巻』の例を引いて、「昌益は明らかに家父長的支配を肯定している」と結論づけている。

だが、「昌益が孝のみを高揚し」ているとして、三宅氏が援用している第六巻「孔丘『孝経』ヲ篇ム」章のどこをどうひっくり返しても、昌益が「孝」のみを高揚している事実はなく、あるのはただ直耕道の高揚のみなのである。

尚、「真孝」という言葉を昌益が使用していることを根拠に「昌益が孝のみを高揚している」というのなら、なおさら馬鹿げた話である、昌益は「真ノ仁」、「真ノ札」、「真ノ義」といった言葉も用いており、いずれも五常に対する批判として、直耕道の実践のみが、真の五常にあたるとして上述の語を用いているのである。

しかも氏は、思想発展の上で最も変貌が著しいと思われる社会観において、「男女ヲ以テ人ト為ス、一人ヲ以テ人ト為《ス》ル則ハ失リナリ。男女《ヒト》ヲ以テ人ト為《ス》ル則ハ可ナリ」（『人相巻』冒頭）といった晩年の男女対等論を無視して、中期の『字書巻』の字解をそれも無批判に引用して、昌益の[5]「男尊女卑的発想」を言い、「昌益は明らかに家父長制的支配を肯定しているのであり、本家中心に一族内で生活の互助と統制が行なわれる、東北農村の血縁共同体の実態を読みとることができる」として、〝邑政＝家父長制〟論を展開しているのである。

こうした主張が、一見学問的装いをまといつつも、実は単なる思いっきにすぎないことが、氏の〝上＝天皇制〟論に端的に現れている。

「契フ論」の〝上〟について氏は、一九七二年段階では[4]「おそらく将軍のことだろうと思われます」と言っていたにもかかわらず、七六年段階では「[5]〝上〟は将軍ではなく、明らかに天皇のイメージに重なる。ただ……〝上〟の地位は万世一系的にはとらえられていない。」となり、更に七七年には「[6]上とは天皇にほかならず伝統的・神的な総領的権威を持続する天皇に総領主的最高権力を与えることによって、昌益は幕藩国家の現実的総領主＝将軍の最高権力を事実上否定する」と、一八〇度転換した解釈を施している。

しかも、こうした解釈の違いがきちんとした資料分析に基いた論証による研究の深化によってもたらされたものではなく、「おそらく」「イメージに重なる」といった表現にも見られるように、氏の思いつき、思い込みを述べたにすぎず、唯一論拠とされる〝上＝主＝天子〟なる規定も〝邑政＝家父長制〟論同様、『字書巻』からの引用によっているのである。

尚、引用の中で見てきたように、〝邑政＝家父長制＝孝の強調〟は「幕藩国家の思想的原理に対立して」、〝上＝天皇制〟は「幕藩国家の現実的総領主＝将軍の最高権力を事実上否定する」として、幕藩国家への否定という点で上下相呼応している。つまり氏は、相呼応すべく、絶対主義規定にあわせて字句を拾い集め、昌益を尊王論の系譜に位置づけ、天皇制農本ファシズムの原型をなすものと総括しているわけである。

おわりに

以上見てきたように、三宅氏の昌益論の特徴は、「契フ論」の内部構造、「契フ論」の収録されている『良演哲論』巻の内部構造―とりわけ「良子門人問答語論」との関連―、「真営道中眼燈此ノ巻ナリ」と特筆された『良演哲論』巻が稿本『自然真営道』中に占める位置、稿本『自然真営道』一〇一巻九三冊の相互連関、『統道真伝』や刊本『自然真営道』等、他の著作との相互連関といった形での「本格的な資料分析ぬきで」、もっぱら昌益の著作とは関係ないところのでき合いの概念装置を持ち込んできて、やれ尊王論、やれ日本神国論、やれ天皇制、やれ家父長制と「思いつきだけを並べた」昌益論に終始しているわけである。

つまり氏は、安藤昌益研究の第一人者を自称しながら、昌益の著作にまともに則そうとせず、全集編集者でありながら、全著作に向き合おうとしていないのである。「実に遺憾でならない」。

《引用文献》

(1) 柴田道子著『被差別部落の伝承と生活』(三一書房)
(2) 三宅正彦「安藤昌益の社会変革論」(『日本史研究』第一一五号)
(3) 同「安藤昌益」解説(筑摩書房『日本の思想』第一八巻)
(4) 同「安藤昌益の思想における継承と否定」(伊吉書院『安藤昌益』)

（5）同「江戸時代の思想」（吉川弘文館『体系日本史叢書23・思想史Ⅱ』）

（6）同「安藤昌益の思想形成と風土的基盤」（民族芸術研究所紀要第三号『続・東北民衆の闘いと文化』）

（『安藤昌益研究会会報』第一一号、一九八二・九・二〇）

［補注］ 三宅氏はこの間、「女性差別・障害者差別・被差別民差別・異国異民族差別」が思想の根幹に内包された「尊王論」者・安藤昌益といった昌益像を繰り返し述べておられる。

一方、氏は、「人間生活の地域的基盤＝風土と、地域を基盤として成立する人間生活の総体＝民俗とが、思想構成上の不可欠の契機として介入してくる」といった風土決定論ともいうべき主張を基本にしておられるが、いわゆる三段論法でいけば、大舘盆地の「差別」的な風土・民俗が安藤昌益の「差別」的な思想を生み出したということになる。

三宅氏は大舘盆地に足繁く通い、昌益に関する講演をたびたび行っているもののようだが、同氏のこうした主張を地元・大舘の人々はどのように受け止め、どのように評価しておられるのだろうか。

また、三宅氏はこの間、自著『安藤昌益と地域文化の伝統』（九六年、雄山閣）や『安藤昌益と八戸藩の御日記―野田健次郎遺稿集』（九八年、岩田書院）の解説で、安永寿延氏や寺尾五郎氏に対して昌益研究とは関係のないところで「文革派」としてレッテル貼りをして個人攻撃を繰り返したり、自らが編集・執筆に携わった校倉書房版『安藤昌益全集』が先に論じたように、出版されたこと自体が信じられないほどの無残な代物であったことを棚に上げて、農文協版『安藤昌益全集』の刊行に携わった寺尾五郎氏・安藤昌益研究会の面々・農文協役員に対して事実無根の「威迫」や「強要」を捏造し、卑劣としか言いようのない人格攻撃・中傷を繰り返している。何ともお気の毒なお人柄というしかないが、そのことで自らの昌益論・『全集』校訂作業が正当化されるわけもなく、「実に遺憾でならない」。

昌益と出会った石垣先生

「もしも……」――石垣先生追悼

石垣先生に第一四巻「二井田資料」の解説を執筆していただいた『安藤昌益全集』（農文協刊）が毎日出版文化賞を受賞した際、同紙夕刊のコラム「憂楽帳」に「もしも…」と題する短文が掲載された。

内容は昌益と発見者・狩野亨吉との運命的な出会いについて述べたもので、「歴史にもしもはあまり意味がないかもしれない」が、「もし、稿本『自然真営道』が狩野亨吉の目にとまらず「凡庸な学者の手に渡っていたら、果して、いま、『昌益全集』があったか、どうか――。」と結んでいた。

この一文を読むたびに思い起こされるのが、石垣先生が「石碑銘」「掠職手記」と出会われた時のお話しである。

石垣先生に初めてお目にかかったのは七六年の夏、寺小屋教室安藤昌益講座の一行一一名で八戸・大館の史跡巡りをした時のことだった。横須賀生まれ横須賀育ちの私としては正直なところ、大館弁で話された先生のお話の何パーセントが聞き取れていたのか定かではない。ただ、今でもハッキリと覚えているのは、「石碑銘」にある「確龍堂良中」という名が「はあてなぁ、どこかで聞いたことがあるが……」とひっかかりつつ考えあぐねていたある晩、「ふと、岩波文庫の『統道真伝』に出ていた名前ではないか」と思い当り、確龍堂良中＝安藤昌益の同定に結びついたという顚末である。

それが過去帳・墓の確認という形で固められ、昌益研究史上画期的な一大発見につながる。そして『北鹿新聞』の記事に始まり、八三年の石碑再建、『全集』への執筆等々、石垣先生の晩年は思いもかけず、昌益の顕彰、大館詣での昌益研究者・昌益ファンへの応接で忙殺されてしまったことと思われる。

私達もそうした意味で石垣先生を煩わせてしまった者のひとりだが、先生は訪れるたびお願いごとをするたび、嫌な顔ひとつせずいつもニコニコと応待して下さった。そしていつかお手紙のやりとりをする間柄にまでしていただいた。私の乱筆乱文に比べ、先生のお手紙はいつも一字一字丁寧に書かれていて、筆遣いにお人柄が忍ばれるものであった。

先生を振り廻してしまった者の勝手な言い分と取られるかもしれないが、ご病気の奥様を抱えながらも先生は、昌益との二人三脚で忙しさの中にも充実した晩年を過ごされたのではないだろうか。狩野亨吉が昌益との出会いを通して稀有の後半生を生きたのと同じように。

石垣先生と昌益との出会いにも又、運命的なものを感ずるのは私ひとりだけであろうか。もしも「石碑銘」が石垣先生の目にとまらず、別の人の手に渡っていたとしたら、果していま、『昌益全集』が、再建石碑が、良中会があったかどうか――。

（『良中通信』第九号、一九九二・一〇・一四）

『安藤昌益からの贈り物』に寄せて

年の瀬も押し詰まった二〇〇〇年一二月半ば過ぎ、大館の街に降り立つと、そこは一面の銀世界だった。そうした寒さの中、ひそかな春の訪れを告げるかのように心暖まる贈り物が届けられた。題して『安藤昌益からの贈り物―石垣忠吉の物語』（〇一年、東方出版）、昌益研究者としても知られる萱沼紀子さんの新著である。

本書は、昌益研究史上画期的といってもいい昌益の晩年に関する大館資料の発見者である石垣忠吉さんの生涯を縦糸に、萱沼さんとの出会いや昌益研究にまつわるエピソードを横糸に編み上げた冬着のような出来上がりで、着てみると（読んでみると）ほっこりと心が暖かくなる。

そして縦糸と横糸が交差するちょうどそこのところに、昌益と本書のキーワードである男女の性愛が位置している。

知られるように安藤昌益は、「男女」と書いて「ひと」と読ませるなど、独特の言葉づかいや用語で一般には難解な思想家とみなされているが、本質はきわめて簡単明瞭、一言で表せば「いのちの思想家」と言うことができよう。

農民の子であり、町医者であった昌益は、誰よりも何よりも生命を大事だと考え、生命をその思想の根幹に据えた。そして生命を産みだし育むものとして男女の性愛と食うこととを尊重し、それを支えるものとして「直耕」の哲学を打ち立てた。激烈とも言える不耕貪食批判も、二別批判も、自然と調和した平和で平等な未来社会の構想も、すべてがこの生命の哲学から紡ぎ出されている。

こうした二一世紀にこそ語られ、引き継がれるべき昌益思想の本質、男女の性愛をキーワードとして編まれた本書は、第一部が「東北《みちのく》の男女《ひと》」、第二部が「惚気《のろけ》めく『あぐら咄《ばなし》』―石垣忠吉の遺稿」と題された二部構成となっている。

第一部は、筆者である萱沼さんが昌益研究のため訪れた際の石垣さんを始めとした地元大館の方々との出会いや昌益研究にまつわるエピソードを交えながら、石垣さんの生涯をスケッチ風に紹介したもので、比内弁を織り込んだ語り口と萱沼さんの人柄そのままに気っ風のいい文体が、読むものを引き込んで止まない。

第二部は石垣さんの遺稿の抜粋で、評者としてはできれば全文を読んでみたいところだが、第一部での萱沼さんによる評伝で全体が過不足なく追えるようになっている。

もともと遺稿を託された山田福男さん（比内町扇田）が二〇〇〇年一二月一五日付の『大館新

報』紙上で、扱いをどうすべきか困惑されていた旨を縷々《るる》述べておられたように、赤裸々な性愛描写も一部にあるが、全体としてはソノ夫人との出会いを中心に、この世に生を受けソノさんと出会えたことの悦びに満ちた生涯を綴った、世にも稀れな純愛物語ということができる。

評者が石垣先生にお世話になったのはもちろん昌益を通してで先生晩年のことになるが、長身で飄々《ひょうひょう》とした風貌の中にも、若き日の屈折した思いを胸にどこか含羞《がんしゅう》を秘めておられたようで、行間にもそうしたものが散見されるが、ソノさんへの思い、生き方の基本は一貫している。

以前、石垣先生が亡くなった際の『良中通信』追悼特集号にも書かせていただいたことだが、もしも「掠職手記」「石碑銘」が石垣さんの目にとまらなかったとしたら、果たして『昌益全集』が、再建石碑があったかどうか……、との思いは今も消えない。いわば石垣さんは、炯眼《けいがん》の士でもあった。

そうした意味で本書は、遺稿を綴った石垣さんの思いを超えて、高齢化社会を迎えた現代社会での老いの問題、荒廃が進む教育現場での教育論・教師論・人間関係論・地域社会のありよう…といったさまざまな問題を考える上でのヒントを提供してくれる貴重な証言ともなっている。

本書のタイトルは『安藤昌益からの贈り物』となっているが、内容からして山田さん―萱沼さんを介した、石垣さんからの「安藤昌益への贈り物」でもある。

（『大館新報』二〇〇一・一・二六）

寺尾先生における昌益

八重子夫人から電話があったのは、八月二一日の晩九時頃のことだった。電話の声が「もしもし、寺尾です」と告げた瞬間、ひょっとしてという不安とまさかそんなことはあるまいという思いとが交互に去来した。しかしあいにくと不安は的中し、「主人が今朝、亡くなりました」との沈痛な言葉が続けられた。

しかもその死はある程度は予期されていたこととは言え、あまりにも突然だったとのことで、主治医が夏休みを取って帰省し病院を空けるに際しても、「まだ一週間や一〇日はどうということもないでしょうから」と告げられていたとのことである。そのため奥様は、普段通りご自分の腰痛の治療を受けてから病院へ向かったもので、着いた時には既に冷たくなっていて、臨終にも立ち会えなかったとのことだった。その言葉には、最後の瞬間を共にできなかった無念さ、一人で旅立たせてしまったことへの無念さがにじんでいた。そして電話は、故人の遺志で密葬に付したい旨を告げていた。

私が電話を受けた際、一瞬でもひょっとしてと思ったのは、死の三日前——今にして思えば最

古稀を祝う会であいさつする寺尾五郎氏

後の見舞いとなってしまったわけだが――八月一八日の午後、約一カ月振りに狭山のS病院を訪れた際の寺尾先生が、考えていた以上に衰弱していると見受けられたためである。

私より四日ほど前に寺尾先生を見舞っていた知人からは、お見舞い中に先生がベッドから降り立ち、車椅子でロビーまで来てタバコを一本吸っていた、との元気な印象の報告を受けていた。そのため、私が見舞ったときの先生の衰弱振りがいっそう気になったわけである。

その日私は、たまたま前日の一七日に宮崎吉政さんから届いた寺尾先生宛ての手紙を携えて病院を訪れた。先生はお休み中だったが、奥様が起こしてくださり、宮崎さんのお手紙をお渡ししたが、ご自分では読むのが辛そうだったため、読んでさしあげた。ウンウンとうなずきながら聞き終わると、手紙の感触を確認するように、何度も手紙を両手で撫でておられた。そして二言三言言葉を交わすと、会話の最中にもかかわらず、いつの間にかまた寝入ってしまわれたのである。

私が奥様に「こうして一進一退を繰り返すのですかね」と問い掛けると、奥様の話では「一進一退じゃなくて、一退一退なのよ。まるで坂道を転げ落ちるみたいに日に日に弱っていって……」と言葉を詰まらせていらした。

あまり長居をしてもと、早々に引き揚げようとして先生の手を握ると、「お前はいつもこうやって、加減というものを知らんから」と痛がって叱られた。が、言葉がはっきりとは聞き取れず、意味を確認できたのは、駅までの帰りの道すがらであった、痛み止めにと点滴の中にモルヒネを混ぜているほどとは言え、別に力をこめてでもなく握った手がそれほどの痛みを与えたのかと思うと、己れの無神経さが悔やまれた。それにしても、あの一言が私と先生との最後の言葉になろうとは……。ひょっとしてと思ったのは、こうした経緯があったからである。

九七年六月に食道ガンと胃ガンのため、食道と胃と十二指腸の摘出手術――大腸を移植しての食道と胃の形成手術を受けて以来、退院後ほぼ二年にわたって自宅で療養を続けて来られた先生が、この六月の末に再入院されたのは、そもそもご自身が言い出されたものだとのことである。

思えば、六月の初めに先生の指示で関係者に「寺尾先生からのご挨拶に代えて」を送付したのも、「廃人状態」との宣言を出すことで当面の諸事を回避し、治療に専念するおつもりだったのではあるまいか、奥様のお話では、少なくともご本人は復帰を目指して再入院を決意し、再び我が家へ帰る日を信じていたとのことである。医者から奥様には「持っても二、三ヵ月の命」と告げられていたとのことだが……。

実証主義、現場主義の昌益研究

私が寺尾先生と親しくお付き合いさせていただくようになったのは、七六年春、中学時代からの悪友・相田博君に誘われ、高田馬場にあった自主講座「寺小屋教室」の安藤昌益講座に足を運ぶことになって以来のことである。

その後は昌益ゆかりの地、八戸・大館への研修旅行や寺小屋安藤昌益講座終了に伴なう紀伊國屋ホールでの記念講演会、七八年春の「東京安藤昌益研究会」の発足、八二年秋からの『安藤昌益全集』の刊行、八七年秋の全集完結記念・昌益没後二二五年記念シンポジウム、八八年春の「安藤昌益の会」発足と、安藤昌益を介して寺尾先生晩年の二〇年余をご一緒させていただいたことになる。

そして昌益研究はもとより、フォーラム90'Sの一環としての「民衆の日本史」講座や「草莽塾」での講演によって、寺尾節とも呼ばれるあの独特の語りや、「土曜会」を始めとして、戦前から築いてこられた様々な人脈の一端にも触れさせていただいた。

そうしたお付き合いの中から、「左翼界のシーラカンス」などと一部で揶揄されながらも、若い者の議論にはとことん付き合い耳を傾ける柔軟な態度、その軽妙な語り口や快刀乱麻を断つがごとき文章から一見したところ豪放磊落に見えながら、その実、学生相手の集会での講演にもきちんとした下原稿を欠かさない誠実さ、安易な記憶に頼ったり筆の流れに任せたりせず、疑問や引っ掛かりがあれば三日でも一週間でも筆を執らずに資料に当たり、必ずウラを取ってからでないと論を進めない厳密さなどを垣間見ることになり、通説に囚われず、常に独自の視点を提供し続ける寺尾史学を支えているものの一端に触れることができた思いがする。

例えば『安藤昌益全集』を編纂するに際しても——もちろん寺小屋時代から一貫した基本方針でもあったのだが——、昌益の漢文を書き下すに当たっては、常に現代語訳を考えつつ、即ち厳密に意味を把握しながら書き下すよう指導されたものである。現代語に訳さずに、つまり一々意味を解しながら書き下さないと、分かったような気になって、上滑りした安易な書き下し文を作成することになる危険がある、との戒めによるものであった。農文協版の『昌益全集』に現代語訳が付されているのは、単に昌益の独自な漢文体の文章が現代の読者にとって馴染みがないからというだけではなく、こうした書き下し文の厳密さを引き出すためのものでもあったのである。

また引用や参考資料についても、できるだけ孫引きは避け、原則として原典に当たること、可能ならば現物に当たることを心掛けるよう指導された。現物がすぐに読みこなせるかどうかは別として、現物を手にすることにより、昌益が目にし耳にし手にしたかも知れない当時の実感を追体験でき、そこから思考の手掛かりが得られるかもしれない、との実証主義ないし現場主義によるものであった。

それだけではなく、何がしかの研究をする以上、当然と言えば当然のことながら、実際には必ずしもきちんと行われていないこととして、先行研究の批判的検討を怠ってはならないという点も、先生から学んだものの一つである。

とは言え、こうした指導をどれほど体得でき、実践できているかについては忸怩たるものがあり、今後の昌益研究の中で果たしていくしかないのだが……。

ところで寺尾五郎という人は、戦前の早稲田での非合法の学生運動に始まり、学徒動員による応召先のチチハルでの反戦活動――非転向を貫いての四五年一〇月の出獄――戦後すぐからの共産党員としての活動、日本朝鮮研究所の創設や日韓条約反対闘争、中国派として共産党を除名されたのちも、日本共産党（左派）の結成に尽力し、近年はこの間の左翼運動の混迷を調整・克服すべく「共産主義者の建党協議会」の初代代表に就任するなど、終始一貫して社会運動・革命運動の最前線にあって波乱万丈の人生を歩んだ人であり、私が指導を受けお付き合いさせていただいた安藤昌益研究は、そうした先生の数々の経歴・業績からすればほんの一時期・ほんの一面でしかない。

したがって私のこの一文は、寺尾先生を追悼するには必ずしも十分とは思われないが、一方、安藤昌益研究は社会主義論と共に、先生が晩年、生命を賭して取り組んでいた思想的営為の一方の柱でもあり、時間の制約で不十分なものとならざるを得ないが、寺尾昌益論の概略を紹介することで、不肖の弟子の一人としての私からのささやかな追悼の気持ちに代えたい。

土着の社会主義を探究

寺尾氏が安藤昌益について初めて言及したのは、管見では雑誌『東風』誌上に七四年三月から一〇月にかけて連載された「革命が歴史を作る—時代区分論」（七七年一月、たいまつ社よりたいまつ新書・五として出版された）の中においてであり、その後、日本人の手になる戦後初めての本格的な昌益論である『先駆安藤昌益』が出版されたのが七六年の二月、徳間書店から「封建制下の革命思想家三部作」の第三弾としてであった。

寺尾氏の昌益研究は、氏が「昌益研究の第一人者」と評されていることでも明らかなように、それ自体が狩野亨吉以来、九〇年にも及ぶ昌益研究の中でも特筆大書されるべき、一頭地を抜きん出た研究であるばかりではなく、何よりも、革命家・社会運動家の手によって行われた昌益研究という点にこそ最大の特色があると言えよう。

氏はマルクス・エンゲルスによって創始されたマルクス主義に歴史の真実を認め、レーニンによるロシア革命への適用と深化・発展、毛沢東による中国革命への適用と深化・発展を経て、日本における革命——マルクス主義の定着化・土着化とその深化・発展、ないし土着の社会主義—

―という問題意識から、七〇年代以降、日本における革命の歴史、そこにおける主体の形成とそこに果たす思想の役割といった課題に、本格的な取り組みを開始するようになる。

そして七二年九月に『悪人親鸞―人間解放の思想と一向一揆』、七三年三月に『革命家吉田松陰―草莽掘起と共和制の展望』（七七年に『草莽吉田松陰』と改題）、七六年二月に『先駆安藤昌益』をいずれも徳間書店から上梓、「封建制下の革命思想家三部作」として結実する。

また、『革命家吉田松陰』と『先駆安藤昌益』に挟まれた時期の七四年三月から一〇月にかけては先述の「時代区分論」を執筆、七五年四月には寺小屋安藤昌益講座を立ち上げ、同年一〇月には明治維新における近代化路線と倒幕路線の別を論じた『明治維新の舞台裏―坂本龍馬と中岡慎太郎』を新人物往来社から出版している。

さらに七八年六月には、後に『全集』の出版元となる㈳農山漁村文化協会から『安藤昌益の闘い』を、八〇年二月には徳間書店から、明治維新を推進した革命家の群像を描いた『草莽の維新史』を上梓し、八〇年一〇月から八一年八月にかけて『季刊クライシス』（社会評論社発行）誌上に四回にわたって「唯物弁証法の彷徨と深化」を連載し、弁証法を「矛盾の論理学」と規定した上で、弁証法が形而上学と対立するものではなく形式論理学と対立する旨を明かし、日本における弁証法的な思考の現われとして、親鸞・昌益・三浦梅園らを取り上げている。

このように、氏の昌益論は単に昌益その人を取り上げ、その思想の是非を論じるのに止まらず、世界史の一環としての日本史、日本史の一環としての明治維新革命というパースペクティヴの下、通史としての「時代区分論」や組織者・オルガナイザーとしての松陰・慎太郎の役割、そこにおける思想の深化・発展、等々といった壮大な歴史叙述――寺尾史学の一環としての昌益論としてあるということを押さえておく必要があるだろう。

そうした意味で、先の「封建制下の革命思想家三部作」について言えば――私の個人的な好みも含めて――、寺尾節が最も冴え渡っているものとして『悪人親鸞』を評価する向きが多いのは、親鸞という人物を介して同書では、時代の激動がもたらすダイナミズムと思想の深化・発展がはらむダイナミズムとが共鳴し合い、壮大な交響楽が奏でられ、歴史の真実が生き生きと描かれていることによるものであろう。それに対して『草莽吉田松陰』では、倒幕路線の深化・純化とそれをもたらした歴史の激動は描かれていても、対象たる松陰の思想には親鸞・昌益に見られるような思想の深みがなく、一方『先駆安藤昌益』には昌益思想の持つ壮大な体系性と哲学的な深みはあるものの、昌益の生きた時代的制約・資料的な制約もあって、歴史のダイナミズムは稀薄であると言わざるをえないように思われる。

未完の『論考安藤昌益』

では、『先駆安藤昌益』『安藤昌益の闘い』での論述を踏まえ、現存する安藤昌益の全著作・関連資料・先行研究のすべてに目を通して全二一巻二二冊・別巻一冊の『安藤昌益全集』を編集・

執筆した上、『全集』の全解説を下敷きに、さらにそれを深化・発展させて、後半生を賭したといっても過言ではないほどのエネルギーを傾注し、寺尾昌益論の集大成として執筆された『論考安藤昌益』四部作（第三部まで既刊、第四部は未完）とは、どのようなものとして私たちの手に遺されたのであろうか。寺尾氏は『論考』を通して、私たちに何を遺そうとしたのであろうか。

『論考安藤昌益』の切り開いた地平とは、いかなるものだったのであろうか。

『論考安藤昌益』四部作の構成は、次の通りである。

『論考安藤昌益』は、第一章「昌益の思想」、第二章「昌益の著作」、第三章「伝統イデオロギー批判」の三章から成る。

『続・論考安藤昌益』上「安藤昌益の自然哲学と医学」は、第一部「昌益の自然哲学」、第二部「昌益の医学」とに分かれ、第一部は、第一章「自然の発見」、第二章「『活真』論」、第三章「『進退』の矛盾運動」、第四章「五行・四行説」、第五章「天地・宇宙論」、第六章「生物論・通横逆論」、第七章「昌益のエコロジー」から成り、第二部は、第一章「医の思想」、第二章「医学体系の組み変え」、第三章「各科概論」、第四章「昌益医学の各方面」、第五章「日本医学史上の昌益」から成る。

『続・論考安藤昌益』下「安藤昌益の社会思想」は、第一章「歴史観・革命観」、第二章「現状観・過渡期論」、第三章「人間観」、第四章「労働観」、第五章「共産主義史上の昌益」から成る。

未完の『論考』第四部は、「安藤昌益の論理方法」と仮題され、昌益研究史と安藤昌益の論理方法―弁証法が収録される予定になっていた。

『論考』及び『続・論考』上下だけでも優に一、五〇〇ページを超える寺尾氏による昌益論は、空前にしておそらくは絶後とも言えるもので、各論レベルで言えば氏の論を越えるものが将来において出てくる可能性を否定しえないが、総体としては本書の水準を越えるものが出てくるとは考えにくい、それほどの質と量とを共に備えた、渾身の書と呼ぶにふさわしい類い稀な研究と言えよう。

第一部『論考』第一章では、独創的な世界観・自然観・医学観・社会観・思考方法について・思想史上の昌益、の順で「昌益の思想」を概観し、第二章「昌益の著作」では、先行研究への評価・批判とそれを通して昌益思想の内的発展（初期・中期・晩期）が跡付けられる。

そして第三章「伝統イデオロギー批判」では、昌益による易学・「内経」医学・儒教・兵学・道教・仏教・神道批判が逐一紹介され、「師無ク弟子無シ」とする昌益の思想が、先行思想のあれやこれやを受け継いだもの、先行思想のいずれかの系譜に属するものではなく、「先行諸思想の全否定」の上に成り立ったものである旨が明かされる。

ここで「先行諸思想の全否定」ということは「（昌益が）生産者階級の立場に立つことで、それまでの一切の学問が、支配階級・横領者階級の学問であったことを見抜いた」ものであり、「日本思想史上に前例のない破格なこと」であるとして、寺尾氏によって積極的に評価される。

さらに「生産者階級の立場に立つ」ということは、「人間の本質を労働＝『直耕』に見出だし、直接生産者大衆である『直耕ノ衆人』を主体とした世界観」に立つということであり、「人間の本質を労働に見出だしたからこそ、労働対象としての『自然』を客観的実在としてとらえ、その運動法則を明かす自然哲学が成立した」として、昌益の世界観における自然哲学の位置・役割が規定される。

こうして昌益の世界観の根底に据えられた「自然哲学」は、『論考』第二部の「安藤昌益の自然哲学と医学」の前半で、伝統イデオロギーである「無」の観念論哲学に対する、「活真」「進退」の唯物弁証法哲学として解明される。

「活真」とは「活《イ》キテ真《マコト》」とも読まれ、全宇宙に遍在し全宇宙を構成するところの根源的実在・根源的物質であり、「活」は運動性・生命性を、「真」は実在性・物質性を表わす昌益による見事な造語である。宇宙の全存在を運動する物質・物質の運動と規定するこうした「昌益の『自然真営道』は、ヨーロッパに先がけて日本に自発・自生した『自然弁証法』であった」。

しかも昌益にあっては、すべての物質（活真）の運動の本質は「それ自体の内部に原動力をもつ自己運動」であるとされ、かつ自己運動の原動力は「すべての存在が内部に矛盾（互性）をはらんでいる」ことによる矛盾運動であるとされる。

即ち、あらゆる存在＝客観的世界とは、自己運動をしている物質の総体であり、「自《ヒト》リ然《ス》ル」「自然」なのである。昌益が自らの思想体系＝自然哲学・社会思想を「自然・真・営道」と名付けた所以である。

このようにして昌益の自然哲学の独自性・破格性を描き出した寺尾氏は、昌益の自然観の本質を「豊饒な生命性」にあるとし、その生産性の根拠を「天地の直耕（労働）」にあると見た。そして前人未踏の「直耕の哲学」「生産者の思想」を打ち立てた昌益によって行われた伝統医学のコペルニクス的転換を、『安藤昌益の自然哲学と医学』の後半（第二章「医学体系の組み変え」）で次のように解明している。

「当時の医学の〝体系〟というよりは〝定形〟……は、内科を『本道』と呼び、『本道』が医書の大部分を占め……その末尾にまるで雑件のあつかいで産・婦人科や小児科のことがほんのちょっとあるという体裁」であったが、昌益は稿本『自然真営道』の医学部分で「産科・婦人科を第一とし、小児科を第二とし、この二つを医学の基礎とし……それまで独自の専科となっていなかった泌尿・生殖器科を新設し、精神病科を創設」するという「医学体系の革命」を行った。

それは「いのち」と「からだ」と「こころ」の医学の創造であり、「医学を疾病の治療の技術から、生命の誕生・育成・保全の科学へ、医術から生命哲学へ」と転換させた医学のパラダイム・チェンジであった、と。

こうして悠久なる生命の流れ＝自然界の絶え間ない物質代謝の過程に人間の存在根拠を措定し、そこから「真営道」医学を打ち立てた昌益は「非命ニシテ死セル」多くの人々への鎮魂の思いを思想的に深める中から、社会の矛盾を糺明し「幾々トシテ経歳スト雖モ誓ツテ自然活真ノ世ト為サン」と変革を志す「社会の医師」へと転身する。そうした昌益の人間観・労働観・社会観等々を解明したのが、第三部「安藤昌益の社会思想」である。

宇宙万物の活動性・生産性・創造性を「活真ノ直耕」という一語に凝縮した自然哲学に支えられた昌益の労働観・人間観は、生産労働とりわけ農業労働を人間存在の第一義的なことがらとし、労働の本能性・労働の主体的な能動性を基礎に、労働が自然と人間とを一体化し・労働が社会を支え・労働が人間を人間とするとの観点から、「昌益は、労働する民衆の側から、その立場に立ち〝労働の哲学〟を展開した最初の人間となった」として、歴史的な位置付けが行われる。

こうした人間観・労働観に基づくところの安藤昌益の「世直し」論の立脚点は当然にも、「現実の〝法世〟社会にあって人間が本来の人間を取り戻す契機も生産労働への従事であり、〝法世〟を少しでも正常化・健全化する契機も、また、それを変革する契機も、労働にある」旨が明かされる。

その上で人類史を総括した昌益は、太古に〝共有・皆労・平等・自律〟の「直耕」コミューン＝「自然世」が存在したこと、そこに伏犠を始めとした「聖人」が出現し「不耕貪食」の階級支配を始めたことにより「自然世」が崩壊し、〝欲々盗々乱々〟とした「法世」が現在まで続いていることを解明すると共に、搾取も抑圧もない「自然世」＝理想社会の実現を展望する。

それこそ寺尾氏によって唱えられ昌益研究の世界ではほぼ定説となった、昌益一門による全国集会であり、そこで打ち出された過渡期綱領であり、昌益の弟子・神山仙確によって稿本『自然真営道』一〇一巻九三冊の中の「眼燈ノ書」と特筆大書された「良子門人問答語論」とそれに続く「私法盗乱ノ世ニ在《あ》リナガラ自然活真ノ世ニ契《かな》フ論」である。

こうした昌益の社会思想は、寺尾氏によって「日本ではじめての主権在民の共和制民主主義の思想であり、権力否定の無政府主義の思想であり、素朴な共産主義思想であり、他に比肩すべきもののない民衆解放の思想である」として高く評価され、世界史における広義の「共産主義」という大道に立脚した人間解放の思想の一環として、「日本に自生した土着の共産主義思想であった」という言葉で結ばれている。

そして残念ながら未完に終わってしまった第四部は、先にも簡単に触れたように「安藤昌益の論理方法」と仮題され、昌益による「二別一真」の矛盾論、「進退互性」の弁証法が、『季刊クライシス』に連載された「唯物弁証法の彷徨と深化」をさらに充実・発展させた形で、世界史における唯物弁証法の歴史的総括と共に扱われるはずであった。

寺尾氏のメッセージ

寺尾氏が昌益の「自然哲学と医学」「社会思想」とは別に、昌益の「論理方法」を独立の一巻として構想していた背景には、昌益の唯物弁証法にそれだけの価値を見出だしていたと同時に、自身が携わってきた社会運動に対する苦い総括も含まれていたのではないだろうか。具体的には、この間の科学技術の進展により唯物論的な思考は人々の間に広範に浸透してきたと言えるのに対して、弁証法的な思考はまだまだ人々によって獲得されておらず、それが社会主義の教条化・硬直化をもたらし、左翼運動を蝕んできたという強い危機感に支えられてのことで、昌益の弁証法を描き出すと共に、同書では弁証法的な思考の大切さを強く訴えたかったのではないだろうか。そして、それこそが晩年の寺尾氏自身の思想的到達点だったのではないかと思われてならない。

いずれにせよ、私たちの手に遺された『論考安藤昌益』三部作には、一貫した革命家・社会運動家にして『安藤昌益全集』編集代表であった寺尾五郎氏でしかなしえない、豊かな可能性を秘めた昌益像がある。

関東大震災によって大部分が焼失してしまった稿本『自然真営道』一〇一巻九三冊については、これまで発見者であり、戦前、岩波の『世界思潮』に「安藤昌益の紹介文を寄せた狩野亨吉ただ一人が全巻を読み通した」と考えられてきているが、私見では狩野は全巻を精読しているとは考えにくく、現存する昌益の全著作・関連資料・先行研究のすべてに目を通し、丹念な読み込みと鋭い問題意識、深い洞察に支えられた『論考』三部作によって初めて安藤昌益の全体像が描き出されたといっても過言ではないだろう。

寺尾氏は、これまでの昌益研究が、伝統思想における用語と「思想創造」の苦闘の末に昌益が生み出した造語の字面上の類似に目を奪われ、陳腐なものとして切り捨ててきた昌益の造語の一つ一つを丁寧に跡付け、昌益の苦闘の現場に立ち会い、昌益の「思想創造」を追体験することによって、昌益研究の通説に異を唱え、いくつもの新生面を切り開いている。

と同時に寺尾氏は、昌益の「思想創造」を追体験し、そのことの持つ意義を明らかにする中で、恐らくは自前の概念・自らの思考の枠組み自体を問い直し、鍛え直しているようにさえ見受けられる。

つまり本書は、寺尾氏自身が「はじめに」でも述べているように、「昌益についてのたんなる学術研究書にとどめず、昌益の思想そのものを論ずるとともに、昌益が取り組んだ諸問題を、現代において改めて昌益と一緒に考え、いわば昌益を介して自然と社会と思想の諸問題を論考しようとした」ものであり、寺尾氏が生前お好きだった大相撲にたとえるならば、横綱昌益に躍進寺尾関がけれん味なく挑み、がっぷりと四つに組んで一歩も退かずに渡り合い、歴史に残る名勝負を展開している様を思わせる。

言わば寺尾氏は、本書を通して私たちに二つのメッセージを送ってくれているとも言えよう。それは一つには、安藤昌益という類い稀な人物の思想、並びに時代と世界への対峙の仕方を知ることで、世直しについての根源的な問い掛けが、一人の人間においてどれほどの深さと体系性をもたらしうるのかということを学ぶことができる、という意味においてである。

そして二つには、そうした安藤昌益という存在、壮大かつ根源的な安藤昌益の思想に正面から取り組み、徹底的に研究するということを通して、寺尾氏は問わず語りに、対象に対する対峙の仕方・取り組み方こそを学ぶべきであり、学ぶことができる、学んでほしい、と残された私たちに訴え掛けているという意味においてである。

と同時に寺尾氏は、寺小屋の安藤昌益講座に始まり、寺小屋後の東京安藤昌益研究会、『全集』刊行のための安藤昌益研究会、『全集』刊行後の全国的さらには国際的ネットワークとしての「安藤昌益の会」を組織するといった経過を通して、昌益研究を単に個人研究のレベルにとどめず、終始、組織としての広がりを持たせ、研究—普及の継続性を図りつつ推進した、ということができる。

そして晩年は、草莽塾・未来塾・民衆の日本史講座等々といった場で労働者・市民を対象に、日本の民衆思想・自前の革命思想といった観点から、日本史の中に脈々と息づいてきた人民的伝統の掘り起こしを行なうとともに、そうした流れの中で昌益を普及していったという側面もある。

終りに

昌益研究史における寺尾氏の業績は、このようにスケールの大きなものとしてあったが、寺尾氏による昌益論、とりわけ社会思想や過渡期論・革命論には当然のことながら異論もあるところであり、ご自身、「いささかポレミークに過ぎたかも知れぬが、それなくして研究の発展はあるまい。反批判は望むところである」として本書を基にした論争の高まりを期待されていた。

しかし、寺尾氏はすでに亡い。

直接的な批判——反批判の道は断たれたとしても、残された私たちとしては『論考』三部作を基に、今後とも研究を深め論争を高め、昌益と共に寺尾氏が取り組んだ諸課題に立ち向って行かなければならないだろう。それこそが、寺尾氏の遺志に応える道だからである。

（初出『状況と主体』第二八五号、一九九九・九・二〇／補筆『直耕』第二三号、二〇〇〇・一一・一五）

Ⅳ　研究動向を追って

土着と国際主義の両立へ

――『全集』完結／昌益没後二三五年記念一〇・二四シンポ（一九八七年）

アポリアの克服に向けて

安藤昌益シンポジウムの準備が、全集が完結したことを記念してすすめられている。〝日本に自発・自生した土着の革命思想〟である安藤昌益の〝今に生きる意義〟を探るべく企画された「一〇・二四シンポジウム」の呼びかけに対して実行委員になって下さった方の多くは、「時宜にかなった企画」「大変有益」「双手をあげて賛成」と記し、その理由として、「日本の現代思潮の源流を知るため」「日本人は、世直しの思想を確立するにあたって、自国の先達の実践家・思想家から学ばねばならない」「日本型社会主義思想の形成には欠かせない歴史的イデオローグ」等を挙げている。また、実行委員にはならないがシンポジウムには参加するという人の中にも、「革命思想は外来とする反動攻撃を、歴史的事実をもって粉砕する武器と致しましょう」といった添え書がある。〈国際主義と土着〉を標榜する『稲妻』編集部から原稿執筆の依頼があったのも、恐らくこうした昌益の〝土着の革命思想〟に着目してのことと思われる。
一方、ごく些かと言うよりも一通ではあるが、「農学史の立場からというと安藤昌益はそれほど重要かどうか、未だ評価が定まりません。現時点でもてはやされすぎるのは問題だと考えます」というのがあった。科学史家として著名な筑波常治氏である。筑波氏の懸念が奈辺にあるか文面からは詳らかではないが、すぐに想起されたのが、安藤昌益の天文観の独自性を追究すべく、七七年頃、「日本人の天文観と安藤昌益」と銘打った公開講座を依頼した時の講師のことである。講師は開始予定時間を大幅に遅れた揚句、到着するなり開口一番「私は個人的な経験から言って、安藤昌益がもてはやされる時代に対して、どうしても胡散臭いもの、キナ臭いものを感じてしまう」と切り出し、酒気を帯びていたこともあって、結局、本題に入らないで終ってしまったのである。

確かに歴史における行為というものは、歴史の偶然なのか必然なのか、あるいは歴史の意志といったものに突き動かされてのことか分らないが、後から振り返って見ると、当事者の主観的意図や思惑を乗り越えて全く別の意味・役割を負わされてしまうということがままあり得る。筑波氏の懸念がその辺りを指してのことであれば、私たちもシンポジウムの企画運営にあたって充分過ぎる程慎重にことに当らねばならないだろう。

なぜならば安藤昌益については、呼びかけ文にいう「土着の革命思想」という位置づけとは別に、「昌益の思想には社会変事論・尊王論・日本神国論や被差別民への差別意識などが一体化し、とくに天皇制・家父長制の重視が思想の中軸に位置する」という見解に立つ学者（三宅正彦『図書新聞』八二年一〇〇号）もいるからである。三宅氏の昌益像が、昌益の著作の相互連関―書誌学的な、従って思想形成の内的連関の考察を抜きにした、片言隻句を集めただけの偏った昌益像に過ぎず、敢えて取りあげるに足る代物とは言えないとは言うものの、当の昌益の書作の中にこうした誤れる昌益像を描き出すことを誘発しかねない文言があることもまた裏実である（例えば『朝鮮史研究会論文集』第六集所収の「〝江戸時代〟における日本人の朝鮮観について」の中で矢沢康祐氏は昌益の論理構成ないし『統道真伝』「万国巻」の位置づけを抜きに、その文字面だけをあげつらって、「昌益も朝鮮蔑視観を脱してはいない」「国際人民との友愛相互尊重の精神は残念ながら存在していない」と決めつけている）。

確かに、昌益におけるナショナリズムの萌芽もまた、日本では国学を朝鮮では実学を生み出した、一七世紀後半の東アジア儒教文化圏の崩壊過程の中で胚胎したものだということは事実であるが、だからと言って、片言隻句を寄せ集めそれを基に単純に昌益を「日本神国論」「尊王論」の系譜の中に位置づけてしまうのは、どうであろうか。なぜならば、昌益の基本的立場は、神功皇后・豊臣秀吉の朝鮮侵略や薩摩藩の琉球支配を弾劾しアイヌ民族による蜂起を支持するというところにあり、国学から維新政府、そして近代一〇〇年にわたる日本帝国主義の現在に至るまで連綿として続く、偏狭なナショナリズムの片隣などそこにはいささかもなく溢れんばかりの人類愛が息づいているからであり、「国際人民との友愛相互尊重の精神」に満ちているからである。

とは言え昭和初期の佐野・鍋山の転向宣言を彷彿とさせ、思わず「ああ行くところまで行ってしまったナ」との思いを深くさせられたのが、先頃の動労委員長・松崎の国際勝共連合の準機関紙とも言うべき『世界日報』への登場と、そこでの東洋思想への回帰発言である。自由民権運動がナショナリズムをテコとして容易に国権派に転化してしまい、アジア主義が西欧資本主義のくびきからのアジア民衆の解放を標榜しつつ、実は天皇制ファシズムのアジア侵略のイデオロギーでしかありえなかったというように、こうして今もってナショナリズムが、革命思想・左翼にとってのアポリアであることをやめない以上、土着的であるが故に国際主義的であり得た昌益の革命思想の現代への甦りを媒介としつつ、私たちは困難ではあっても、このアポリアの真の克服に向けて歩を進めていかなければならないだろう。

「一〇・一四安藤昌益シンポジウム」が、そのための一石となるならば、事務局の一員としてこれに勝る喜びはなく、多くの方々の参加を得て、真摯な討論がくり広げりれるよう、願って止まない。

（『稲妻』第一二四号、一九八七・一〇・五）

終始熱気に包まれたシンポ

シンポジウム当日の一〇月一四日は、今秋の政治課題の頂点とでも言うべき皇太子訪沖阻止闘争のまさにその日に当っており、加えて前日・当日と二回に亙って『赤旗』紙上での共産党によるシンポジウム妨害キャンペーンが張られ、しかも生憎なことに前夜来の時雨がかえって激しくなるといった具合に、悪条件が二重三童に重なり、参加者の出足がだいぶ懸念されましたが、事務局の不安を他所に、幸いなことに三〇〇名の会場に三七〇名を超える人々が詰めかけ、終始熱気に包まれたまま成功裡にシンポジウムの幕を閉じることができました。

入場者が殺到し受付での入場整理が追い付かない為、開始時間を若干繰り下げての一時一五分、いいだもも先生の開会挨拶によってシンポジウムの幕が開かれました。続いて、この日の為にわざわざ八戸からスライドをお持ち下さった、ラブ八戸推進委員長西塚義美さんによるスライド『安藤昌益』の紹介を受けて、早速上映に移りました。スライドは一九七六年、当時の八戸図書館長であった西村嘉先生が監修し、斉藤次男さんを監督に八戸青年会議所が制作したもので、元禄の繁栄の裏で激化する幕藩体制の矛盾と昭和元禄の繁栄の裏で進行する現代産業社会の矛盾を重ね合わせ、そうした危機を背景に生み出された昌益思想をエコロジカルな視点から描いたもので、出席者に深い感銘を与えました。

次にシンポジウム実行委員会事務局長の石渡より、昌益没後二二〇年を記念して、昌益の命日に当る八二年一〇月一四日に配本を開始した『安藤昌益全集』に対して、奇しくもちょうど五年後の同じ日、去る一〇月一四日行なわれた毎日出版文化賞選定委員会で、特別賞が授与されることになったとの報告があり、出版社を代表して㈳農山漁村文化協会の坂本尚専務理事より喜びの挨拶がありました。

続いてパネリストの基調報告に移りましたが、生憎、安永寿延先生は体調を崩されて御出席いただけず、三人の先生方による問題提起という形になってしまいました。「日本民衆史上の安藤昌益」と題した報告で井上清先生は、「弥勒信仰から農民一揆・明治維新・明治中期の神代《じんだい》復古請願運動等の中で、民衆によって繰り返し唱えられ希求されてきた〝神代《かみよ》〟の思想を徹底化・論理化したものが昌益の自然世であり、昌益は民衆の中に地下水脈のように流れている理想社会への願望に形を与えたのである。しかも昌益思想の根本は、人間の生産労働が人間を作り、社会を作り、社会を支えており、本来の社会とは生産手段の私有がなく、搾取・支配のない社会であるとする、日本が生んだ世界に誇り得る不世出の革命思想である」と位置付けられました。

続いて「安藤昌益と狩野亨吉」と題する報告で鈴木正先生は、「狩野のプリズムを通した昌益」と前置きして、「安藤昌益の発見者狩野亨吉は、昌益の思想に触れることによって、一高校長・京都文科大学長というエリートコースに乗っていた自己を否定・改造し、〝法世〟的価値から下りることによって市井に埋もれ、皇太子（昭和天皇）の教育係を懇請されても受けることがなかった。こうした狩野の生き方は、昌益の過渡期論＝契フ論の解読に重要な示唆を与えるもので、狩野のように〝治者の垢をとことん落とした〟民衆の無数のネットワークによって、つまり民衆の自己改造を前提としてこそ、初めて社会の改造もまた為し得るのであり、欲々・盗々・乱々とした現在の社会から理想社会に辿り着けるのではないだろうか」と、「修養論・現状肯定論に堕する危険性を犯しつつ」極めてアクチュアルな問題を提起されました。

最後に「安藤昌益の現代的意義」と題して寺尾五郎先生より「昌益は生命ある作物を育てる農民の子として、生命の誕生・育成・保全を最重視するという立場から、内科中心の伝統医学の体系を産科中心の医学の体系に組み変え、人を直す医師であると同時に社会を直す医師との立場から、伝統教学の全てを批判・否定し、労働の人間学を打ち立てた。直耕＝労働を人間の本質と看《み》做《な》し、直耕の衆人＝労働者階級という階級概念を打出し、いっさいの搾取と抑圧の廃棄―民衆の解放という大道を歩んだという意味で、コンミュニズムの先駆、元禄・宝暦の世のマルクスと言えよう」と昌益を位置づけ、昌益思想の把え返しがそのまま日本史・世界史の把え返しに繋がるとの提起を行ないました。

ここで一五分の休憩を取り、休憩後再開された第二部冒頭で、いいだもも先生より、故ハーバート＝ノーマン夫人・アイリーン＝ノーマンさん、中国の昌益研究の第一人者・山東大学の王守華さん、哲学者・久野収さん、刊本『自然真営道』村上本の発見者・三戸の村上壽秋さん、発起人の一人・作家の杉浦明平さん、日本政治学会の信夫清三郎さん、八戸の狄嶺《てきれい》会々員・月館金治さん、農民文学会の広沢康郎さん、日本学士院会員であり日本政治思想史専攻の丸山真男さんからのメッセージ・祝電が披露されました。

ブルードンかマルクスか、多彩な論議

続いて、先程のパネリストの基調報告を受けた形で会場発言がありましたが、時間の制約もあり、また論点もまちまちな為、必ずしも議論が噛み合う形にはなりませんでしたが、以下、主な意見を紹介したいと思います。

元安藤昌益研究会メンバーであり、現在も独自にグループで昌益研究を続けている川崎の菅原久四郎さんからは、「各パネリストはいずれも昌益を現代的に把え過ぎてはいまいか。昌益の持っていた時代的制約性・論理矛盾・日本神国論等についても、それはそれとしてきちんと押えるべきではないか。又、昌益をエコロジーの先駆と規定するのはどうか、エコロジー＝環境論からは、あれだけの厳しい社会批判・変革の志向は出ないはず」との意見が出されました。

フランスの昌益研究家・ジョリ＝ジャックさんは、「マルキシズムが資本主義＝産業社会を通じて未来社会を構想するという、必然の過程を想定しているのに対して、昌益にはそれがなく、言わばプルードンに近いユートピアンに比すべきではないか。別の言い方をすれば、昌益は幕藩体制の動揺を見て、有機的社会による再建・秩序を志向したという意味では、革命的というよりも保守的と言いうるのではないか」と自らの昌益論を展開。それを受けて労働運動研究所の福田玲三さんは、「マルキシズムには必然性の軋《きし》みがあるが、昌益にはそれがない。二者の連関性についてもっと議論を」と補強、また政治グループ稲妻の村岡さんからは、「弁証法—レーニン—環

の思想といった一般的な受け止め方からすると、昌益の思考はその対極に位置するように見受けられ、果して弁証法の先駆と言い得るのか」といった疑問が呈されました。

こうした議論に対して山本光雄さん(?)からは、「イデオロギッシュな議論が続いているが、昌益思想を育んだ当時の農民の生活・その困窮にもっと目を向けるべきではないか」との疑議が出されましたが、一方、多摩の大久保さんからは、「マルキシズムにはその思想の有効性についての実証があるが、昌益にはそれがなく、昌益思想の有効性・当時の昌益の存在意義はどうだったのか」との意見が出され、これに対して鈴木正先生から「運動史から見れば別の答もあろうが、思想史という立場からすると、人類のうちたった一人でもあることを見たり、考えたりしたとすれば、それは素晴しいこととして積極的に評価したい」との回答がありました。又、井上清先生からは、「昌益が革命的か保守的か、昌益がマルキストであったかなかったかは大きな問題ではなく、昌益の烈々たる批判精神をこそ学ぶべきであり、昌益が言っている、人間が人間らしく生きること、自らの生産が誰に掠め取られることもなく保障され、そこに道徳も社会秩序も成り立つという点に私は誘かれている」と昌益への共感を示されました。

現代に生きる私達の日常との関連で、東京のおかだくにおさんは、「封建制下では狂人として葬られ、明治以降現在まで続く天皇制の下で昌益は必ずしも正当に評価されていない」として天皇制の問題に触れ、大東文化大学の藤井誠一さんは、「現代日本で物質的貧困は姿を消したかに見えるが、精神的貧困・世紀末不安は深刻なものである。物質的貧困の中でもあれ程素晴しい思想を生み出した昌益に学びつつ、現代の危機を克服すべきではないか」と訴え、また秋田で農業を営む佐藤喜作さんからは、「国民は中流意識に浸り、農村も一見豊かに華やいでいるかに見えるが、日本農業は今再生が不可能な程に滅亡しつつある。こうした農業の危機に際し、人間の立場に立って素晴しい思想を作り出した昌益をどう生かし得るのか考えていきたい。また教えを乞いたい」との痛切な訴えがありました。

また生協茨城の大沢紀代子さんは、「資本主義を支えている会社中心主義―男社会に対して、生活を通して現代を見直し自然に適った暮しを作り上げていくには、女性の生活レベルでの運動を広げていく必要があり、昌益はその際の励みとなる」と昌益への共感を語り、元昌益研究会のメンバー・神奈川の所健一さんからは「いつの世においても権力体制が維持される財政的基盤は税の強制的徴収にある。この税の強制的徴収を止め、それに代えて任意拠出による国家保険制度を」との税金廃止論の提起があり、東京の中学教教員・饗庭三泰さんからは、「学校教育の中から労働の尊さが姿を消し、その結果、生徒は労働を軽視し農業労働を蔑むようになってしまって、食べ物の生産の貴重さが分らず、人間性が失われつつある。今こそ教育の中で労働を尊重する必要があり、安藤昌益―山本宣治といった隠れた思想家の掘り起こしの中からしか日本の教育、日本の再生はあり得ない」との強い訴えがありました。

最後に寺尾先生から、「私の〝昌益は元禄・宝暦のマルクス〟発言がだいぶ物議をかもしたようだが、昌益とマルクスが違うのは当然で、言わんとすることは、昌益が社会を直耕の衆人と不耕貪食の徒との階級対立と見、直耕の衆人による天下を目指したことの重要性を評価しなければならない」との意見が述べられ、一時間半に及ぶ討議にピリオドを打ちました。続いて西村嘉先生から、飢饉に於ける餓死の実相に触れつつ閉会の御挨拶があり、シンポジウムの全議事を終了しました。

直系の子孫も参加してレセプション

シンポジウムが予定を四〇分以上オーバーした為、開始時間を大幅に遅らせ、六時一五分、日本教育会館・九階「鶴亀の間」において発起人の一人、降旗節雄先生を司会に「没後二三五年・昌益全集完結記念レセプション」が開かれました。シンポジウムの席上で事務局長の石渡より報告がありましたように、『昌益全集』が本年度「毎日出版文化賞・特別賞」を受賞したとのことで、まず出版元の㈳農文協の坂本尚専務と、編集・執筆に携わった安藤昌益研究会のメンバー六人、寺尾先生・東均・石渡博明・泉博幸・新谷正道・和田耕作がそれぞれ紹介され、各人一言ずつ喜びの挨拶を行ないました。続いて、大館よりこの日の為にわざわざお出で下さった、安藤昌益の直系の子孫であり、安藤家の当主である安藤義雄さん・奥さんのキヌさんが紹介され、ご挨拶をいただきました。

その後、発起人の一人でもあり、フランスの昌益研究家・ジョリ＝ジャックさん誕生のきっかけともなった哲学者・中村雄二郎先生の音頭で全員が乾杯、しばしの歓談に移りました。テーブルには料理の外に、大館の石垣忠吉先生よりお送りいただいたりんご「世界一」が添えられ、また月館金治先生より贈られた八戸の地酒「八鶴」が振る舞われました。

しばらく食事・歓談が続いた後で、御出席の方々の中から、作家の林郁さん、立正大学の星野安三郎先生、ジャーナリストの小中陽太郎さん、発起人のいいだもも先生、西村嘉先生、そして『全集』第一〇巻の月報に「八戸における昌益発見史」を執筆下さった弘前工業高校の稲葉克夫先生から、一言ずつ御挨拶をいただきました。続いて、大館の「良中会」を代表して石垣忠吉先生、また石垣先生による昌益の墓の発見に立ち会われた写真家の山田福男さん、そしてお身体の具合でシンポジウムに御出席いただけなかった和光大学の安永寿延先生のお三方からの祝電が披露されました。

再び歓談に移った後、中央大学の片桐薫さん、思想の科学の渡辺一衛さん、農文協の坂本専務の御挨拶があり、続いて寺尾先生に対して生田あいさんから花束の贈呈、寺尾先生を囲んでの記念撮影等々が続く中、最後は元総評議長・市川誠さんによる閉会挨拶と献杯で、賑やかだったレセプションも幕を閉じ、参加者一人一人に八戸漁業協同組合連合会の館光雄氏さんからいただいた〆鯖のパックがお土産に手渡され、全ての日程が無事終了の運びとなりました。

このあと有志が集って、近くの酒場「駒忠」で二次会を行ないましたが、大いに盛り上がったこと言うまでもありません。

シンポジウムの場でも発表させていただきましたが、当日は関東圏の外、北は北海道・青森・秋田・山形・新潟・岩手・宮城、関西からは兵庫、四国の香川・愛媛、九州から福岡・大分・鹿児島の各県からの参加者を含めて合計三五四名の方々が御出席下さり、パネラー・事務方を含めると優に三七〇名を超える人々によって執り行なわれたということになります。

尚、メッセージ・祝電の他、紙面の都合で御紹介できなかったものに、陽明義塾の佐藤克己さんから寄せられた「昌益和讃」、所健一さんの「自然世達成への五ヶ年実現案」があり、また上智大学の田口貞夫さんからは、御自身の著書『ロシア宗教思想史』第九章「安藤昌益とニコライ・フィヨドロフ」のコピーを寄贈していただきました。

一〇月二四日のシンポジウムというのに、実質六月半ばのスタートという取り組みの遅れに加えて、事務局の不手際で多くの皆様方に多々御迷惑をおかけして参りましたが、発起人・実行委員を始めとした多くの方々の有形無形の御支援・御協力により、不十分ながらも何とか無事、シンポジウム・レセプションの幕を閉じることができました。シンポジウムの熱気もまだ冷めやらぬ一〇月三一日午後二時、九段下事務所で第四回実行委員会が開かれました。シンポジウムが終ったのも束の間、一週間おいての実行委員会ということでしたが一八名の参加を得、まず分科会の第四回報告として、市民エネルギー研究所の松岡信夫先生に「昌益思想とエコロジー」についてお話しいただきました。風邪の為、先生は体調を崩されていましたが無理を押してご報告下さり、技術史専攻の飯田賢一先生の補足コメントや問題提起もあって、興味深い内容となりました。

続いてシンポジウムの総括に移り、事務局長の石渡から経過報告が、財政担当の高橋照子さんから一〇月二四日時点での会計報告があり、確認・了承されました。

その後、この間の実行委員会で何人もの方々から提起されてきた問題、シンポジウムないし研究の継続をどう保障していくかの討議に移りました。今回のシンポジウムをもって打切りとするとの意見はどこからも出ていない為、継続を前提とした上で、どの様な形態が可能か、何を目指していくか等について、実行委員を募る過程で事務局に寄せられて来た意見のうち代表的なものが、石渡から紹介されました。例えば、形態的には①年一回ないし二~三年に一回、今回規模のシンポジウムを、②月一回ないし一月に二~三回の定例学習会を、③シンポ・学習会には出られないまでも資料の提供を、といったものがあり、内容的には④これまでの分科会的なテーマ別の学習会を、⑤『自然真営道』『統道真伝』といった原典の講読会を、⑥八戸・大館等、昌益ゆかりの地の探訪旅行を、といったものがあり、地域的には⑥東京だけでなく関西・九州・東北といった地方でもシンポを、あるいは⑦東京は東京で、地方は地方で独自に、といった具合に様々で、これらをどう結合し、どう調整していくかが討議のポイントとなりますが、第四回実行委員会では結論が出ず、一二月二〇日午後六時から再度実行委員会を行い、会費・事務局の場所・会報の発行の有無・会則・名称等、具体的な事柄を決めていくことになりました。場所はいつもと同じ九段下事務所です。

尚、飯田賢一先生からは、来年あたり地元か仙台・盛岡といった東北地域でシンポジウムをやったらどうかとの御提案があり、鹿児島経済大の渡部恒夫先生からは、昌益研究の全国ネットワークを作るのなら、ぜひとも九州部会を作りたいとの力強い発言があり、国立の角田睦子さんからは、月一回位、じっくり時間をかけて原典講読会をとの意見が出されました。

いずれにせよ、詳細は次回実行委員会での決定に委ねられましたが、今回のシンポジウム実行委員会会計で剰余金が出た場合は、今後の活動の基本資金として新たな受け皿で引き継いでいく旨、了承されました。

（『安藤昌益シンポジウム実行委員会通信』第四号、一九八七・一一・一五）

【補注】 本シンポジウムの全記録は、八八年三月、社会評論社より『甦る！ 安藤昌益』として単行本化されました。

第二回物集索引賞を受賞して

――寺小屋安藤昌益講座の一端をふりかえる

八八年秋のいつだったか、今は農文協に勤めている安藤昌益研究会のメンバーの一人、泉博幸氏から物集索引賞受賞の報が職場に用いた。職場では『安藤昌益全集』編纂のことは全くの私事に属することなので、何事もなかったかのように軽く受け流し、電話を切ってから胸の内でそのことの重みを反芻した。

私達も昌益を研究し、本造りに携わった者の端くれとして、索引・事典の類が一朝一夕に出来上がるものでないことは百も承知である。現に、受賞対象となった『安藤昌益事典』にしても足掛け七年、その助走期間ともなった寺小屋安藤昌益講座、東京安藤昌益研究会を入れれば一二年に亙る蓄積があり、更に会の代表寺尾五郎先生個人について言えば恐らく一五年以上にも及ぶ昌益研究の集大成と言うことができ、その全過程の精華が結実したものであることは言を待たない。

それにしてもである。『安藤昌益事典』の場合、製作日数・製作過程・出来上がった形のいずれをとっても、索引という言葉から大方がイメージされるであろうそれとは大分趣きを異にする。

「テキストの中の特定の箇所を同定するという索引本来の機能」からすると「概ね正確である」(傍点筆者)との選考理由の指摘を待つまでもなく、正直なところ受賞の報に戸惑いとためらいの入り交った思いが去来したことは否めない。同時に、「原著者とその著作物へのガイドブックにおける新しい索引の在り方を探ろうとした、編者の意図を汲んで評価しようとした」とのくだりに触れて得心が行き、このことがきっかけとなって安藤昌益の四文字が人々の脳裏に刻み込まれる機会が又ひとつ増えたかと思うと、喜びも一入《ひとしお》であった。

何故ならばこの点への評価は、そのまま、難解と言われる安藤昌益の研究史の到達点を明らかにするものだからであり、それは取りも直さず、昌益に心魅かれ昌益の思いを我が物としようとした先人の苦闘、私達昌益研究会に先行する幾多の昌益研究に対する評価でもあるからである。

私が名著普及会の長谷川真由美さんからこの原稿執筆依頼を受けたとき、真っ先に浮かんできたのは、今から三〇年近く前、高田馬場のマンションの一室で開かれていた寺小屋安藤昌益講座に、それこそ昌益思想の何たるかも分らぬままに、中学・高校時代からの悪友・相田博氏の強引な勧誘に負けて通い始めた頃、配られた一枚の紙片であった。それは横に刊本『自然真営道』、『統道真伝』、稿本『自然真営道』が巻数毎に示され、縦には「直耕」「通横逆」「互性」といった安藤昌益の基本用語が採られ、それぞれの語の該当巻での出現頻度数がビッシリと書き込まれたものだった。

それは、一九五九年『九州史学』第三号に西尾陽太郎氏の、また一九七四年泉博幸氏の主宰する『季刊昌益研究』創刊号に竹下和男氏の論文が掲載され、従来言われてきた刊本『自然真営道』三巻本は稿本『自然真営道』一〇〇巻本のうち社会批判を削ったもの、『統道真伝』は稿本『自然真営道』のダイジェスト版と言った通説が覆され、また寺尾先生が同誌三号に『良演哲論』巻の位置付けを発表されるといった成果を踏まえて、昌益思想の内的発展を基本用語の使われ方、出現頻度の変遷によって辿ろうとするものであった。

あれから一〇年余、物集索引賞の対象となった『安藤昌益事典』、わけても後半部「索引篇」中の「用語解説」は、そうした書誌学的研究の成果を反映したものである。

私達は索引を索引として作ることをしなかった。安藤昌益に心寄せる者の一人として、昌益が一人でも多くの人々に読み継がれることを願って、その為の手引き書として『安藤昌益事典』を編纂・執筆した。『安藤昌益事典』に長所・短所があるとすれば、いずれもそうした私達の取り組みの姿勢そのものに由来するものであろう。

(『名著サプリメント』一九八九年三月号)

海外へ広がる安藤昌益研究

戦前のロシアでの初紹介

一九八七年三月発行の『八戸文化通信』第二六号には「これが安藤昌益だ！八戸最高の国際知名度の持主」と題する特集記事が組まれていた。そうした謳い文句を裏書きするように、八戸市立図書館の安藤昌益資料コーナーには多くの研究論文や新聞・雑誌の記事にまじってザトゥロフスキーによるロシア語版の『安藤昌益』（六一年、モスクワ）、ジョリ＝ジャックさんの寄贈したフランス語版レポート〝安藤昌益〟（八二年、パリ）といった外国語文献が架蔵されている。また九〇年一二月一九日付『デーリー東北』学芸文化欄に「東大の独青年、昌益を修士論文に―八戸市内を回り研究に熱」と題して、ドイツ人昌益研究者・クラウス＝ヴァイドナーさんの紹介記事が掲載されていたのをご記憶の方も多いことであろう。

安藤昌益は長いあいだ歴史の闇の中に埋もれてきたが、一八九九年に時の碩学・狩野亨吉によって掘り起こされた。以来、一九五〇年の八戸在住の確定、七四年の大館での墓および晩年資料の発見と、そのたびごとに一種の〝昌益ブーム〟を巻き起こし、社会思想家・町医・農民啓蒙家とさまざまな相貌を私達の前に現してきた。そして八二年からの『安藤昌益全集』の刊行を機に、エコロジーの先駆・フェミニズムの先駆といった新たな視点からも光が当てられ、従来にも増して広汎な人々から関心が寄せられてきている。そうしたなか、単に国内だけではなく広く海外にも及んでいる安藤昌益への関心を、以下、簡単に追ってみたい。

安藤昌益が初めて海外に紹介されたのは、戦前のソビエト・ロシアにおいてである。一九三九年、レニングラード大学創立一二〇周年記念論文集に収録されたヤ＝ペ＝ラードゥリ・ザトゥロフスキーの「日本ファシズムによる哲学史の歪曲」中での紹介がそれで、狩野亨吉による発掘から実に三一年目のことである。ザトゥロフスキーはその後も継続的に昌益を研究し、五九年に日本哲学会の招きで来日した際も記念講演の中で昌益を取り上げた。六一年にはそれまでの研究を集大成した労作『安藤昌益―一八世紀の唯物論者』を刊行している。同氏はその後は道元の研究に転じたが、氏が確定した昌益評価はその後もコンスタンチン＝ポポフ著『ソビエトの東洋学者の見た日本』（六四年、モスクワ）やオイゼルマン他監修『哲学史概説』（八一年同）中の「日本の哲学思想」、ウシュコフ著『東洋諸国におけるユートピア思想』（八二年同）といったものの中に受け継がれている。

尚、ザトゥロフスキーの流れをくむものとしては、現在でも活発な研究が進められている中国があり、また約一四〇語ほどの簡単な紹介ながら、七二年に旧東ドイツ・ライプツィッヒのＶＥ

Ｂ文献研究所から刊行された『改訂版・マイヤー新百科事典』中の「安藤昌益」の項目がある。後者はドイツ語圏への昌益紹介としては恐らく最も早い時期のものと思われるが定かでない。

（『デーリー東北』一九九一・三・二）

戦後におけるノーマンの紹介

中国語圏へ昌益が紹介されたのは、一九五八年のソ連邦科学アカデミー編さんによる『世界哲学史』である。中国語版が三聯書店より出版され、その第一巻にザトゥロフスキーの執筆した「安藤昌益」の項が収められた。これが嚆矢《こうし》となって、以後同じ漢字文化圏という強味もあり、日本からの直接資料に基づいた手堅い研究が次々と発表されるようになった。

中国人の手になるものとして最初のまとまった論考は、当時北京大学に開設されたばかりの日本哲学史研究室主任教授・朱謙之による「安藤昌益―一八世紀日本の反封建思想の先駆者」（六二年『北京大学報』）である。その後も黄心川の「安藤昌益と自然真営道」（同）、馬采の「一八世紀日本の傑出した農民思想家安藤昌益」（六二年『中山大学報』）といった論考が続く。また、上海の日刊新聞『文匯報』での紹介論文、「良演哲論」「自然世論」といった昌益の原典が中国語訳されるなど、さまざまな形での紹介が六〇年代前半に相次いだ。

英語圏への安藤昌益の紹介は、『忘れられた思想家―安藤昌益のこと』（五〇年、岩波新書）を著し、その秀逸なキャッチフレーズによって昌益の名を人口に膾炙《かいしゃ》せしめたハーバート＝ノーマンによってであった。ノーマンは恐らく戦前に羽仁五郎の著作を通して昌益の名を知り、駐日カナダ代表部首席として来日した戦後いち早く、奈良本辰也・三枝博音らの知遇を得ると同時に戦前の昌益に関する研究資料を収集、四八年三月にイギリス大使館内で行われた日本アジア協会の会合で「安藤昌益―日本封建制への一八世紀の批判者」と題する報告を行った。これはその後日本語に改められ、五月に東京大学で「安藤昌益とその封建社会の批判」と題して日本人学生を相手に講演された。そのことが『東大新聞』『毎日新聞』に報じられて、戦後日本社会での昌益評価のきっかけともなったものである。

そして四九年一二月、『日本アジア協会紀要』第三巻第二号に「安藤昌益と日本封建制の批判」と題する英文による長大な論考を発表するとともに、別巻に昌益の原典からの引用四四カ所の模写を附録として収録した。これは翌年一月に岩波新書上下二冊として刊行され一世を風靡《ふうび》した『忘れられた思想家』の原著である。

ノーマンはその後、マッカーシズムの嵐の中で赴任先のカイロ大使館で自死、以後英語圏で安藤昌益に関するまとまった論考は見られない。が、近年、日本国内での昌益再評価に呼応するように、日本近世史の研究の中で積極的な位置付けの下、論及されることが多くなってきている。

なお、『日本アジア協会紀要』にノーマンの「安藤昌益と日本封建制の批判」が掲載された翌五一年、オランダのライデンで発行されている東洋学の専門誌『通報』に、C・ハーゲナウアーによって一一頁に及ぶ詳細な書評が仏文で掲載された。これがフランス語圏への昌益紹介の最初であろう。

（『デーリー東北』一九九一・三・二七）

資料を求めてゆかりの地へ

一九八〇年代に入ると、海外での安藤昌益研究は質量ともに活発になってくる。

安藤昌益が日本哲学史における重要な課題の一つとして注視されている中国では、八一年の米慶余による「日本の反封建思想家・安藤昌益」（『歴史研究』所収）を皮切りに、同年四月に設立された中華全国日本哲学会の年次大会では八二年、八四年と昌益研究の発表が相次いだ。『延辺大学報』『日本研究』『東方哲学研究』といった雑誌や『簡明日本古代史』（注・中国における古代は近世も含む）『日本哲学史教程』等で昌益をテーマとして論考を発表した研究者は、李梁・王守華・張備・張季年・王舍林・李憲如・王忠灝・張略と、報告されているだけでも朱謙之以来、十指に余る程である。

なお、『東方文化集刊㈠』（八七年、北京）には安藤昌益の原典を始めとして、昌益を扱った単行本・研究論文・新聞雑誌記事等、日本での昌益関係資料一〇〇〇点余りが四五頁にわたって収録されている。

八二年、先に触れたフランス人昌益研究者・ジョリ=ジャックさんはA4判で一〇〇頁に及ぶ昌益論をまとめ、八五年九月にパリで開催された全ヨーロッパ日本学協会主催の国際会議では「安藤昌益における自然と作為の関係について」と題する発表を行っている。

また八六年にはアルゼンチン国立ブエノスアイレス大学客員教授・大嶋仁さんによる日本思想通史『エル・ペンサミエント・ハポネス』を通して、恐らくスペイン語圏に初めて安藤昌益が紹介された。

ドイツ語圏では八九年、ベルリン大学日本学研究担当の斉藤栄子さん（音訳）が著した『日本歴史の中の女性』の中で、安藤昌益が男女平等論の先駆けとして紹介されている。九〇年には冒頭で触れたテュービンゲン大学のヴァイドナーさんによって昌益の主著・稿本『自然真営道』第二四巻「法世物語」の一部がドイツ語訳された。

そして近年はこうした海外の昌益研究者の多くが日本を訪れ、八戸・大館といった昌益ゆかりの地を訪問して直接原資料に当たったり、日本の研究者との交流を深めるといったことの中から、昌益研究の新たな地平が切り開かれつつある。

例えば八九年末に来日した中国における昌益研究の第一人者・山東大学哲学系助教授の王守華さんは、安藤昌益没後二三〇年に当たる〇二年、中国で全国規模の〝昌益シンポジウム〟を開催すべく奔走中で、九〇年一二月には準備会も発足、日本からの研究者の参加も見込まれている。これは八七年に東京で行われた〝安藤昌益没後二二五年・『安藤昌益全集』完結記念シンポジウム〟を受けたものだが、いよいよ国際的な昌益研究時代の幕開けを告げるものと言うことができよう。
なお、東アジア儒教文化圏における安藤昌益の位置からすれば、朝鮮語圏での昌益研究にも触れなければならないが、資料不足のため他日を期したい。（『デーリー東北』一九九一・三・二九）

［補注］ 本稿でご紹介しましたジョリ＝ジャック（Jacques Joly）さんは、九六年にパリのMaisonneuve & Larose社から〝Le naturel selon ANDO SHOEKI〟を出版、また、クラウス＝ヴァイトナーさんは九七年一〇月、ご自身の研究を〝Einheit und Zweiteilung-Die sozialen Iden des Arztes Ando Shoeki（1703-1762）〟と題し、博士論文として集大成されました。

また、韓国ではこの間、昌益研究が活発になってきています。まず成均館大学校の李雲九さんが九三年二月に同大学人文科学研究所発行の『人文科学』第二三輯に「漢字文化圏における男女平等意識の変遷」を発表、康有為・秋瑾・孫文らと共に昌益を紹介すると共に、同年一二月には同大学大東文化研究院発行の『大東文化研究』第二八輯に「安藤昌益の諸子批判と農家意識」を発表、韓国における初めての本格的な昌益紹介論文となりました（『直耕』第二〇・二一号に翻訳掲載）。

次いでソウル大学校の趙東一さんが九五年一二月二五日、同校哲学思想研究所より発行の『哲学思想』第五号に「安藤昌益と朴趾源の比較研究序説」を発表、韓国の実学思想家・朴趾源との比較で昌益を紹介、釜山の東義大学校の朴文鉉さんは『東義論集』第二六輯人文・社会科学篇に

「日本の思想・文化における老荘思想の影響に関する研究」を発表、安藤昌益の思想を老荘思想との比較で論じています。

尚、二〇〇〇年九月、ぺりかん社より発行の『季刊日本思想史』五六号の「韓国の日本研究」特集にはソウル大学校の朴圭泰さんの「安藤昌益と『互性』」といった論文も掲載されていました。

イタリヤ語圏ではミラノのパヴィア大学日本研究室のキアラ=ルッキン（Luccin Ciara）さんが九六年、修士論文で〝Contributo Allo Studio Del Pensiero Politico di Ando Shoeki〟と題して昌益を取り上げ、指導教官のヴェネツィア大学のアルド=トッリーニ（Aldo Tollini）氏も著書で昌益について論じるなど、昌益研究は確実に「海外に広がる」様相を見せています。

中日安藤昌益シンポジウム報告

——昌益没後二三〇年／日中国交回復二〇年記念・山東大学シンポ（一九九二年）

没後二三〇年を記念して

「安藤昌益の没後二三〇年に当たる九二年秋に、中国で昌益に関する全国シンポジウムを行ないたい」という希望が王守華さんの口から発せられたのは、八九年一二月一九日、神田の学士会館で〃王守華先生を囲む会〃を開催、劉文柱さんの通訳で「中国に於ける安藤昌益研究および日本哲学研究の現状」と題する報告を受け、近くの盛《さかり》寿司で懇談会を行なった時のことである。王さんの提案に皆一様に賛意を示し、「ぜひ中国でお会いしましょう」と再会の握手を交わしつつも、「果して実現できるのかナ」と半信半疑というのが正直なところだった。

そして翌九〇年一月、『直耕』第六号の巻頭言で企画を紹介、九一年五月の「昌益の会」第四回総会では日本側の支援体勢—とりわけ財政面での—について検討、いくつかの可能性を中国側に伝えて日程・会場・予算規模等について打診、中国側の返事を待つことになった。

その後の九月、㈳農山漁村文化協会の坂本尚専務が中国を訪問することになり、仲介の労を取っていただいた結果、九二年九月二二〜二四日の三日間、山東大学でシンポジウムを行なう旨の概要が伝えられた。坂本さんと昌益の会との話し合いで、シンポジウムへの財政援助としては、「国際交流基金」による「日本研究機関助成事業」のうち「日本研究リサーチ・会議等助成プログラム」に補助を申請、不足が出た場合は農文協が補填、但し日本でのシンポジウム記録集の出版権は農文協が持つという線で大筋がまとまり、早速応募用紙を取り寄せて中国へ転送、日本大使館を通して交流基金への申込みをしてもらうことになった。尚、申込みの際、中国との共同出版のため山東大学を訪れていた名古屋経済大学の鈴木正さんに相談に乗っていただき、併せて主な日本側報告者に対する中国側からの招聘状をお持ちいただいたりもした。

一二月になって国際交流基金への申請書の写しが日本側に届き、中華全国日本哲学学会・山東省哲学学会の後援、中国社会科学院哲学研究所・『世界哲学年鑑』編集部等の協賛の下、王守華さんを代表に〝中日安藤昌益学術討論会〟準備会が山東大学に設置されていることが明らかになった。又、シンポジウムは〝安藤昌益没後二三〇年・中日国交回復二〇年〟を記念して開かれ、「安藤昌益と現代」「安藤昌益思想と中国思想」をメインテーマに、中国側は王守華・王家驊・卞《べん》崇道を主報告者として約八〇名、日本側は鈴木正・寺尾五郎・安永寿延を主報告者として約二〇名、計一〇〇名規模の参加となる旨の大枠が伝えられるところとなった。

これを受けて九二年二月『直耕』第一二号紙上でシンポジウムの概要を紹介、中国側は四月半ばには関係機関にシンポジウムへの参加案内を送付して報告者を募ると共に、国際交流基金の助成認可が得られたことにより、通訳の手配等、準備は急ピッチで進むことになった。

一方、日本側は六月半ば、昌益の会を中心に報告者・参加者を募り、七月二日、昌益の会と農文協とで合同の事務局を発足させて窓口を一本化すると共に、昌益の会事務局の高信直通・智子さんご夫妻の紹介で日本中国旅行社に航空券の手配・ビザ申請・中国での宿泊・移動等、旅行業務の一切を依頼、また通訳を石渡さんの友人で『「気」の不思議』『中国旅行全書』といった著書もあり、中国医学書の翻訳で日本翻訳文化賞も受賞している、訪中歴九二回のベテラン・池上正治さんにお願いすることになった。

取り消しや追加申し込みといった経緯の後、香川大学の村瀬さんご夫妻・東京学芸大学の西村俊一さんも含め、報告者一一名、参加者一二名が決定、報告者には二〇〇〇字以内でのレジュメを用意してもらい中国へ送付、八月一一日の晩、赤坂の農文協事務所で在京の参加者一八名の顔合せ会を行なって、いよいよ出発の日を待つばかりになった。

北京から七時間五〇分の汽車の旅

出発前日の九月一八日深夜、やっとの思いで東武成田ホリデイインに足を踏み入れると「核被害者世界大会御一行様」とあり、フロントで尋ねると市民エネルギー研究所の松岡信夫さんが宿泊しているという。思いもかけぬ偶然に部屋までお電話し、お互いの旅の安全と大会の成功を祈り合った。というのも、松岡さんはベルリンで開かれる第二回核被害者世界大会日本代表団の団長で、生憎日程の調整がつかない為、山東大学のシンポに不参加の止むなきに至ってしまったが、本来であれば「昌益思想とエコロジー」について報告していただく予定でいたからだ。

一九日朝一〇時二〇分、成田空港北ウィング第七特別待合室にて香川大学の村瀬さんご夫妻と合流、参加者二〇名が顔合せで遅まきながらの結団式。一四時過ぎ、予定を三〇分以上遅れて全日空九〇五便で空路北京へ。新華旅行社の添乗員・劉金棟さん、中国社会科学院・卞崇道さんの出迎えを受け、バスで宿泊先の新世紀飯店へ。「安藤昌益会社《(ママ)》」と案内のある団体待合室で手続きを済ませてチェックイン。シルクロード祭りに参加の為、蘭州を訪れていた通訳の池上さんが合流、カシオペアの間で全体会議。自己紹介を兼ねて全員が昌益との出合いや今回のシンポジウムへの抱負を述べ合い、録音の用意をしなかったことが悔やまれる程の充実した内容だった。ホテル内の珠江楼で夕食。最長老の月舘さんの音頭で乾杯、旅の無事を祈り、懇親が始まった。

翌二〇日は、寺尾さんの奨めで天安門広場の一角にある中国歴史博物館・中国革命博物館を見学。悠久の中国五〇〇〇年の歴史を一瞥、実物大の渾天儀や漏刻を目のあたりにし、五・四運動に始まる近代化の激動に圧倒される。午後は頤和園《いわえん》を散策、夕方、ローザ゠ルクセンブルグ・シンポジウムに参加の為、一日遅れで参加の生田さんが合流。

二一日朝六時起床、早々に朝食を済ませバスで北京駅へ。新華旅行社の劉さんと別れ、ここからは添乗員なしで七時間五〇分の汽車の旅。済南直行の二九七列車は天津・徳州を経由して一路南へ。食堂車で昼食を摂り、黄河を渡って畑の景観が一変すると、そこはもう水の都、山東省の省都・済南である。ホームには王守華さん・譚さん・魏さんを始めとして大勢の関係者が迎えてくれた。大学のバスで約三〇分、三角形のモダンな正門を潜ってキャンパスを抜け、宿泊先の山東大学留学生楼へ。東京学芸大学の西村さん、上海から中国人の奥さん・韋棒《ウェイツェン》さんを伴って参加のジョリ＝ジャックさん、中国各地から集まった中国側参加者も加わって留学生楼の食堂でレレセプション、喬幼梅副学長の挨拶で山東料理に舌鼓。晩、日中の事務局が合同で実行委員会会議、明日からのシンポジウムの詳細について打合せ。

中国安藤昌益研究準備会が正式発足

二二日、いよいよシンポジウム本番。朝食を済ますと、山東大学本部脇にある会場の労働組合会館（弁公楼工会庁）へ。二階の応接室に招かれ、潘承洞学長からご挨拶と、日本側参加者全員に記念品としてビデオ『中国山東』『孔子派の故郷』および写真集『孔子』が寺尾団長に手渡され、続いて一階の大ホールへ移動して、定刻通り八時半に開会式が始まった。潘学長の開会挨拶の後、農文協・坂本専務、中国に於ける昌益研究の草分けのお一人でもある中国社会科学院・アジア太平洋研究所長・黄心川さんの記念講演、和光大学・安永寿延、南開大学・王家驊さんの特別講演で午前の部を終了。全員が図書館前に集合して記念撮影。昼食後、再び大ホールに戻って、王守華・寺尾五郎・卞崇道・鈴木正の各氏による記念講演で初日の公式日程を終了。宿舎へ戻って夕食後、日中の参加者が交互に部屋を訪れて自由交流、事務局は再び打合せ。

二三日、前日の全体会議を受け、三会場に分かれて分科会。中国側・日本側各々一名ずつ司会を立てて報告—討論を行なったが、通訳を介して時間がかかったこともあって全体に消化不良、今後に課題を残した。閉会式を兼ねた晩餐会の席で、喬副学長から中国安藤昌益研究会準備会の正式発足が告げられると、座は一気に盛り上がった。農文協から『安藤昌益全集』を始め関連図書が、昌益の会から戦前の昌益研究文献目録とコピーが寄贈され、和やかなうちにシンポジウムの幕が閉じた。夜、大学図書館で行なわれていた同大学美術部主任・唐健さんの個展をご本人の解説付きで見学。

翌二四日は二台のバスを繰り出し、泰山・曲阜を見学。生憎二日違いで孔子祭りは見ることができなかった。中国哲学史がご専門の香川大の村瀬さんは、孔子祭りを実際に目撃できるとの期待でビデオカメラまで携帯されたのに、折角のチャンスが潰れて何とも残念そうなご様子。ともあれ、シンポも無事終え、皆ゆったりと散策ができた。

二五日早朝、朝霧の中を済南空港へ。中国東方航空五二三便で空路北京へのはずだったが思わぬハプニング。重量オーバーで飛行機が飛ばず、止むなくスーツケース六個を降ろしてようやく出発。北京空港で陳さんと再会、バスで蘆溝橋へ。中国人民抗日記念館を見学、「敬給為中日戦争時遇難的中国人・中日安藤昌益学術討論会訪華団」との襷をかけた花輪を捧げ、黙禱。故宮・

王府井《ワンフーチン》を巡って再び新世紀飯店へ。

二六日、池上さんと石渡は北京駅で荷物をピックアップ、本隊は万里の長城・明の十三陵を見学。二七日午前、天壇公園・古観象台を見学。古観象台では「経済開放政策」の断面を目のあたりにして皆、ア然。古代中国の天文学に関する知識を古典籍や遺物で視覚的に確認しようと、帰国直前の慌しい時間をやりくりしての見学にもかかわらず、陳列品は骨董品目当ての観光客相手の掛け軸や絵に隠れて只の一点も見ることができず、全員ボヤクことしきり。

色んなことがありましたが、何とか時間通り無事、成田へ。

空港にて解散。皆様、お疲れ様でした。

（『直耕』第一五・一六号、一九九三・五・一五）

〔補注〕 本シンポジウムの全記録は、九三年一〇月、㈳農山漁村文化協会より、『安藤昌益—日本中国共同研究』として単行本化されました。
尚、本シンポジウムに引き続き、九二年一〇年一七日に八戸市で「安藤昌益フェスティバルin八戸」が行われましたが、同フェスティバルについては九三年四月、農文協より『安藤昌益国際シンポジウム記録』（『現代農業』臨時増刊）が、九六年九月、安藤昌益の会より『安藤昌益切り抜き帳』第五集が刊行されていますので、ご参照下さい。

昌益研究の活性化へ

——東京と大館でシンポジウム（一九九五年）

農文協創立五五周年を記念して東京シンポ

九五年一〇月三日、東京の日本出版クラブ会館で、中国人日本研究者による安藤昌益シンポジウムが行われた。パネリストは杭州大学教授の王守華さん、中国社会科学院哲学研究所員の卞《べん》宗道さん、蘇州大学講師の李彩華さんで、シンポジウムは㈳農文協が創立五五周年を記念して開いたものである。

農文協は正式名称を社団法人・農山漁村文化協会といい、戦時中の昭和一五年に社団法人の認可を受け、国策＝戦争遂行機関として戦時下を生きてきたことへの厳しい自己批判から、戦後は一貫して民主的な団体作り、自主的・民主的な農村文化運動を推進してきた団体で、今回のシンポジウムも、団体創立五五周年の記念行事を単なるパーティーではなく、日中友好の促進と安藤昌益研究の活性化を願って開いたとのことである。

司会は名古屋経済大学副学長の鈴木正さんで、第一日目の二日は〝中国哲学者日本を語る〟と題して、王さんが「日本神道の現代的意義」、卞さんが「日本が脱欧入亜する条件」との講演を行った。

二日目が安藤昌益に関するシンポジウムで、李さん・卞さん・王さんがそれぞれ安藤昌益についての講演を行い、続いて会場からの質問に答えるという形で議論を深めていった。

李さんは「『守農大神』から見た現代中国の農村問題」と題して、四つの近代化を進める中で吹き出してきた中国農村の様々な矛盾を前に、「昌益の思想は、マネー文明に埋没した現代中国に多くの問題を投げかけている」という。

李さんはこの春、八戸・大館を訪れた際、あちこちに建てられた餓死供養塔を目撃、「江戸中期の東北農村の悲惨な歴史」に認識を新たにし、安藤昌益が「飢饉に苦しむ農民の悲惨さに対して、心を非常に揺り動かされ、その農民を守りたい、救いたいという農本主義意識が沸いたにちがいない」という。

そして昌益は、「直耕」を基に「農と食を一番大切にし、農耕と農民こそ最も尊いとして、日本の歴史の上で最も早く農業労働を人類生存の根本として強く主張」、農民解放の道筋を探究するため生命を賭した。昌益の主張した「直耕」の「自然世」は、単なるユートピアではなく、封建社会の歪みを見通して、現代の商品経済至上主義への警告にもなっているという。

そして彼女は現代中国の「改革開放」政策の実態とその問題点に触れながら、最後に「昌益の目を借りて中国の現実を見ると、問題が見え、望みも見えてくるように思われる」と結んでいた。

次いで卞さんは、「安藤昌益と日本の近代化」と題して、昌益の思想が日本の近代化のもたらした歪みを検証する上で、今でも有効であるという。

そして、安藤昌益の存在が一度は歴史のなかに埋没したものの、死後二三〇年たった現在、ますますその評価が高まっているのは「昌益思想の時間と空間を越えた生命力を物語るものである」という。

卞さんは日本近代史の専門家としての立場から、明治以降の急速な近代化が、精神面でも物質面でも制度的側面でも、既に江戸時代に準備されたものであることを指摘した後、「文明開化、殖産興業、富国強兵」を進めた日本が、富国強兵を達成したあと「欧米列強の隊伍に参入し、軍国主義の道を歩み」「アジアへの侵略と収奪を続け」たために、手ひどいしっぺ返しを受けて「徹底的に失敗」したと説く。

そして戦後は「欧米諸国を凌駕する高度な経済発展を実現した」ものの、「人々の精神的荒廃、エネルギー問題、環境問題」などの矛盾や危機を抱え、現代日本も決して人類の理想社会とは言えない旨を指摘。

その上で、安藤昌益の封建制とイデオロギー批判がその後の「思想家たちの先駆けとな」ったこと、昌益の反戦平和論が「近代日本の軍国主義を認識するための重要な原理を提供している」こと、昌益の社会観が「これからの人類の理想社会を建設するためたいへん参考になる」ことを、積極的に評価していた。

そして彼は「安藤昌益が提案したもう一つの近代化プラン＝自然と人間の営為が調和した高次な自然世」こそが、昌益思想の現代的意義にほかならないと結んでいた。

最後に王さんは、「東洋的環境思想の現代的意義―昌益・儒教・道教の思想を中心に」と題して、安藤昌益の環境思想が東洋的環境思想の大きな流れの中に位置しており、西欧的思考の行き詰まりが露呈してきた今こそ、昌益を含めた東洋的環境思想を世界に発信して行くべきではないか、という。

王さんは「大に転定《てんち》・小に男女《ひと》」という安藤昌益の環境思想が、「天人合一」「民胞物与」といった儒教的な環境思想、道教の「己れを貴び生を重んずる」養生思想、「私を少なくし欲を寡《すくな》くする」欲望節制、「樸《あらき》に復帰す」る素朴主義、「欲望を抑えて自適する」自足主義と相通じており、こうした東洋的環境思想は、「深刻な環境問題に直面する現代人」に重要な啓発を与える、という。

なぜならば、「ヨーロッパの産業革命以来、人類は未曾有の物質文明を創造したが」「今日、地球的な規模にまで拡大した環境問題が、人類社会の持続的発展と生存そのものを脅かすまでになっている」からであり、それは西欧的な「人間と自然の二極対立的思考、人類中心主義、理性中心主義、刹那主義」がもたらしたものであり、そうした考え方を止揚するためには、東洋的「天人合一」思想、安藤昌益の「天人一和の直耕」思想こそが有効であるという。

三人の報告は、私の立場からすれば、やや安藤昌益の自然思想についての論に偏しており、社会思想についての論及が少ないように思われたが、それだけ「改革開放」政策下での現在の中国社会の矛盾・環境問題が深刻になりつつあるということなのだろうか。それとも、農文協主催のシンポジウムということで、農業問題・環境問題に視点が絞られたということなのだろうか。

いずれにしても昌益の思想は、三人がそれぞれ指摘しているように、単に江戸時代・封建時代のものではなく、時間的・空間的制約を超えて、現代的要請にも十分答えられる普遍性をもった思想だということができそうである。

王さんは一五日、大館のシンポジウムでは「安藤昌益の環境思想―中国の環境問題について考える」と題して講演されるとのことであり、ここで紹介した内容がさらに詳しく報告されるかと思うと、今から楽しみである。

安藤昌益ゆかりの地・大館での第一回シンポジウムに、私もパネリストの一人としてお声をかけていただいた。私としても微力ながら与えられた役割を精一杯務めたく、成功へ向けて一人でも多くの方々が参加してくださるようお願いしたい。

（『大館新報』一九九五・一〇・一三）

生誕地、大館で開かれたシンポ

九五年一〇月一四・一五日の両日にわたって、安藤昌益の命日（一〇月一四日）に合わせ、昌益の生誕地であり死没地でもある秋田県大館市の市立公民館ホールで、〝第一回安藤昌益大館シンポジウム〃が開催された。安藤昌益は今さら繰り返すまでもなく、一八世紀中葉、「直耕」「不耕貪食」「互性活真」といった独自の概念を武器に階級支配を告発し、伝統教学の階級的役割を徹底的に暴露した封建制度の批判者として、そして農耕労働と農民の自治を主体とした理想社会＝「自然世」を構想した社会思想家として知られるが、戦前は資料的な制約もあってその実在に疑問が持たれ、近代になってからの仮託説さえ囁かれていた程である。

それが戦後になって郷土史家たちの地道な研究によって、延享から宝暦にかけての一時期、今の青森県八戸市で町医者をしていたこと、晩年になって郷里である秋田県大館市二井田に帰住、農民に対する啓蒙活動を行っていたことなどが明らかになってきた。

そうしたことからこれまで、七二年には八戸の市立図書館が資料展と講演会を開催、八七年に東京でシンポジウムが開かれたのを皮切りに、九二年秋には中国の山東大学で日中共同シンポ、八戸市で国際フェスティバル、翌年春にはロサンジェルス、ニューヨーク州コーネル大学で日米共同シンポが開かれる等、昌益を巡る催しが連続的に開催され、世界的な関心を呼んできた。

そうした中、もう一つの昌益ゆかりの地である大館市では、諸般の事情で昌益の顕彰に今一つ消極的で、これまでこうした催しを待望する声がありながら、実を結んでこなかった事情があった。しかし紆余曲折を経ながらも、関係者のねばり強い努力の結果、ようやくのことで今回の開催に漕ぎ着けたもののようである。

七四年に安藤昌益に関する晩年資料を発見して昌益の大館出生・死没を資料的に跡付け、八三年には昌益の顕彰碑を再建した故・石垣忠吉さんの遺志を継ぎ、石碑の維持・管理と昌益思想の継承・普及を目指す良中会を中心に、農村を核に地域住民の自立と協同を目的とする郷村建設学院、北秋田の歴史愛好者の集まり北羽歴史研究会とその他有志で実行委員会を組織、大館市・大館市教育委員会等一〇団体の後援を得て、九月一六日に関係各方面に趣意書を発送、本格的なスタートを切った。

中国からもパネリストが出席

シンポジウム当日は、大館市挙げての大イベント・きりたんぽ祭り、大館生まれの忠犬ハチ公祭りを始めとして、秋の文化祭等が目白押しといった厳しい状況の折にも拘らず、地元秋田はもとより鹿児島・兵庫・東京といった遠隔地からの参加者も加えた二〇〇名が、安藤昌益を巡る講演・パネルディスカッションに熱心に聞き入っていた。

総合司会は良中会の山田福男さん。石垣翁による昌益の墓石発見・過去帳の確認に立ち会い、写真家として和光大学の故・安永寿延氏と『写真集人間・安藤昌益』（一九八六年、農文協刊）を発行、大館詣での昌益研究者の案内を一手に引き受けてこられた方である。大館市の隣り町・合川町の元町長、詩人町長として知られた畠山義郎実行委員長の開会挨拶に続いて本シンポジウムの実質的な推進役＝事務局長であり社会福祉法人県北報公会理事長でもある村上清さんから経過報告と、中国社会科学院アジア・オセアニア研究所元所長の黄心川氏からのメッセージの紹介があり、農山漁村文化協会の坂本尚専務・東海教育研究所『望星』編集部の桐生達夫さんの来賓挨拶を受けて、東京学芸大学の西村俊一さんによる「わが心の安藤昌益」と題する講演があった。

西村さんの講演は、本シンポジウム開催に至る紆余曲折の直接の原因ともなった昌益研究を巡る「一部研究者の怨念」「不毛な暗闘」にも率直に触れると共に、寺尾五郎・安永寿延・三宅正彦等の先行研究を「それぞれ一定の意味はあるが、基本的視角の設定において重大な過ちを犯して来た」「観念的なもの」として退けた上で、昌益の「動機志向」に注目する必要があるとして、昌益在世当時の二井田村の極端な収穫減に着目、大葛金山開発に伴う米代川の汚染と鉱毒問題への昌益の言及について触れ、昌益の思想形成に至る道筋を母親との死別をも含めて大胆に推理したものであった。

氏の立論、特に大葛金山と荒谷家文書に対する考察には示唆的な点も多いが、大筋は既に『日本エコロジズムの系譜』（九二年・農文協刊）で述べられてきたところであり、現時点では「仮説」の域を出るものではなく、先行研究を昌益にことよせて自説を述べただけの寺尾昌益・安永昌益・三宅昌益でしかないと批判しているにもかかわらず、新たに西村昌益を対置したにすぎなかったのは皮肉と言えば皮肉と言えよう。

午後からは、日中共同シンポで「安藤昌益の独創的哲学と中国の伝統的哲学」を発表した蘇州大学の李彩華さん、『望星』に「現代に甦る安藤昌益」を連載中のジャーナリスト小林嬌一さん、大正期の農民思想家・江渡狄嶺《えとてきれい》を研究する八戸の月館金治さん、昌益が少年期に学んだ可能性があるとして最近とみに注目されてきた内館塾の宮野尹賢と姻戚関係にあり、大館の隣り町・鷹巣町で農業を営む宮野方臣さんと私の五人が、山田さんの司会の下「昌益思想の継承と地域社会の再生」と題して、パネルディスカッションを行った。

李さんは、中国の安藤昌益研究が従来の唯物論者・反封建思想家といった公式的な評価から、九二年の日中共同シンポを経て、「改革開放」政策の下で深刻化しつつある自然環境破壊・農村社会基盤の崩壊・貧富の格差の拡大といった問題を背景に、より広範・より立体的な方向に向かいつつあり、昌益思想は現代人にも警告を与えていると訴えていた。

小林さんは、『望星』に連載中の昌益ルポルタージュの取材裏話を元に、昌益が陶淵明と共に脱都会・Uターンの先駆者であるとして、今後地元では昌益を巡る伝承と昌益に付けられた三つの戒名についての研究を進めて欲しいとの提案を行った。

月館さんは、大正期における昌益思想の継承者・実践者とも言うべき秋田県出身の堀井梁歩《りょうほ》、その同調者で青森県五戸出身の江渡狄嶺、狄嶺の弟子で単校教育を説いた武田武雄、狄嶺に学びつつ大潟村で農業実践を進めている坂本進一郎、といった在野の運動家の中にこそ昌益思想は継承されていると訴えていた。

宮野さんは実際に農業に携わっている者の立場から、エネルギー収支で計るべき農業を他の産業同様、経済収支でしか見ていない現在の農業政策の誤りと、その下での農業の荒廃を批判すると共に、昌益の説く農民の自立―少なくとも昭和三〇年代以前の農業に立ち返るべき旨を指摘した。

私は『安藤昌益全集』の編纂に携わり、その後も安藤昌益の会の定例勉強会で昌益の原典講読を続けてきた経験から、昌益思想の根幹は当たり前の人間が当たり前に考えて辿り着く当たり前の考え＝普遍的な思想であるとして、「石碑銘」を中心に大館における昌益晩年の思想と行動を考察してみた。

会場での質疑応答の後、大館市二井田の温泉寺に眠る昌益の墓に詣で、また近くの生家前に再建された石碑を見学、夜の懇親会では大館名物のきりたんぽを頬張りながら議論に花が咲いた。

杭州大学・王守華さんの記念講演

翌二日目は、杭州大学日本研究所の王守華さんが「安藤昌益の環境思想―中国の環境問題にちなんで」と題して記念講演を行った。王さんは、この間深刻化しつつある中国の環境問題について、大気汚染・水の汚染・ゴミ処理問題・地球温暖化といった具体的な例や数字を挙げながら、技術上の立ち遅れ・政策の誤り・環境倫理の荒廃とその背景にある環境教育の立ち遅れに言及、さらにはこうした環境搾取型の近代化をもたらしたところの西欧的思考を克服するには、安藤昌益を始めとして自然との一体性を説いた東洋の伝統的な自然思想に学ぶしか道はない、と熱っぽく語った。

そして、二日間の講演・パネルディスカッションを受けて行われた締めのフリートーキングでは、今回の第一回のシンポジウムを糧に、今後も第二回・第三回と継続していって欲しい、昌益生誕三〇〇年に当たる二〇〇三年には質量共に今回を上回る充実したシンポを開催して欲しい、昌益の地元・大館に記念館なり資料館をぜひとも建設して欲しいといった様々な要望が会場から出され、当面継続開催していくことを確認、閉会の挨拶に立った実行委員長の畠山さんは、未来を担う子供たちに向けた『昌益読本』ができたらとの期待を述べていた。

今回のシンポジウムは、困難を押しての第一回目のシンポということで、「骨太な」昌益の全体像に迫るには時間もテーマも不足、消化不良といった感を否めないが、主催者側が言うような〝「安藤昌益学習」の第一歩〟として見るならば十分な成果を挙げることができ、今後への確かな道筋を付けることが出来たと思われる。

昌益ファンの一人として、事務局を始めとした関係者の皆さんのご苦労・ご努力に心から感謝申し上げたい。

（『状況と主体』第二三九号、九五・一一・二〇）

［補注］ 本シンポジウムの全記録は、九六年四月、農山漁村文化協会より『昌益思想の継承と地域社会の再生』（『自然と人間を結ぶ』増刊号）として刊行されました。

『全集』完結一〇年の到達点を示す

――第一回安藤昌益研究交流会（一九九八年）

石垣忠吉さんによる一関文書中からの安藤昌益の晩年に関する資料、いわゆる大館資料の発見以来、多くの昌益研究者同様、私も何度か大館の地に足を運んできた者の一人である。

その間、石垣さんはもとより山田福男さん、安藤家の人々を始めとして多くの方々とお付き合いさせていただいてきた。また、きりたんぽやとんぶり、いぶりがっこや比内鶏《ひないどり》といった当地の名物に舌鼓を打ったり、達子《たっこ》の森から大館盆地を眺めたり、九三年には冷害の様を目の当たりにする中で、大館の地が、昌益の故郷が少しずつ身近に感じられるようになってきた思いがある。

そして九五年からは念願の安藤昌益大館シンポジウムが年一回開催されるようになり、この間私も都合の付く限り参加させていただいてきた。そうしたわけで九八年も、日程調整が付くかどうか気をもみながら、シンポの案内を心待ちにしていたが、生憎この間事務局長を務めてこられた県北報公会の村上清さんが体調を崩され、又、講師の調整もつかなかったため見送りの止むなきに至ってしまったとのことで、誠に残念と言うしかない。

その代わりというわけではないが、九八年一二月六日の日曜日、東京では関東圏の昌益研究者や昌益に心を寄せる人々三〇名程が一堂に会して、第一回安藤昌益研究交流会が開催された。私も呼びかけ人の一人として事前準備に携わり、当日参加して貴重な報告を受けることができた者の一人として、記録に残すと同時に昌益の地元、大館の多くの方々にも昌益の素晴らしさを共有していただきたく、ここに紙面をお借りして、第一回研究交流会に至る経過と当日の模様を簡単に書き留めておきたい。

発端は同年三月のことである。農文協から『安藤昌益の自然「正世」論』の著書もある高エネルギー加速器研究機構の東條栄喜さんが、久し振りに〃安藤昌益の原典を読む会〃の場に顔を出し、研究交流会の開催を提案したのである。

彼の言い分は次のようだった。九七年は農文協版『安藤昌益全集』が完結してちょうど一〇年、全集編纂に携わった友人達の中から、何か記念企画が提案されるものと心待ちにしていたが、結局何の提案もなかった。この間、全集を基礎に研究も様々に進展してきており何らかの形で交流を図り、研究の深化と昌益の社会的認知を高めたい。そのため心ならずもしゃしゃり出て火付け役を買って出た、とのことである。

九七年一一月二〇日発行の『直耕』第二一号巻頭言で「できれば何らかの記念行事をと思いながらも忙しさにかまけ、結局果たせないままで年の暮れを迎えてしまいそうな雲行きです」と記し、内心忸怩《じくじ》たる思いでいた私としてはまさに渡りに舟の提案で、一も二もなく賛成した。その場に居合わせた〝読む会〟メンバー全員も勿論のこと大賛成、取りあえずゴーとなった。

東條さんの趣旨としては今回は初めての試みでもあり、発表者・参加者ともどの程度あるものか皆目見当がつかない。そのためあまり枠を広げず、小規模でも中味の濃いものにしたい。又、寺尾五郎・いいだももといった大御所にはあえてご遠慮願い、できるだけ若手中心の研究発表会にしていきたいとのこと。私としては発表者は結構いるのではないかとの思いもあったが、基本線での異議はなく、その後、東條さんが中心となり、職場も住まいも近い八重樫新治さんが東條さんをサポートする形で準備作業に入っていった。

六月二五日付で東條さんから呼び掛け人会議の案内が届き、七月一日、第一回会議開催の運びとなった。呼び掛け人は、全集編纂に携わった人・大学の先生クラスよりは高校の先生をといった東條さんの提案を基本に、全集編集メンバーから『安藤昌益研究』誌を主宰する農文協の泉博幸さん、中央公論社版の『日本の近世』第一三巻に安藤昌益論を発表している都立忍岡高校の新谷正道さん、それと私、高校の先生からは『進退小録』『真斎謾筆』等、昌益関係の医学資料を掘り起こされた千葉県立市原緑高校の山崎庸男さん、比較思想学会で昌益に関する報告をしたこともある都立山崎高校の佐々木鴻さん、それに東條さん、八重樫さんを入れた合計七名である。

呼び掛け人会議は二回の会合を経て、八月半ばに上記七名の連名で趣意書並びに参加申込書を関東圏在住の安藤昌益の会メンバー及び関係者に発送、九月に入ると早速会場の押さえにかかったが、生憎、午前・午後・懇談会と通して同一の会場を確保することが出来ず、参加者の皆さんにはご迷惑をおかけすることになってしまった。

趣意書の要旨は以下の通りである。「近世日本の代表的な民衆思想家・安藤昌益については、近年、関連資料の発見と多方面からの人々の関心と研究によってその生涯と思想が次第に明らかになってき……、八七年には……全集が農山漁村文化協会版として完成……研究は国際的にも広がりを見せています。……しかし……それぞれの研究が限られた範囲の個別研究にとどまり、相互の協力と立ち入った討論が不足していることにより、全面的、総合的な解明が遅れている……状況を踏まえ、私達はここに、主として民間の研究者による昌益の研究発表と交流の場を新たに設定し……参加者自身が自ら発表し、討論を深めるというスタイルを基本に据えたい……」

（『大館新報』一九九九・一一・二二）

資料調査の困難性と共同研究の必要性

当初は発起人も含め二〇名も集まってくれればとの思いであったが、思いの外反応は高く、二八名の会場に対して三〇名を超える参加希望が寄せられた。当日になって都合が悪くなり、キャンセルせざるを得ない人も若干は見込まれることから、ちょうどいい申し込み状況と言ってよかろう。

発表者は時間の関係から五、六名を予定、参加希望はあっても発表希望者が少ない場合は、発起人の中から募るしかあるまいと思い定めていたが、幸いにも発表者が六名も得られ、又、今回は準備その他の都合で発表できないが、次回には是非にとの方々もおられて嬉しい誤算であった。

いずれにしても会場の関係でこれ以上の参加希望があっても対応できないところから、マスコミ・ミニコミ等を使った案内はせず、わずかに『直耕』第二二号で紹介するに留めた。

そんなこんなの紆余曲折もありながら、一一月二二日の第四回発起人会議で当日のスケジュールと役割分担を確認、参加者に発表内容の要約をまとめた予稿集を発送して、いよいよ一二月六日の研究交流会開催の運びとなった。

当日の発表者及び演題は次の通りである。

◎午前の部

笹本征男「安藤昌益とヒロシマ・ナガサキ―その医学思想から」

新谷正道「安藤昌益の基礎概念をめぐって」

◎午後の部

田嶋五郎「安藤昌益と荻生徂徠―被差別部落へのまなざし」

西村俊一「安藤昌益関係資料調査―その経過と今後の展望」

藤森雄介「日本社会福祉思想史上に於ける安藤昌益の思想について」

東條栄喜「先初期安藤昌益の新思想要素」

このように発表内容は極めて多彩であり、興味津々たるものがあるが、これひとえに「昌益の思想が極めて多方面にわたっている」（趣意書）ことによるものであろう。

そこで以下、当日の模様を発表順ではなく、内容的類似性ないし私なりの関心に沿ってまとめ直し、紹介してみたい。

九五年の第一回安藤昌益大館シンポで基調講演をされたこともある東京学芸大学の西村俊一さんは、自ら足を運んで資料調査を行った北海道松前の泉屋・青森県八戸の伊東家・大館の一関家・安藤家、比内の荒谷家・能代の小林家・福島県須賀川の渡辺家、東京日本橋の東京薬事協会・品川の国文学資料館・京都の宗仙寺・大阪道修町文書保存館についての経過報告を中心に、昌益関連資料調査の今後の課題について報告された。

特に、能代の小林家では九四年五月一〇日付『大館新報』でも紹介されていたように、昌益の死後、二井田村を所払いされたはずの弟子・玄秀がその後も村内に留まっていたことを窺わせる資料を発見、また荒谷家文書・一関家文書からは大葛金山の金掘病や鉱毒治療に関する資料を発掘できたが、須賀川の渡辺家では弟子・湛香に関する直接資料の発掘に至れなかった無念さを報告、昌益関連資料調査における多くの刺激的な可能性について言及するとともに、いまだ膨大な資料調査の必要があるとの今後の課題についても問題提起された。

こうした基本的な資料調査は昌益の伝記的研究に不可欠なもので、それはまた「従来、安藤昌益研究は、流行イデオロギーの安直な投影や社会運動への性急な利用に傾き過ぎていた」とのご自身の問題意識に支えられた方法論的立場とも言えるもので、個人研究による資料調査の困難性・限界を率直に語り、共同研究の必要を強く訴えていた姿勢には心から好感が持てた。が、その一方、東條栄喜さんや寺尾五郎さんのようなマルクス主義的なアプローチによる昌益研究に対して、レッテル貼り的な非難を繰り返していたのは、自ら共同研究の道を塞ぐものとして疑問を呈せざるを得ない。マルクス主義的なアプローチによる昌益研究については、その有効性と限界とを論理的に解明し論争すべきであるにもかかわらず、そうした手続き抜きでの批判ならぬ非難は、大館シンポでの『種蒔く人』や小林多喜二に対する断定的否定発言と同じく、先人の苦闘に唾するのみならず、天に唾するもので、共同研究を訴えるご自身の言葉を自ら裏切る結果となってしまい残念という他ない。

次に「安藤昌益の基礎概念をめぐって」を発表した新谷正道さん、「先初期昌益の新思想要素」を発表した東條栄喜さんは、共に昌益研究に携わって二〇年を超すベテランだけに、丹念かつ正確な原典の読み込みに支えられた報告は、いずれも説得力に富んだものとなっていた。

安藤昌益の著作については、狩野亨吉・渡辺大濤による紹介以来、戦前、戦後を通じて、そして一部では現在に至っても、稿本『自然真営道』を非公然も含んだ昌益思想の集大成、稿本『統道真伝』をそのダイジェスト版、刊本『自然真営道』を時局を憚《はばか》った公然版とする見方が一般的なものとしてあった。が、一九七四年に泉博幸さんが主宰する『季刊昌益研究』創刊号に、竹下和男氏の「昌益の著作から考える」、西尾陽太郎氏の「自然真営道の三巻本と百巻本との関連について」という昌益の思想発展・著作年代を問題とする論文が発表されて以来、そうした見方は通用しなくなり、野口武彦—安永寿延—寺尾五郎といった人々によって研究が進められ、五行説から四行説への転換が昌益思想の発展段階における大きなメルクマールとなっている旨が確認されてきた経緯にある。

そして『全集』を編纂する過程で、寺尾さんを代表とする編集委員会は稿本『自然真営道』百巻本が実は執筆時期を異にするいくつかの著作を集大成した、いわば全著作集とでも言うべきものであることを明らかにし、寺尾さんは昌益の思想的発展を先初期—初期—中期—晩期—最晩期として跡付け、著作の年代別分類を行った。

が、寺尾氏の時代区分、著作の分類にはやや未整理かつ荒削りなところがあり、昌益思想の発展・飛躍を強調するあまり、先初期のものを昌益思想とは無縁の陳腐なものとして切り捨てる傾向があった。新谷さん、東條さんの発表は、そうした寺尾説を踏まえつつ、その欠点を埋めるべくなされたものと言えよう。

新谷さんは、安永説・尾藤説・寺尾説といったものを多くの原典を引用し原典に則しながら厳密に論評、当日配布された膨大な資料も含めて初期から最晩期に至る昌益の著作について、より精緻に思想形成と発展を跡付け著作時期を確定しようとしたもので、自説を展開するとともに多くの課題を提起、参加者には当日咀嚼《そしゃく》しきれなかったものも含めて、大きな宿題が残されたといってもよかろう。

一方東條さんは、同じく昌益の思想形成についての諸説を、安永説、寺尾説、若尾説、西村嘉・西村俊一説として概括した上で、寺尾氏により「昌益思想という観点から見ればさしたる資料価値を有するものではない」と切り捨てられた、先初期の著作＝思想の中にも、後の革命的とも言える昌益思想を生み出す要素、いわば下地があったとして先初期昌益を「哲学的思考を好む社会正義派」と位置づけて再評価、その後の八戸における大凶作・大飢饉の体験が、昌益思想の深化、体系化に与《あず》かるところ大であったとまとめた。

時間の制約で新谷・東條両氏による討論時間が取れなかったのが何とも残念だったが、両氏の異同を付き合わせる中から昌益思想の新たな形成、発展過程が跡づけられることを期待させるに十分な報告であった。

（『大館新報』一九九九・一・二三）

昌益に対する人間的共感に溢れた報告

田嶋五郎、藤森雄介、笹本征男、三氏の発表はいずれも安藤昌益の人間観、いわばヒューマニズムを基軸とした発表で、昌益に対する「差別」主義者との誤ったレッテル貼りが一部で横行する中、昌益の万人平等論、革命的医学観、人間愛を再認識させるに十分なもので、いずれも昌益に対する人間的共感に溢れた報告となっていた。

田嶋さんは元商社マン、八七年の『全集』完結記念昌益シンポをきっかけとして昌益研究に入られた方で、世界を股にかけた豊富な経験と該博な知識、独特な語りで定例の学習会でも一家言ある方だが、今回の発表は切り口は特異だが、極めてオーソドックスなテーマに取り組んだものと言えよう。田嶋さんは戦前（大正四年）の『細民部落分布地図』などを基に、被差別部落が西日本に集中しており東北地方では稀であった事実を指摘、日本の部落史を概観した上で、熊沢蕃山、山鹿素行、荻生徂徠、海保青陵といった江戸期を代表する経世家・思想家の賤民観を紹介した。

そして封建的身分制イデオロギーの代表として荻生徂徠の賤民観を取り上げ、その差別観がケガレ観によるものであり、穢れの習俗を神国の習俗として是認していたばかりでなく、〝火ヲ一ツニセヌ〟別火の風俗を自ら実践していた旨を徂徠の旅日記に基づいて紹介、そうした徂徠に対して昌益は、「上ニ貴キ聖王」から「下ニ賤キ民」まで「面部……八門ノ備リニ於テ全ク二別有ルコト無ク」と、全ての人間が身体的に同一・平等であると説くだけでなく「上王ヨリ下非人小屋ニ至ル」まで炉による日々の営みが同一・平等であるとして、別火の風俗とも無縁であった旨を対置、徂徠の差別観と昌益の平等論との違いを際立たせていた。

一方藤森さんは、五年前に大学の修士論文で昌益を取り上げた後、福祉関係の専門学校で教鞭を取る傍ら昌益への関心を持続、昨年春から淑徳大学大学院博士課程で仏教福祉思想史を専攻、今回は昌益思想を日本の社会福祉思想史の中で位置付けるというユニークかつ有意義な試みに挑戦、興味深い発表を行った。

藤森さんは、日本の社会福祉思想研究の泰斗とも言うべき吉田久一の『日本社会福祉思想史』

『日本社会事業史』によりながら、日本の社会福祉思想史を古代―中世鎌倉仏教の慈悲―近世儒教の仁愛として辿りつつ、吉田氏が旧著で昌益を取り上げ＝評価していたにもかかわらず、新著では昌益を取り上げていない点に疑問を呈した。

そして昌益の人間観が、「生物体としての『人間』が持つ生命価値の本質的同一性を認識するのみならず現象として表出する身体的精神的個別性をも的確に捉えている」として積極的に評価、封建的身分制を前提とした仏教的慈悲や儒教的仁愛とは全く地平を異にした「共生」の時代を生きる私たちにとっても色褪せることのない現代性を有したものであるとして、「西洋的方法論とは別途の思考回路を辿りながら『基本的人権』、『男女平等』、『共生』等といった、国際社会共通の『場』に到達しえる可能性を持った思想家が存在していた事の持つ福祉思想的意義は決して少なくない」と、その重要性・現代的意義を強調した。

先にも触れたように、西村さんが昌益思想の「社会運動への性急な利用」（傍点筆者）に危惧を表明していたのに対して、会場からは八戸出身の見附清七さんから、昌益思想の研究は単に研究のための研究に終わらせてしまうのではなく、昌益の思いを我が物として、例えば現在私たちが直面している地球規模での環境破壊といった社会的課題についても積極的に関わるべきではないか、それがないのならば昌益研究とは言えないのではないか、との批判的意見が出された。

そうした意味では、研究交流会冒頭に行われた笹本征男さんによる「安藤昌益とヒロシマ・ナガサキ―その医学思想から」と題した発表が、アクチュアルな問題意識を全面に押し出した刺激的な報告であったと言えよう。

笹本さんとのお付き合いは九五年春、私たち安藤昌益在京メンバーが中国の王守華さん・李彩華さん・韓国の李雲九さん等と、安藤昌益ゆかりの地を巡る八戸・大館旅行をするために池袋で夜行バス待ちをしていた際、偶然お目にかかったことに始まり、今回の発表に至ったものである。もっとも笹本さんと昌益との出会いはそれよりも早く、九二年に寺尾五郎著『論考安藤昌益』で、昌益の生命尊重の医学観に衝撃を受けて以来とのことである。

笹本さんは占領史研究同人・在韓被爆者問題市民会議会員といった立場から、この間一貫して占領期の科学政策や科学者の在り方といった問題に取り組み、検証を続けてこられた方で、九五年にはその成果を『米軍占領下の原爆調査―原爆加害国になった日本』（新幹社）として世に問い、今回の報告も同書をベースとして昌益の医学思想を逆照射したものである。

笹本さんは物静かな語り口ながら、原爆被害国であるはずの日本が原爆による被害調査を国家的プロジェクトとして実施する（一部は現在も実施している）過程で被爆者、とりわけ妊婦・胎児・子供といった側に立つのではなく、米軍及びアメリカ政府に全面的に協力、原爆被害国が原爆加害国へと転化していく様とそうした調査事業に携わったはずの多くの学者・医師・行政当事者といった人々が今もって沈黙を守り続けていることの不条理さを、鋭く告発していた。そしてそれとの対比で、安藤昌益による伝統医学体系の革命的な転倒―婦人科・産科を第一、小児科を第二とし、内科・外科等をそれに後続させるという生命尊重の医学体系の創出―を高く評価、

「安藤昌益が、今、生きていれば、怒りと深い絶望にとらわれるであろう」との重い発言で締め括った。

以上見てきたように、発表は極めて多彩、かつ各人の問題意識に支えられた真摯なものであり、発表時間に押されて討論時間が限られてしまい、「討論を深めるというスタイル」を保障・確立できなかったことが心残りと言えよう。

とは言え、発起人の一人としての自画自賛と揶揄されるかもしれないが、第一回目の研究交流会としてはレベルも高く密度の濃いものと評価でき、第二回目以降を期待させるに十分な水準のものとなっていた。

会場には、九六年夏の大手術以来の療養で参加できなかった寺尾五郎さん、ご自身の出版記念会と重なってしまったため欠席されたいいだももさんの姿はなかったが、狩野亨吉の研究で知られる名古屋経済大学の鈴木正さん、第二回安藤昌益大館シンポで基調講演をされた作新学院女子短期大学の萱沼紀子さん、萱沼さんの友人で千葉で市民運動をされている星野百合子さんと、星野さんのお知り合いで千葉大学のロシア人留学生ワジム＝シロコフさん、農文協専務の坂本尚さんを始めとして多くの方々が顔を揃え、坂本さんからは「昌益は東洋の伝統思想との格闘の中から自らの思想を形成したのであり、西洋思想との比較ではなく、今後は東洋思想との連関、昌益の平等論等の持つ独自の価値について究明していくべきではないか」との提起がなされた。

六時から始まった懇親会は萱沼さんによる乾杯の音頭で幕を開け、王守華さんにいただいた孔府家酒、李雲九さんにいただいた高麗人参酒がふるまわれる中、昼間の激論もどこへやら、一関市出身で現在は佐倉にお住まいの詩人・遠山信男さんによる詩「安藤昌益の夜」の朗読といった演《だ》し物も交え、和やかな雰囲気の内に放談、交流が遅くまで続けられた。

九九年は折しも、狩野亨吉が本郷の古書肆・田中清造から稿本『自然真営道』一〇一巻九三冊（正確には九九巻九一冊）を購入し、安藤昌益を歴史の闇の中から発見してちょうど一〇〇年目の記念すべき年に当たる。狩野亨吉・安藤昌益の故郷である大館の地で、両者の歴史的出会いに合わせた何らかの記念行事が催され、人類の知的遺産の一つである安藤昌益とその思想についての顕彰運動が少しでも前進することを祈念しつつ、九八年末に行われた第一回安藤昌益研究交流会についての報告記録の筆を擱くこととしたい。

（『大館新報』一九九九・一・二九）

没後二四〇年に寄せて
――最近の新資料発見と研究動向

初期の天体観を表わす資料も出現

二〇〇二年一〇月一四日は、大館が生んだ偉大な思想家・安藤昌益が六〇歳で病没してちょうど二四〇年の命日に当たり、〇三年は生誕三〇〇年という記念すべき年に当たる。

それを記念して地元大館では「先人を顕彰する会」を中心に記念の顕彰行事へ向けた取り組みが進められ、八戸との交流も開始されたとのことで、安藤昌益に心を寄せる者の一人として誠に喜びに堪えない。

そうした動きに符節を合わせるかのように、二〇〇一年から〇二年前半にかけて安藤昌益に関するいくつかの動きがあったので、以下に何回かに分けてご報告し、記念行事の実現へ向けた一助にでもしていただければ幸いである。

いくつかの動きは互いに重なり合い、また共振しあって、研究の進展と人々の昌益への関心を広げてきているが、大きくまとめれば以下の三点となろう。

一つ目は、安藤昌益に関する新資料の発見とこの間の昌益医学についての研究の進展である。二つ目は、日本アンソロジー『安藤昌益』（尾藤正英・松本健一・石渡博明共編著・光芒社刊）、『八戸の安藤昌益』（稲葉克夫著・八戸市史編さん室刊）、『狩野亨吉の思想』（鈴木正著・平凡社刊）と、安藤昌益及び昌益の発見者である狩野亨吉に関する出版が相次いだことである。三つ目は、日本アンソロジー『安藤昌益』の出版を記念して講演会が行われ、またこの間、東京を中心とした若手研究者の研究交流の場である安藤昌益研究交流会が第四回を迎えるなど、昌益をめぐる催しが活発化してきたことである。

では、まず第一点目の安藤昌益に関する新資料の発見と昌益医学についての研究の進展から見てみたい。

新資料は、〇一年一一月末、筆者が岐阜の内藤記念くすり博物館で見いだしたもので、一点は『良中子神醫天神』と題する昌益晩期の自然哲学及び基礎医学に関するもの、もう一点は羽陽の医師・杉玄達が筆録した『良中先生自然真営道方』と題する処方を中心とした臨床医学に関するものの二点である。

くすり博物館の編集になる『大同薬室文庫蔵書目録、附館蔵和漢古典籍目録』を手にした際、正直なところ、昌益医学の周辺資料について手掛かりでも得られればといったかすかな期待はあったものの、まさか昌益自身の著作、しかも未発見の新資料に出会おうなどとは露ほども考えていなかったため、本資料を確認した時は本当に我れと我が目を疑いびっくりしてしまった。

尚、新資料については後で詳しくご紹介することとし、また同資料の発見にまつわる経過については、安藤昌益の会発行の『直耕』第二四号に詳しいので、興味のある向きはこちらを参照していただきたい。

いずれにせよ、ここではまず、この間の昌益関係資料発見史及び昌益医学研究史の進展について見てみたい。

一九八七年に完結した農文協版の『安藤昌益全集』は、狩野亨吉らによる発掘以来の現存する昌益の全著作・関連資料の全てを収録した画期的なもので、全集編さん過程で新たに見いだした『統道真伝』「龍谷本」も収録し完璧を期したため、補巻を編集することなど思いもよらなかったが、この間のあいつぐ新資料の発見はそうした補巻の可能性も夢ではないと思わせるほど、目を見張るものがある。

まず九〇年に、この間、安藤昌益の医学資料の全てを発掘してきた千葉の高校教諭・山崎庸男氏によって、医師昌益の人となりを記述した奥南部の医師・錦城の『医真天機』が見いだされ、九四年には『大館新報』でも紹介されたように、能代出身の昌益の弟子・内藤玄秀に関する新たな資料が東京学芸大学の西村俊一氏によって報告された。

また九四年夏には大阪の古書展で、関東大震災で灰燼に帰してしまった稿本『自然真営道』本書分とは別系統と思われる『自然真営道』第五一巻「万国気行論」巻が売りに出され、関西の学校の先生が購入されたとのことだが、本人が公表を控えておられるため、残念ながら詳細は不明である（尚、翌年一月、関西の地は例の阪神淡路大震災に見舞われ、資料の安否が懸念されたが、幸い被災を免れ無事だったとのことである）。

そして九八年二月、筆者も『大館新報』で紹介記事を書かせていただいたが、岩手県立博物館に寄託されていた八戸の旧家・戸村家の旧蔵資料の中から、当時同博物館の学芸員だった鈴木宏氏が『儒道統之図』と題する儒医の系統図を発見、昌益の京都での医学修業―医学上の師が味岡三伯であること、医学の系統が後世方別派に属すること―が明らかになった。

さらに二〇〇〇年末には青森県の県史編さん室が北海道の古書店から購入した八戸の旧家・接《せっ》待《たい》家の古文書の中から『確龍先生自然数妙天地象図』と題する、昌益初期の天体観を表す図入りの文書を発見、『全集』編さん段階では推論でしか語れなかった、昌益が明確に地球説に立っていたことが本資料によって明らかになった。（『青森県史研究』第五号参照）

筆者による新資料の発見も、こうしたこの間の昌益に関する新資料発見という研究の進展に促されてのことであった。

（『大館新報』二〇〇二・一〇・一〇）

昌益医学の復元と再評価

では次に、安藤昌益の医学・自然真営道医学についての研究の歩みを概観してみたい。

ご存じのように安藤昌益の思想は、ロシアにおける労農政権の樹立という世界史的な事件のインパクトを受けて、発見者である狩野亨吉及びその弟子に当たる渡辺大濤によってその救世観——社会改造論や平和主義・平等論が高く評価され、また戦後は岩波新書『忘れられた思想家』の著者であるハーバート＝ノーマンによって、徹底的な封建制度の批判者・民主主義の先駆者として紹介されるなど、主としてその社会思想の面が評価されてきた経緯にある。

ところが昌益の生業である医学及びその思想については、戦前は伝記的資料が皆無な上、唯一の伝本であった稿本『自然真営道』本書分が関東大震災で烏有《うゆう》に帰してしまったため、その内容がいっさい伝わらず、復元も評価も不可能だと思われてきた。

現に、戦前から戦後にかけて『日本哲学全書』『日本哲学思想全書』といった叢書の中で、昌益の著作を積極的に活字化、三浦梅園と共に昌益の自然哲学を高く評価していた科学技術思想史研究の第一人者・三枝博音《さいぐさひろと》でさえ、昌益の医学については「思弁的」で「非科学的」であるとして、必ずしも高い評価を与えていなかったのである。

もっとも、それは一に資料的な制約によるもので、狩野亨吉や秋田魁新報社の安藤和風といった人々が必死になって昌益の事跡を追っていたものの、その存在すら確定できなかった戦前のことだったからであり、無理からぬところでもあった。

ところが、戦後の一九五〇年になると、八戸の野田健次郎によって延享から宝暦にかけての昌益の八戸在住が確認されると共に、御町医・安藤昌益の臨床医としての評価の一端が明らかにされたのである。

それは延享元年（一七四四年）、八戸藩の遠祖に当たる遠野藩からの使者――流鏑馬《やぶさめ》の射手三名が病を得たため、藩命で昌益が治療に当たったところ見事全快し、藩から報奨金が下賜されたものの、藩命だからと言って薬礼を固辞したという、いかにも昌益の人柄をほうふつとさせるエピソードまで添えた記録であった。また、町医にもかかわらず家老の中里清右衛門の医療相談に乗り、快癒させたとの記録も残されていた。

こうして八戸城下での臨床医としての昌益の活躍が明らかになるのと軌を一にするかのように、同年、漢方医・龍野一雄によって昌益の処方の一つ「安肝湯」の存在が明らかにされた。それは、幕末から明治にかけての漢方医学最後の大立者、浅田飴で知られる浅田宗伯の『勿誤薬室方函《ふつごやくしつほうかん》』及びその解説書である『方函口訣《ほうかんくけつ》』に安肝湯が収録され、「小児の腹痛に、他の薬を用いても効果がなくどうしようもない場合、この薬を用いるとよい」との高い評価を受けているとの報告であった。

その後、友吉唯夫によって昌益の産科学が「荻野式」を二〇〇年も前に先取りしたもの、岡田靖雄によって昌益の精神医学が「日本独自の精神医学の鼻祖」として高く評価され、昌益医学の見直しが進むと共に、昌益医学・真営道医学への関心も高まっていった。

更に七三年、大館市史編さん事業の過程で石垣忠吉が温泉寺に眠る昌益の墓や晩年の行動に関するいわゆる大館資料を発掘し、昌益が生地である大館に帰省後も医師として活躍していたことが明らかになると共に、安藤家に伝わる言い伝えでも臨床家としての見立てが優れたものであった旨が裏付けられることになった。

こうした昌益医学の再評価を決定付けたのが、山崎庸男による『真斎謾筆』『進退小録』『神医天真論』といった昌益医学関係諸資料の発掘であり、寺尾五郎によるその分析―解読―再構成であった。

山崎が見いだした医学関係資料はいずれも、関東大震災で焼失してしまった稿本『自然真営道』本書分の医学論に照応するもので、幻の医書と考えられてきた真営道医学を復元するのに役立つ貴重なものばかりであった。

中でも、京都大学医学図書館富士川文庫に架蔵されていた『真斎謾筆』は、失われたはずの稿本『自然真営道』本書分のうち、医学論（第七三巻から第一〇〇巻）の全体をほぼ忠実に抜粋したもので、本書によって初めて真営道医学の全貌が明らかになったのである。

こうした山崎の仕事を基に、農文協版『安藤昌益全集』の編集代表を努めた寺尾五郎は、『真斎謾筆』を全文『全集』に収録すると共に、絶筆となった『安藤昌益の自然哲学と医学』（九六年、農文協刊）の中で『謾筆』の分析により、昌益医学・真営道医学の全貌を私たちの前に初めて解読してみせてくれたのである。

それは伝統的な中国医学に拠りつつも、その本質が君主―成人男性の治療を「本道」として体系化したものであり、封建制度のアナロジーによって理論化したものであるとの根底的な批判を出発点に、伝統医学の体系をコペルニクス的に転換した、「生命の科学」とでも呼ぶべき新たな医学体系の創造であった。

具体的には、それまで付け足し程度にしか扱われていなかった婦人科・産科を冒頭に置き、小児科・感覚器官科・泌尿器科から内科・外科を経て精神科に説き及ぶもので、寺尾はこうした医学体系の転換を「生命の誕生・育成・保全の科学」を創造したものとして高く評価している。

それはまさに、生命を生産する百姓の子として生まれ、生命を預かる医師を生業とする自己の存在を哲学的に究明し、医学の場で真摯に展開したことの当然の帰結ではあったが、一方、東洋医学数千年の歴史に照らして見れば、私たちの想像を絶する困難な思想的格闘の果ての破天荒な達成でもあったのである。


（『大館新報』二〇〇二・一〇・一九）

再評価へ向け論点整理

こうした昌益研究の進展を受け、この間の昌益研究の交通整理を行うと共に、新たな昌益研究の水先案内を果たすべく編まれたのが、〇二年早々、光芒社から日本アンソロジー第一巻として出版された『安藤昌益』である。

本書については四月三日付の『大館新報』での紹介記事もあり、既にご案内の向きもあるように、前半部が昌益関係の論文一二本、後半部が二つの鼎談という二部構成になっていて、前半部と後半部を橋渡しする形で筆者による「安藤昌益研究史概観」が前半部の最後尾に置かれている。

筆者が編著者の一人になっているところから手前味噌ととられかねないが、前半部の各種論文の多くは編著者の一人・尾藤正英氏も前書きで述べておられるように「昌益研究の基礎となる資料紹介や文献批判に関係ある論文……の中でも重要と思われるものを選んで編集した」もので、昌益関係論文のアンソロジーとしては七四年に八戸市立図書館が創立一〇〇周年記念事業の一環として編集した論集『安藤昌益』（伊吉書院刊）に次ぐもので、久方ぶりかつ画期的なものと言えよう。

中でも、テキストクリティークにより昌益自身の思想的発展を文献的に跡付け昌益研究に画期をもたらした西尾陽太郎・竹下和男の両論文、及び安永寿延の互性論を批判的に考察して昌益の互性論を構造的に明らかにした東均の論文は、前者が『季刊昌益研究』の創刊号に、後者が『東京安藤昌益研究会会報』第六号にと、いずれも初出が会員制の、したがって限られた読者にしか目の届かない媒体に掲載されたものだった。そのため、昌益研究史の上からはもっと注目されて良いものにもかかわらず、これまではあまり言及されることがなかったが、今回こうした形で単行本に収録されたことで、再評価が進むことを期待したい。

また、先に昌益医学の新資料発掘の項でも触れた『医真天機』及び『儒道統之図』についての発見者、山崎庸男と鈴木宏による新資料の紹介論文を収録できたのも意義あることだと言えよう。特に鈴木氏は、編集作業の過程で詳報に接することになり、残念としか言いようがないが、ご遺族の方々には本書の出版がせめてもの供養になったのではないかと、編著者の一人として自ら慰めている次第である。

いくつかの書評をめぐって

とは言え、値段や頁数の関係で、本来収録すべきないしは収録したかったものの割愛せざるを得なかった論文も少なくなく、東條栄言氏が書評の中で「若干の問題点」として「西村嘉・石垣忠吉氏の関連論文をぜひ収録してもらいたかった」「医学・農学・環境学などからの昌益研究に言及できていないこと」を挙げておられた（『共同誌・未来』第三三号）が、正鵠《せいこく》を射た批評として甘受せざるを得まい。

ただ、萱沼紀子氏が『週刊読書人』の書評の中で後半部の二本の鼎談について「二本（目は）……今読んでも十分意義のある内容だが「(二本目は）はっきり言って失敗だった」と批評されている点については、半ばは同意しつつも、編著者の一人として、また鼎談出席者の一人としてあえて反論しておきたい。

確かに一本目の鼎談は、戦後の昌益研究をリードし、ノーマンの知恵袋でもあった今は亡き奈良本辰也氏に戦前から戦後にかけての昌益研究について聞き書きしたもので、歴史的に貴重な記録となっている。

一方、「本書出版のために企画された」二本目の鼎談は、必ずしも論点が収束的でなく時に拡散的なこと、また時に議論がかみ合わず生産的とは言えないこと等の問題点をかかえたものであったことは事実で、筆者自身も当初は違和感を覚えたが、落ち着いて振り返ってみれば、仲間内の予定調和的な論に終始するよりも、かえって昌益評価の上での難点・隘路《あいろ》を浮き彫りにさせたという意味では有意義だったのではないだろうか。

因みに、筆者の周囲でも「前半の論文は専門的すぎて読みづらかったが、鼎談では問題点がクリアになって面白かったよ」との感想をよく聞き、また「三氏三様の昌益論が登場。昌益の思想の解釈が一筋縄ではいかないことをうかがわせる」（二月二五日付『北鹿新聞』）といった評言もあるからで、あながち我田引水な言い分でもあるまい。

尚、鼎談の中で昌益を大正期～昭和初期の農本主義者の多くと同じように「美的百姓」と規定する尾藤・松本両氏の見解に対して、筆者は鼎談中でも反論しておいたが、その後、『QUEST』第一九号（オルタ・フォーラムQ刊）に「安藤昌益と農」（本書六一頁）と題して、また『北東北郷村教育』第一一号（北東北郷村教育学院刊）に「北東北郷村教育と昌益と私」（本書五九頁）と題してこの問題について再論を試みたので、興味をお持ちの方は同誌を参照されたい。

いずれにしても本書に対する総合的な評価としては、八戸の郷土紙『デーリー東北』に掲載された中野渡一耕氏の「本書は初めて昌益を学ぶ人より、多少昌益について調べたがもう少し研究の背景など知りたい、という方には好著であると言えるだろう」というのが、最も妥当なものと言えよう。

また、先述のように、いくつかの不十分さを抱えながらも本書は、八戸市立図書館編の『安藤昌益』がそうであったように、今後とも末永く継承されていくであろう昌益研究の歴史の中で、いつまでも読み継がれていくロングセラーの一つとしての位置を占めていくに違いない。

(『大館新報』二〇〇二・一〇・二七)

狩野亨吉への共感

〇二年三月二五日、八戸市立図書館市史編さん室の編集になる〝八戸の歴史双書〟の一冊として稲葉克夫氏執筆の『八戸の安藤昌益』が八戸市より出版された。

〝八戸の歴史双書〟は、現在進行中の八戸市史編さん事業の本編とは別に、「資料集」ないし「読み物」として編まれたシリーズで、本書は「読み物」編の第三冊目に当たる。

「読み物」編が「刊行のことば」で「わかりやすくコンパクト」なものとして位置付けられていることでもお分かりのように、本書は安藤昌益について格好の入門書となっている。

著者の稲葉氏は、大学院時代を戦後の昌益研究のパイオニアとでもいうべき故・奈良本辰也氏の下で過ごし、先述の八戸市立図書館編の論集『安藤昌益』では冒頭に置かれた「安藤昌益研究略史」を執筆、九二年の「昌益国際フェスティバル・八戸」ではパネリストの一人として発言するなど、昌益研究に造詣が深く、八戸文化圏における最適の執筆者と言えよう。

本書は、第一章「安藤昌益八戸に現れる」、第二章「安藤昌益と八戸資料」、第三章「安藤昌益の思想」、第四章「安藤昌益の医学」、第五章「安藤昌益の周縁」といった章立てで構成されており、この間の八戸における研究の蓄積・進展を踏まえた点と昌益医学の紹介がなされている点に大きな特徴がある。

特に昌益医学に関しては、近時、八戸の旧家から発見された新資料『儒道統之図』の紹介も含めて、農文協版『安藤昌益全集』完結以降の最新の研究成果を踏まえたもので、従来、社会思想家としてのみ描かれてきた昌益像に変更を迫り、「生命の思想家」たる昌益思想・昌益医学の豊かさを実感させてくれるものとなっている。

また、あとがきに「西村嘉氏に捧ぐ」とした献辞があることでもわかるように、八戸の昌益研究を語るに際して欠かせない西村嘉元八戸市立図書館長の名誉回復が図られたことも本書の収穫の一つと言よう。

西村氏については、ご本人が多くを語られないため、同図書館の所蔵資料を巡って一部心無い研究者によって一方的に悪者にされてきた経緯にあるが、昌益研究資料を丹念に収集し、またその人柄や大胆な仮説の提示によって多くの地元研究者を育て上げ、八戸を昌益研究のメッカと言わしめた氏の業績がきちんと紹介されており、そのことが九二年の昌益フェスティバルの成功につながっていったことを物語っている。

総じて本書は、筆者である稲葉氏の人柄そのままに抑制の利いた文体と目配りよくまたバランスのとれた構成で、昌益と昌益研究を巡る動同が「わかりやすくコンパクト」にまとめられた好読物となっている。それは言うまでもなく、対象たる安藤昌益その人と地元八戸への氏の深い愛情が支えになっているからに他なるまい。

また五月一〇日、長いこと絶版になっていたレグルス文庫版『狩野亨吉の思想』（八一年・第三文明社刊）が、装いも新たに「平凡社ライブラリー」の一冊として増補・復刊された。

筆者の鈴木正氏は言うまでもなく狩野亨吉研究の第一人者であり、昌益と共に狩野亨吉にも心を寄せる者の一人として、本書の復刊を心から喜びたい。なぜならば、同ライブラリーは現代の古典とでも呼ぶべきものが多く収録されており、本書もまた他の収録作品同様、長く読み継がれるべき質と内容を備えた論集だからである。

本書は二部構成になっており、第一部は「日本思想史のなかの狩野亨吉」「思想鉱脈―安藤昌益の発見」等、狩野亨吉に関する本格的な論文が五本収録されており、第二部は「ほんとうの教育者はと問われて」「隠れて生きた狩野亨吉」等、狩野を巡って各種新聞や雑誌に寄せたエッセー八本が収録されている（尚、増補された分は、このエッセーの内の三本である）。

また、付録として「狩野家系図」「年譜」「著作年表」「手稿一覧」が付されており、資料的な価値も高い。唯一の著作集と言われる岩波書店の『狩野亨吉遺文集』と本書を併読すれば、自らは語るところの少なかった狩野亨吉その人の思想の本質が自ずと了解されてこよう。

ただ、氏が多少の留保を加えつつも「男性的」と規定した狩野の思想に本格的に取り組んだ第一部の論文は、対象たる狩野の古武士然とした厳格さに規定されてか、硬質な文体で綴られ、また時代的な制約の下で独自の科学的合理論を追究した狩野の文章が時に韜晦《とうかい》していたためか、狩野の本音を探る手つきはいかにも慎重で、本書で初めて狩野に接しようという人にはやや難解に映るかも知れない。

そうした意味では、狩野の名前は知っていても読むのは初めてという方には第二部のエッセーから入ることをお勧めする。

ここには狩野亨吉という近代日本が生み出した稀有な思想家に出会い、謦咳《けいがい》に接する機会もなかった狩野を心の師として尊敬し、その思想その生き方を探求しつつ自らの生き方を問うている誠実な学者の姿があり、また資料探索や学問を通して様々に経験する新たな出会いや知見への喜びが率直に綴られているからである。鈴木氏と同じように狩野への共感を共有した上で第一部に臨めば、理解はよほど進むものと思われる。

ところで、五本の論文は「日本思想史のなかの狩野亨吉」を除けば、『思想の科学』『現代の理論』『思想』といった雑誌に独立に発表された論文で、相互に補い合って狩野の思想の本質を照射してはいるが、狩野の全体像を紹介したものではない。

できれば鈴木氏に、狩野亨吉の生涯も含めた全体像を紹介する入門書・概説書を書いてほしいと願うのは、私一人だけではないだろう。

（『大館新報』二〇〇二・一一・二）

「今に問う」内的深まりを語る

二〇〇二年二月二日、土曜日の午後、東京駒込の電通生協会館で〝二一世紀の安藤昌益〟と題する講演会が開かれた。

本講演会は光芒社発行の日本アンソロジー『安藤昌益』の出版を記念して同社主催で行われたもので、会場には弘前・大館・花巻・伊賀上野・大阪といった遠来も含め六〇人の昌益ファンが集まり、翌三日付の『デーリー東北』紙には「革新的な思想を見直す」と題して、また雑誌『歴史読本』四月号のグラビア頁にはトピックス「二一世紀の安藤昌益」と題する紹介記事が掲載された。

講演は、アンソロジーの編著者の一人である石渡の司会で、香川県綾南町立滝宮小学校長・竹下和男氏による「安藤昌益と現代」を皮切りに、編著者である川村学園女子短期大学教授・尾藤正英氏の「安藤昌益と江戸期の思想」、同じく評論家・松本健一氏の「白旗伝説と昌益資料の真贋」と続き、作家の高野澄氏による特別講演「安藤昌益と奈良本辰也」で締めくくった。

高野氏の講演は、アンソロジー『昌益』が奇しくも〇一年三月に亡くなられた故・奈良本辰也氏の追悼出版ともなってしまったことから、生前の奈良本辰也氏とご自身との出会いや共同研究について、また奈良本辰也と昌益、ハーバート＝ノーマンとの関わり、戦後の昌益研究の先駆者の一人であった氏の業績評価といったものを、身近にいた一番弟子としての立場から紹介、作家ならではの語り口で奈良本氏の人柄を偲ばせると同時に昌益の魅力をも引き出すものとなっていた。

松本氏の講演は、ご自身の著書である『白旗伝説』(九八年新潮社刊/講談社学術文庫)と『真贋』(九三年新潮社刊/幻冬舎アウトロー文庫)をベースに、歴史における資料の見極め、それを通しての歴史の真実への迫り方を探ったもので、極めて刺激的かつ示唆に富んだものだった。

歴史研究の世界、特に専門家とされる人々の間では、とかく直接資料としての現物がないと史実もなかったことと見なされがちな一方で、現物さえあれば直ちに「史実」もあったとされがちだが、間接資料で史実に迫ることもできれば(『白旗伝説』)、逆に現物が「偽」資料だった場合は「史実」の存在も問われることになる(『真贋』)として、中山家から出たとされる昌益関係の偽資料について、自説を述べられたものである。

尾藤氏の講演は、竹下・西尾両氏によって初めて唱えられ、昌益研究の画期—転機ともなった、昌益思想の基本概念の一つ、五行説から四行説への内的発展・移行の問題を、江戸期における朱子学から陽明学への転換という日本儒学のありようと重ね合わせて論じられたもので、『日本封建思想史研究』の著者ならではの指摘として、儒学の日本的な受容の在り方、さらには外来思想の日本的受容一般の問題にも道を開く示唆的な講演であった。

講演会の白眉は、先にも触れた昌益研究に画期をなす、五行説から四行説への移行の問題を大学の卒業論文で取り上げられた香川の小学校長・竹下氏のものであった。会場には首都圏に嫁いだ氏の教え子も見えておられ、講演会が図らずも取り結んだ師弟の出会いに心動かされた。氏の講演は、卒論で昌益の原典にある用語の数量的分析を導入したことで昌益思想の内的発展を指摘することができたものの、その後は『二十四の瞳』で知られる小豆島の小学校に赴任し、子供たちと生活する中でいつしか歴史研究から離れてしまったこと、にもかかわらず自分にとっては「教育」の仕事が昌益の言う「直耕」であるとして、教育現場における「食」を通した実践事例について熱っぽく話してくださった。

教育という仕事を通して昌益が、また自らが理想とした「自然の世」を実現するために日々目一杯仕事をしているという氏の講演は、まさしく「安藤昌益と現代」というタイトルにふさわしく、また「二一世紀の安藤昌益」という講演会にふさわしいものだった。

盛り沢山の講演会で質疑応答の時間が取れなかったのは残念だったが、その点は第二部の懇親会に引き継がれた。

懇親会は場所を同会館地下一階の「れすとらんぷらざ」に移して行なわれ、講演者・関係者を始めとして、大館からは〇三年の昌益生誕三〇〇年祭の下調べにと「大館の先人を顕彰する会」の伊多波英夫さん・弘前からは、『八戸の安藤昌益』の著者の稲葉克夫さん・花巻からは翌日行われる安藤昌益研究交流会事務局の八重樫新治さんといった方々を含め、約二〇名が参加、懇親を深めると共に、各人各様の昌益への思い、「法世」としての現代への熱い思いをこもごも語り合った。

尚、京都造形芸術大学より〇二年四月に発行された『瓜生通信』第二二号及び五月一日付の『デーリー東北』によれば、特別講演で高野澄氏が親しみを込めて語っておられた故・奈良本辰也氏の蔵書のすべてが、晩年氏が教鞭を取っておられた京都造形芸術大学に寄贈され、一周忌に当たる〇二年三月二二日、同大学芸術文化情報センター内に「奈良本辰也記念文庫」として開設されたとのことで、同文庫には生前の氏の姿を偲ぶべく、書斎もそのままの形で移築されているという。

また、農文協版『安藤昌益全集』の編集代表であり、この間の昌益研究を文字どおり牽引してこられた故・寺尾五郎氏の蔵書は、『全集』出版元である社団法人・農山漁村文化協会の運営する三鷹の農文協図書館に寄贈され、近く「寺尾五郎文庫」として公開すべく、現在整理作業が進められているところである。


（『大館新報』二〇〇二・一一・一五）

続く研究交流会、「医」の分野も

九八年一二月に始まった、主に首都圏を中心とする若手昌益研究者による研究発表・相互交流の場としての安藤昌益研究交流会については、その第一回の報告を「『全集』完結一〇年の到達点を示す」と副題して、九九年一月二一、二三日付の『大館新報』でかなり詳細に報告させていただいたが、その後は筆者の怠慢で生憎ご紹介できずにきてしまった経緯にある。

が、その間も順調に回を重ね、第四回の研究交流会が〇二年二月三日、アンソロジー『安藤昌益』出版記念講演会のまさに翌日、場所を恒例の神楽坂のエミールに移して行われた。というよりは、例年一二月に行なってきたものの諸般の事情で年明けになってしまったため、地方からの参加者の便を考えハードなスケジュールながらも連日に設定したものである。

ちなみに、この間の発表をタイトルと発表者だけでも配しておくと、以下のようになる。

第二回研究交流会　（一九九九年一二月五日）

「安藤昌益と『転定』の論理」桑子敏雄

「高度な理論と庶民の心が結合―真営道医学」八重樫新治

「安藤昌益からの贈り物―石垣忠吉の半生」萱沼紀子

「安藤昌益研究略史と寺尾五郎氏の業績」石渡博明

第三回研究交流会　（二〇〇〇年一二月三日）

「『易経』と安藤昌益」稲葉　守

「安藤昌益―米に込められた文字と音韻」島田守康

「福田定幸の事跡について」見附清七

「日本農業史から見た安藤昌益」徳永光俊

「東洋医学と安藤昌益」渡邉勝之

このうち、第二回目までの記録は泉博幸氏の主宰する安藤昌益研究会発行の『安藤昌益研究』第九号及び第一一号に掲載されているが、第三回の記録は生憎いまだ活字化されていない。

こうした蓄積の上に行われた第四回研究交流会は、この間の昌益医学に関する研究の進展を受けて初めて昌益医学を統一テーマに掲げ、「私の『医者・安藤昌益』―私が昌益から学び、糧にしようとしていることの中間報告」「私の『真斎謾筆』入門」「安藤昌益医学関係新資料発見の中間報告」と題して三名が発表を行った。

「私の『医者・安藤昌益』」と題する発表を行ったのは、北海道の岩見沢で精神科の医師をされている三田村幌氏で、ご自分の開設しているホームページ上でもこれまで度々昌益について言及してこられた実績のある、昌益に熱い思いを寄せておられる方の一人である。

すでにご紹介したように、昌益の精神医学が、近代精神医学の流入以前の江戸時代中期にまったく独力で独自の展開を遂げていたものであったこと、また治療法として対話療法や薬物療法を用いていたという事実に触発されて、氏はご自身が院長をされていたこぶし神経クリニック&カウンセリングルームを訪れた「うつ病」の患者さんに伝統的な漢方薬の一種である帰脾湯を元にした「加味帰脾湯」を投与、多くの治験例から有意な薬効を得たとの報告を中心に、安藤昌益ユーザーとしての立場から昌益を介して精神科領域における漢方治療の見直しを進めておられる旨を発表してくださった。

「私の『真斎謾筆』入門」を発表された中村篤彦氏も西麻布で内科を開業されている現役の医

師で、漢方を中心に診療を行ってこられた現場実績の上に、ご自分で調剤された昌益の処方として有名な「安肝湯」を持参、ミルクチョコレート色をした安肝湯を参加者全員で試飲して苦さを実感すると共に、各人、昌益への思いを新たにした。

氏の報告は従来の漢方医学で基本とされてきた三陰三陽やそれを元にした六気・十二支等を紹介しつつ、伝統医学の批判の上に構築された昌益の四行八気説、「気道の互性」の病を「味道の互性」で治療するとされる昌益医学の内部構造を、『真斎謾筆』に拠りながら解明しようとしたもので、現在は手探り状態ながらも、今後一〇年をかけて夢を追っていきたいと抱負を述べておられた。

筆者による「新発見資料の中間報告」は、昌益在世当時の医学事情、昌益の著作並びに関係資料中における医学関係資料の紹介、昌益医学の評価の変遷といったものを概観した上で、二点の新資料についての紹介をしたものだが、中間報告とあるように発見後の時間的余裕があまりなく、『良中子神医天真』については原文が白文で未解読なため内容的な紹介まではできず、総目次と体裁についてのみ紹介するにとどめ、『良中先生自然真営道方』については同書に収録された処方と『真斎謾筆』に収録された処方の対照表を配布して内容上の異同を一部指摘することと、同書の筆録者である羽陽の医師・杉玄達についての情報提供を呼びかける程度しかできなかった。

それでも新資料発見の衝撃は大きく、参加されていたジャーナリストの小林嬌一さんから杉玄達を調査中である旨の補足報告がされたり、更なる新資料発見の期待を表明される方がいたりと、昌益研究の今後にますますの期待を抱かせられた。

今回の研究交流会は第四回ということで、先にも触れたように、昌益医学にテーマをしぼったため参加者の出足が懸念されたが、東京近郊の参加者ばかりではなく、前日のアンソロジー『安藤昌益』出版記念講演会に引き続き、弘前の稲葉さん・香川の竹下さんが参加して下さったのを始めとして、常連となった秋田県十文字町元町長の西成辰雄さんや農文協専務理事の坂本尚さん、日本医史学会評議員の中西淳朗さん等、三〇名を超す参加者を得て改めて人々の昌益に寄せる関心の深さと広がりに思いを新たにさせられた。


(『大館新報』二〇〇二・一一・一六)

新資料の解明が今後の課題

筆者が〇一年一一月に、岐阜の内藤記念くすり博物館で新たに見出した安藤昌益関係の新資料とは、既に述べてきたように『良中子神医天真』と題する気行論・基礎医学に関するものと『良中先生自然真営道方』と題する臨床医学・処方に関するものの二点である。

いずれも〇一年三月に同博物館が開館三〇周年記念事業の一環として編集・発行した『大同薬文庫蔵書目録、附館蔵和漢古典籍目録』に記載されていた中から見出したもので、現地で現物を確認し、デジタル映像化して現在、解読作業を進めているところである。

ちなみに、『神医天真』は「大同薬室文庫」に、『自然真営道方』は別途同博物館に収蔵されていたもので、元はそれぞれ場所も時代も独立に筆写され、同博物館に収蔵されたもののようである。

尚、『神医天真』にはくすり博物館の蔵書印のほか、「大同薬室」関係の蔵書印、「佐伯図書」の印、「森氏」といった印が押捺されているが、「大同薬室」とは、明治の中葉に浅田宗伯に師事、大阪市福島区の中之天神社社主を務める傍ら、大正から戦後にかけて漢方医として名声をはせた中野康章の居室にちなんだもので、詳細は不明ながら中野は秋田県の神職の出とのことで狩野亨吉同様、昌益と秋田との不思議な縁に興味を引かれる。

また、旧蔵者である佐伯とは、明治期に京都に初めて産婆講習所を開設し、近代看護の黎明期に多くの助産婦を養成した佐伯理一郎のことで、京都と昌益、産科学と昌益といった結びつきを想起させ、こうした点でも興味は尽きない。

さて肝心の中身についてであるが、まず『自然真営道方』から見てみたい。

同書は縦一三・〇〇センチ、横一九・〇五センチ、横長の小型の和綴じ本で、表紙はかえでの文様が浮き出た柿色の厚紙だが、題簽はない。

第一丁第一行に「良中子薬方目録」とあり、以下、「婦人門」「小児門」「頭面門」……と、『真斎謾筆』とまったく同じ順序で昌益医学に基づいた分類と、溜血・溜血不通・崩漏……と症状別に四段に区切って整然と記載されている。

「目録」が終わった第四丁第一行に本来の題号である「良中先生自然真営道方」との記述があ

り、筆録者である「羽陽」の医師「杉玄達」なる人物が「猛恭して撰」述した旨が記載されている。

一八七丁に及ぶ本文には撰者による序文も跋文もなく、ただひたすら真営道医学に基づく処方が筆写されているだけで、内容的には『真斎謾筆』とほぼ重なるが、量的には『謾筆』に比べて少なく、玄達の関心が婦人門・小児門にあったためか、あるいは量的にあまりにも膨大なため途中で息切れしてしまったものか定かではないが、後半になると特段に記述量が少なくなっている。

時間的な制約のため、『真斎謾筆』との詳細な対校作業は未だできていないが、本書には一部に『謾筆』にない記述があること、また題号が『自然真営道方』とあるように、真斎よりも『自然真営道方』そのものとの影響関係を示唆していると思われる節があることから、玄達自身が何らかの形で『自然真営道』の原典から直に筆写した可能性も考えられる。

とすれば、単にこれまで報告されてこなかった昌益と羽陽の地（現在の秋田県南部から山形県の全域）とのつながりだけではなく、玄達と昌益、玄達と『自然真営道』等、昌益に連なる人脈がこれまで考えられてきた以上に広く深いものであった可能性があり、こうした点も含めて昌益の見直しが迫られていると言えよう。

次に、『良中子神医天真』についてであるが、同資料は縦二六・〇三センチ、横一九・〇一センチ、縦長の中判サイズの和綴じ本で、表紙は茶褐色、左上に白紙で題簽があり、黒の墨字で「良中子神医天真」と題号が書かれている。

また、先述のように第一丁にはいくつもの蔵書印が押捺されており、第一行目には題簽と同じく「良中子神医天真」とあるが、著者についても筆録者についてもいっさい記載はない。

尚、『直耕』第二四号でも触れていたように、本書とほぼ同じ題号の医学資料『神医天真論』が既に『全集』に収録されているため、当初は同書の異本程度にしか思っていなかったが、内容的には実はまったくの別物で、四行八気で森羅万象を説いている点や「活真」、「互性」といった昌益独自の用語が多用されているところから、昌益思想の晩期における最高の到達点とされる『大序』巻との共通性が注目された。

ただ、「転定」の語が一般用語の「天地」に改められているところから、昌益ないし直弟子の神山仙確といった昌益思想を直接説く人の手になるものとは思えず、原典から筆写した二次的な資料と思われる。

とは言え、用語や論理展開に『大序』巻と共通した部分がある一方で、天体論や病論については『大序』巻で触れられていない記述もあり、『大序』巻を補うことことのできる貴重な資料であることに間違いないと思われた。

本文は各丁ともほぼ二五字、一二行で綴られ、途中二カ所ほど図が入ったと見られる部分が白紙となっている他は、ほぼ全文昌益晩期の四行論で天体・人体における気の運行及び病論を説いており、「総論」に始まる全三四章の奥付とでも言うべき四九丁目には「良中子神医天真　終」の文字があり、一巻で完結した内容であることを窺《うかが》わせている。

ここまでが『直耕』第二四号及び第四回安藤昌益研究交流会で報告した内容であるが、その後、東條栄喜の指摘で、天体気行論の一部に昌益独自の造字が数多く見られることなどから、本書は晩期と言ってもそのうちの初頭、つまり晩期初頭のものではないかとの見方が出されるようになった。

また、八重樫新治氏が作成してくれた書き下し文によって、本書の「総論」の構成が『大序』巻の第一段落から第四段落までと第一七段落から第二二段落までとほぼぴたりと重なり合うという驚くべき事実が判明した。

このことは、これまで唯一の伝本とされてきた『大序』巻に異本とでも言うべき資料が出現したということで、『大序』巻が昌益没後、仙確によって追悼の意を込めて編集されたものであろうとの推測がなされてきたものの確証がなかったが、その点を裏付けうる可能性が出てきたわけであり、そうしたことの検討も含めて、改めて『大序』巻成立にまつわる謎が大きな課題として浮上してきたと言えよう。

いずれにしても、「総論」の更なる解読と共に、「総論」以外の本文によって晩期昌益の天体輪・病論を解明していくことが急務となった。

以上みてきたように、安藤昌益没後二四〇年、農文協版『全集』完結一五年を経て、昌益研究は確実に新たな展開を迎えつつある。

それは、これまでとかく「思想」が一人歩きしがちであった昌益研究にあって、生身の昌益が、歴史的実在としての昌益が、少しずつではあれ私たちの前にそのはっきりとした姿を現してきたからに他ならない。

〇三年の生誕三〇〇年へ向けて更なる研究の進展があることを、そしてまた昌益の魅力が一人でも多くの人々に共有されることを期待して筆を擱《お》きたい。

（『大館新報』二〇〇二・一一・二三）

安藤昌益文献目録

基本文献（原典）

安藤昌益研究会編著『安藤昌益全集』二一巻・二二冊、別巻（一九八二～一九八七年、農山漁村文化協会）
尾藤正英ほか編『近世思想家文集』（一九六六年、岩波書店・日本古典文学大系97）
尾藤正英ほか編『安藤昌益・佐藤信淵』（一九七七年、岩波書店・日本思想大系45）
奈良本辰也編『統道真伝』上・下（一九六六・一九六七年、岩波書店・文庫）
野口武彦編『安藤昌益』（一九七一年、中央公論社・日本の名著19。一九八四年、中公バックス）
中村幸彦編『安藤昌益ほか集』（一九七一年、筑摩書房・日本の思想18）
安永寿延編『稿本・自然真営道』（一九八一年、平凡社・東洋文庫）
石渡博明編『民の理』（一九九〇年、社会評論社・解放と変革の思想双書4）

論集

八戸市立図書館編『安藤昌益』（一九七四年、伊吉書院）
三宅正彦編『安藤昌益の思想史的研究』（二〇〇一年、岩田書院）
尾藤正英・松本健一・石渡博明共編著『アンソロジー安藤昌益』（二〇〇二年、光芒社）

シンポジウムの記録
いいだもも・寺尾五郎・石渡博明編『甦る!安藤昌益』(一九八八年、社会評論社)
『安藤昌益―日本中国共同研究』(一九九三年、農山漁村文化協会)
『安藤昌益・国際シンポジウム記録』「現代農業」増刊(一九九三年、農山漁村文化協会/八戸シンポ)
『昌益思想の継承と地域社会の再生』「自然と人間を結ぶ」増刊号(一九九六年、農山漁村文化協会/大館シンポ)

狩野亨吉 『狩野亨吉遺文集』(一九五八年、岩波書店)
渡辺大濤 『安藤昌益と自然真営道』(一九三〇年、木星社書院。一九七〇年・勁草書房。一九九五年、農山漁村文化協会)
『農村の救世主安藤昌益』(一九九五年、農山漁村文化協会/小説)
ハーバート=ノーマン 『忘れられた思想家』上・下(一九五〇年、岩波新書。一九七七年、『ハーバート=ノーマン全集』第三巻所収、岩波書店)
上杉 修 『安藤昌益と八戸の文化史―上杉修遺稿集』(一九八八年、八戸文化協会)
野田健次郎 『安藤昌益と八戸藩の御日記』(一九九八年、岩田書院)
ラードゥリ=ザトゥロフスキー 『十八世紀の唯物論者―安藤昌益の世界』(一九八三年、雄山閣)
寺尾五郎 『先駆安藤昌益』(一九七六年、徳間書店)
『安藤昌益の闘い』(一九七八年、農山漁村文化協会)
『論考安藤昌益』(一九九二年、農山漁村文化協会)

安永寿延
『安藤昌益の社会思想』（一九九六年、農山漁村文化協会）
『安藤昌益の自然哲学と医学』（一九九六年、農山漁村文化協会）
『安藤昌益』（一九七六年、平凡社・選書）
『安藤昌益と中江兆民』（一九七八年、第三文明社・レグルス文庫）
『写真集・人間安藤昌益』（一九八六年、農山漁村文化協会。増補版、一九九二年）
『安藤昌益―研究国際化時代の新検証』（一九九二年、農山漁村文化協会）

三宅正彦
『安藤昌益の思想的風土・大館二井田民俗誌』（一九八三年、そしえて）
『安藤昌益と地域文化の伝統』（一九九六年、雄山閣）

佐藤貞夫
『安藤昌益入門』（一九七七年、民衆社／佐藤守と共著）
『よくわかる安藤昌益』（一九八六年、秋田文化出版社）

川原衛門
『追跡安藤昌益』（一九七九年、図書出版社）
『追跡安藤昌益の秘密結社』（一九八三年、農山漁村文化協会）

和田耕作
『安藤昌益の思想』（一九八九年、甲陽書房）
『安藤昌益と三浦梅園』（一九九二年、甲陽書房）

西村俊一
『日本エコロジズムの系譜』（一九九二年、農山漁村文化協会）

東條栄喜
『安藤昌益の自然「正世」論』（一九九六年、農山漁村文化協会）

萱沼紀子
『安藤昌益の学問と信仰』（一九九六年、勉誠社）
『安藤昌益の贈り物』（二〇〇一年、東方出版）

いいだもも
『猪・鉄砲・安藤昌益』（一九九六年、農山漁村文化協会）

高野　澄『安藤昌益とギャートルズ』（一九九六年、舞字社）
小林博行『食の思想　安藤昌益』（一九九九年、以文社）
稲葉克夫『八戸の安藤昌益』（二〇〇一年、八戸市）
桜田常久『安藤昌益』（一九六九年、東邦書店／小説）
林　太郎『小説安藤昌益』（一九九三年、なのはな出版）
村上也寸志『東洋的合理思想へ』（一九八八年、亜紀書房）
『復初の思想』（一九九四年、亜紀書房）
中島　正『都市を滅ぼせ』（一九九四年、舞字社）
畑山　博『何があなたの未来を決めるか』（一九九七年、かんき出版）

安藤昌益研究・顕彰団体

安藤昌益の会
〒124-0006　東京都葛飾区堀切二―三六―六　石渡博明方　TEL&FAX　03-3694-8853
『直耕』（不定期刊／現在、二五号まで）
『安藤昌益切り抜き帳』（不定期刊／現在、六集まで）

安藤昌益研究会
〒299-5235　千葉県勝浦市出水一二九九　泉博幸方　TEL&FAX　0470-73-0002
『季刊安藤昌益』（三三号まで刊行／三四号より『安藤昌益研究』と改題）
『安藤昌益研究』（不定期刊／現在、一三号まで）
ホームページ　http://www006.upp.so-net.jp/hizumi/

安藤昌益研究・筑波懇談会
〒305-0032　茨城県つくば市竹園三―一七―一〇三―五〇四　東條栄喜方　TEL&FAX　0298-55-8703
E-mail　eiki.tojyo@kek.jp
『互生共環』（不定期刊／現在一一号まで）

安藤昌益基金

〒039-1164　青森県八戸市下長二―七―一九　八戸歴史研究会内
天聖寺内に「安藤昌益思想発祥の地」の碑を建立
『八戸における安藤昌益』『昌益の史跡マップ』を発行

良中会

〒018-5701　秋田県北秋田郡比内町扇田下川端六五　サン・フォト気付　TEL　0186-43-0440
『良中通信』（毎年一〇月一四日発行／一一号まで。尚、連絡先は一一号までのもの）

大館の先人を顕彰する会

〒017-0803　秋田県大館市東台四―三―三九　伊多波英夫方　TEL　0186-43-0492　FAX　0186-43-0440
安藤昌益生誕三〇〇年記念シンポを主催

あとがき

「安藤昌益の会」の結成以来この間、数人の仲間と月に一度、安藤昌益の原典を読む会を続けてきているが、今年の始め新規の参加者が現れたので、テキストに使っている『民の理』を取り寄せようと版元の社会評論社に久しぶりで電話をかけてみた。

電話口で社長の松田さんに用件を告げ、四方山話に昨年が昌益没後二四〇年、今年が生誕三〇〇年に当たるので、会としてもできればいろいろな催しをしていきたいのだが……と話すと、松田さんから「石渡君、これまであちこちに昌益について書いてきた文章があるでしょ。それをまとめて一冊にしたらどう?」と、本書の出版を提案された。

予想もしていなかったことと、内容的にもはたして出版に耐えうるものかどうかためらわれたが、昌益ファンの一人としては、本書の出版が生誕三〇〇年記念行事の一つにでもなるのならと、できあがりの質はさておいて出版に同意した。

ただ、その後は職場の異動に伴う業務に追われたり、この間、休眠状態だった『直耕』と『安藤昌益切り抜き帳』を生誕三〇〇年に合せて発行するための作業に追われたりで、実際に本書の製作に取り掛かったのは七月に入ってからだった。

掲載紙誌をかき集め、コピーを取って松田さんに渡し、総ページ数との関係でいくつかの文章を削ったが、様々な媒体で多くは初めての読者を想定して書いたものばかりのため、内容的に重複するものも多くなってしまった。そうしたものの原稿整理をする余裕がなかったことはもちろんだが、弁解を恐れずに言えば、重複したものは私が繰り返し言いたかったことでもあり、読者の皆さまにおかれてはどうかご寛恕願いたい。

一方、ページ数の関係で割愛せざるを得なかった文章の中には、市民エネルギー研究所の松岡信夫さんや寺小屋以来の先達・大森直道さんなど、お世話になった方々に関するものもあり、こうした原稿のカットには胸が痛んだが、お許し願うしかない。

いずれにせよ、昌益に出合いこれまで昌益研究を続けてこられたのも、寺尾五郎先生を始めとする多くの先達や、共に原典を読んだり研究史を辿ったりした多くの仲間、八戸・大館で現地訪問をした際にいろいろとお世話くださった地元の方々のおかげであり、また職場で地域で労働運動・市民運動を共に進め支えてくれている仲間のおかげである。

そうした人々への感謝、本書の出版を勧め実際に制作に当たってくださった松田さんへの感謝を込めて、本書を昌益の墓前に捧げたい。

二〇〇三年九月一八日　石渡博明

石渡博明（いしわたひろあき）
1947年、神奈川県横須賀市に生まれる。
東京教育大学中退。団体勤務。安藤昌益の会事務局長。
共編著『安藤昌益全集』（農山漁村文化協会）『甦る！安藤昌益』（社会評論社）『アンソロジー安藤昌益』（光芒社）編著『民の理―世直しへの伏流』（社会評論社）

昌益研究かけある記

2003年10月14日　初版第1刷発行

著　者――石渡博明
装　幀――桑谷速人
発行人――松田健二
発行所――株式会社社会評論社
東京都文京区本郷2-3-10
☎03(3814)3861　FAX.03(3818)2808
http://www.shahyo.com
印　刷――スマイル企画＋互恵印刷＋東光印刷
製　本――東和製本

Printed in Japan　ISBN-7845-1431-7

ナガランドを探しに

●坂本由美子

四六判★1748円

インド・ビルマ国境地帯にあるナガランド。ふとしたことで知り合ったナガ人の「アンクル」とその家族たちの優しさに触れて、彼らの語るナガランドに魅せられていく。やがてナガランドに潜入し、そこで見たものは……。

入門ナガランド

インド北東部の先住民を知るために

●多良照俊

四六判★2000円

インドの差別はカーストだけではなかった。人種もまったく違うナガの人びとは五〇年にわたり独立を訴えてきた。知られざる歴史と文化を紹介。

タイ・燦爛たる仏教の都

●羽田令子

四六判★1650円

敬虔な仏教の国・タイ。バンコク、アユタヤ、スコタイと、歴史をさかのぼりながら、パコダを訪ね、熱帯の風を感じる。ドライブルート、日タイ交流秘話など、新たな旅へといざなう。カラーグラビア付き。

黄金の四角地帯

山岳民族の村を訪ねて

●羽田令子

四六判★1800円

食・言語と多くの文化を共有する黄金の四角地帯――ラオス・中国・ビルマ・タイ国境の山岳民族。開発経済のただ中で、秘境に生きる彼らの暮らしもまた激変した。麻薬・売春ブローカーの魔の手がおよび、村を訪れた著者の見た現実は――。

聞き書き 中国朝鮮族生活誌

●中国朝鮮族青年学会編

四六判★2500円

日本の植民地支配によって、国境を越えて生きざるをえなかった朝鮮の人びと。北京の若手朝鮮族研究者による移民一世の故老への聞き書き。[舘野晳・武村みやこ・中西晴代・蜂須賀光彦訳]

カンボジア・村の子どもと開発僧

住民参加による学校再建

●清水和樹

四六判★2200円

今なお内戦の危機が去らないカンボジア。破壊された学校の再建が住民参加のもとに始まった。仏教が深く浸透した村々で、僧侶を中心として復興と規律をめざす。NGOとして現地支援に関わる著者による報告。

カンボジア、地の民

●和田博幸

四六判★2600円

歴史の激流に翻弄され、産業化の余波に苦しみ続けるカンボジア。そこには今なお、地の精霊と仏教を篤く信じる民の姿があった。苛酷な運命に、時には抗い時には従い生きる人々の姿を、真摯な目で見つめる社会派ノンフィクション。

子連れで留学toオーストラリア

●佐藤麻岐

四六判★1600円

子どもがいても自分の可能性は捨てられない。壁を破って現状から抜け出したい……と、4歳の娘を連れて留学を決意。数々の難関を越えて体得した準備と手続きのノウハウ、留学生活体験とエピソードを満載。

＊表示価格は税抜きです